GESANDT WIE ER

Der Orden der Prämonstratenser-Chorherrn heute

STUDIENTAGUNG ZU SPIRITUALITÄT UND SELBSTVERSTÄNDNIS
26. bis 30. Juni 1983

IM AUFTRAG DER
DEUTSCHSPRACHIGEN CIRCARIE DES
PRÄMONSTRATENSER-ORDENS

HERAUSGEGEBEN VON

THOMAS HANDGRÄTINGER,
PRIOR DER PRÄMONSTRATENSER-ABTEI WINDBERG,
ANLÄSSLICH DES 60JÄHRIGEN JUBILÄUMS
DER WIEDERBEGRÜNDUNG DER ABTEI WINDBERG

UND DES

850. TODESTAGES
DES HL. NORBERT VON XANTEN
(1134–1984)

ECHTER

GESANDT WIE ER

*Der Orden der
Prämonstratenser-Chorherrn
heute*

COMMUNIO
CONTEMPLATIO
ACTIO

Herausgegeben von
Thomas Handgrätinger

ECHTER

Titelbild:
Der hl. Norbert von Xanten.
Fresko in der Sakristei des ehemaligen Prömonstratenserklosters
San Severo bei Orvieto/Italien

CIP-Kurztitelaufnahme der Deutschen Bibliothek

Gesandt wie er : d. Orden d. Prämonstratenser-Chorherrn heute ; communio, contemplatio, actio ; [anläßl. d. 60jährigen Jubiläums d. Wiederbegründung d. Abtei Windberg u. d. 850. Todestages d. Hl. Norbert von Xanten (1134–1984)] / [Studientagung zu Spiritualität u. Selbstverständnis, 26. – 30. Juni 1983. Im Auftr. d. Deutschsprachigen Circarie d. Prämonstratenser-Ordens hrsg. von Thomas Handgrätinger]. – Würzburg : Echter, 1984.
ISBN 3-429-00906-5

NE: Handgrätinger, Thomas [Hrsg.]; Studientagung zu Spiritualität und Selbstverständnis
‹1983, Windberg, Hunderdorf›;
Abtei ‹Windberg, Hunderdorf›

© 1984 Echter Verlag Würzburg
Gesamtherstellung: Echter Würzburg
Fränkische Gesellschaftsdruckerei und Verlag GmbH
Printed in Germany
ISBN 3-429-00906-5

Inhalt

Vorwort 7

DIE GRUNDLAGEN 9

Ulrich Leinsle (Übersetzung)
Die Regel des heiligen Augsutinus 11

Augustinus Wucherer-Huldenfeld
Deus enim qui habitat in vobis. Die grundlegende Spiritualität der Augustinus-Regel 20

Silvester van de Ven
Besinnung auf das prämonstratensische Lebensideal heute und in Zukunft 26

COMMUNIO 45

T. J. van Bavel
»Füreinander in Christus«. Zur biblischen Begründung der Ordensberufung 47

Ulrich Geniets
Die evangelischen Räte im Lichte der Augustinus-Regel ... 60

Alois Stöger
Ein Herz und eine Seele sein auf Gott hin 74

Thomas Handgrätinger
Das Element priesterlicher Freundschaft in einer Priestergemeinschaft 86

CONTEMPLATIO 99

Leo van Dijk
Contemplatio als Geisteshaltung 101

Martin Felhofer – Gereon Strauch
Conversio als Gabe und Aufgabe 112

Wolfgang Vos
»Unsere Aufgabe ist es, Liturgie zu feiern« 123

Klemens Halder
Formen geistlichen Lebens in einer Chorherrengemeinschaft 131

ACTIO 139

Amandus Bruyninckx
Unsere Aufgabe ist es, eine menschliche und kirchliche
Kommunität in Liebe aufzubauen.
Gibt es eine prämonstratensisch geprägte Pastoral? 141

Gilbert Kraus
»Das Versprechen der Stabilitas« – Die Abtei als »Strahlungszentrum« 150

Edmund Manders
Beispiele prämonstratensischer Seelsorge 163

Petrus M. Broeckx
Gesandt wie Er 167

Arthur Baeten
Kirche der Gerechtigkeit – Apostolat des Friedens 186

WORT DES GENERALABTES 193

Marcel van de Ven
Spiritualität der Prämonstratenser 193

AUTOREN 199

ANSCHRIFTEN DER PRÄMONSTRATENSERKLÖSTER . 200

Vorwort

Jubiläen eignen sich zu unterschiedlichen Dingen, zu stolzer Bilanz wie zu aufwendiger Selbstdarstellung, zu stiller Feier wie zu nachdenklicher Zukunftsbetrachtung. Wenn dann gleich zwei Anlässe zusammenfallen, mag sich das Ganze bisweilen zu gewagten Kombinationen gerieren. Das 60jährige Bestehen der Prämonstratenser-Abtei Windberg, nach langer, aus der Säkularisation herrührender Vakanzzeit von 120 Jahren, und das Jubiläumsjahr des Prämonstratenserordens, der 1984 den 850. Todestag des Ordensgründers Norbert von Xanten begeht, gaben den Anstoß zu einer besonderen Form des Gedenkens. In einer Studienwoche, die durch Anwesenheit und Beiträge von Mitbrüdern aus fünf Ländern fast einen europäischen Anstrich bekam, wurde versucht, das spirituelle Kontinuum einer 850jährigen Ordenstradition und einer 60jährigen Hausgeschichte zu erspüren. Sowohl aus dem Beginn der Ordensgeschichte wie auch aus den Anfängen der Windberger Abtei im 12. Jahrhundert ist ein großartiger geistlicher Aufbruch und ein ungeheurer spiritueller Elan zu vermelden. Diese Entwicklung der Erneuerung, durch den hl. Norbert inspiriert und bisweilen kämpferisch durchgesetzt, erfolgte explosions- und lawinenartig. Die Menschen waren von dem mit Sprachgewalt verkündeten Erneuerungsprogramm für die Kirche, besonders für den Klerus, fasziniert. In einer zeitgenössischen Quelle heißt es über den hl. Norbert: Ich jedenfalls bin sicher, daß es seit der Zeit der Apostel niemand gegeben hat, der innerhalb so kurzer Zeit so viele Menschen zu Nachfolgern Christi gemacht hat.«
Die Rückbesinnung auf die geistigen Quellen des Ordens wurde nach dem Konzil auf den beiden Reformkapiteln in Innsbruck 1968 und 1970 eingeleitet und in dem folgenden General-Kapitel in De Pere, USA, 1976 fortgesetzt. In dem Begriff »communio« läßt sich diese Rückbesinnung wie in einem Brennglas bündeln. »Gemeinschaftliches Leben ›wie ein Herz und eine Seele‹«, das Leitwort der vergangenen 20 Jahre in der nachkonziliaren Adaptionszeit, bedeutet das verstärkte und konsequente Bemühen um eine kommunitäre Lebensgestaltung als der ersten und bedeutsamsten Apostolatsaufgabe des Ordens. Prämonstratenser verstehen etwas von Gemeinschaft, von der Gemeinschaft als Lebensprinzip und als Arbeitsform. Prämonstratenser sehen in der Gemeinschaft ihren verpflichtenden Auftrag, den es zu füllen gilt mit Gebet und Gottsuche, mit Arbeit und Apostolat, mit gegenseitiger Auferbauung und freundschaftlicher Kritik. Die beiden Pole von »Einkehr und Einsatz«, von beschaulicher Anbetung und pastoralem

Engagement konkretisieren sich in einer Gemeinschaft von Brüdern oder Schwestern:

»Vor allem, geliebte Brüder, seid ein Herz und eine Seele in Gott!« Rückbesinnung auf die spirituellen Grundströmungen des Ordens umfaßt die Gestalt des hl. Norbert, den wir erst wieder als eine der großen Persönlichkeiten der deutschen Geschichte zu entdecken haben; umspannt das Werk und die Person des hl. Augustinus, der durch seine Regel die Weichen für ein »Leben in Gemeinschaft« gelegt hat; und stößt – radikal verstanden, also von den Wurzeln begriffen – bis auf die apostolische Tradition vor, wie sie etwa im 2. und 4. Kapitel der Apostelgeschichte idealtypisch gezeichnet ist.

Damit sind die Schwerpunkte der Studientagung beschrieben: communio, contemplatio, actio. Auf dem letzten Generalkapitel 1983 in Oostmalle, Belgien, gab das Grundsatzreferat von P. Broeckx »Gesandt wie ER« den Anstoß, »ad extras« zu gehen und sich mit Mut und Verve den Menschen zuzuwenden.

Prämonstratenser stehen unter dieser Spannung, berufen zu sein zu einem Leben in Gemeinschaft und zugleich gesandt zu sein zum Dienst an den Menschen in den vielfältigen Formen priesterlichen Wirkens. Prämonstratenser suchen diese Spannung auszuhalten und wissen um die Versuchung, durch Verkürzung, Einseitigkeit oder Relativierung diese Spannung erträglich zu machen. Diese Spannung könnte, wo sie ausgehalten wird, so etwas sein wie die Unruh einer Uhr, die das Ganze am Laufen hält und damit Zeitansage ermöglicht. Die verschiedenen Beiträge dieses Buches zusammengenommen, wollen diesen Unruheherd zur Sprache bringen und drei Intentionen Rechnung zu tragen:
- zur Selbstbesinnung und zum Gespräch in den Gemeinschaften des Prämonstratenserordens anregen
- suchenden und fragenden Menschen, gerade auch jungen Menschen in ihrer Sehnsucht nach geglücktem Gemeinschaftsleben Wege weisen
- den apostolischen Lebensstil in seiner Spannkraft als echte Alternative für den heutigen Menschen anbieten.

Der hl. Norbert warnt uns aber bei allem Bemühen um die Prämonstratenser-Spiritualität, nicht in eine selbstgefällige Darstellung zu verfallen, sondern immer wieder sich selbst und den Orden an Christus zu messen, der allein unser Bemühen leiten soll:

solo Christo duce.

Windberg, 19. 3. 1984

P. Thomas Handgrätinger

DIE GRUNDLAGEN

Das Leben nach dem Evangelium Christi, nach Weisung und Art der Apostel, die Regel des hl. Augustinus, wie sie uns der hl. Norbert vorlegt, und das Leben der Heiligen unseres Ordens bilden lebendige Beispiele unseres Lebensprogrammes.

Konstitutionen I/25

Die Regel des heiligen Augustinus[1]
Übersetzt von Ulrich G. Leinsle O. Praem.

> Vor allem, liebe Brüder, soll Gott geliebt werden, sodann der Nächste; denn das sind die Hauptgebote, die uns gegeben sind.

I. Brüderliche Gemeinschaft auf Gott hin

1. Folgende Vorschriften geben wir euch im Kloster:
2. Erstens: Das Ziel eures gemeinschaftlichen Lebens ist, einmütig im Haus zu wohnen[2] und ein Herz und eine Seele zu sein auf Gott hin[3].

Gütergemeinschaft

3. Nennt nichts euer Eigentum, sondern alles gehöre euch gemeinsam. Jedem werde von eurem Vorsteher Nahrung und Kleidung zugeteilt[4], nicht jedem in gleicher Weise, weil ihr nicht alle gleich stark seid, sondern einem jeden, wie er es nötig hat. Denn so lest ihr in der Apostelgeschichte: »Sie hatten alles gemeinsam, und jedem wurde zugeteilt, was er nötig hatte.«[5]
4. Wer in der Welt Besitz hatte, soll ihn bei seinem Eintritt ins Kloster gern der Gemeinschaft überantworten.
5. Wer aber in der Welt nichts hatte, soll im Kloster nicht das suchen, was er draußen nicht haben konnte. Es soll ihm vielmehr zugeteilt werden, was er in seiner Schwachheit braucht, auch wenn er in der Welt so arm war, daß er nicht einmal das Lebensnotwendige finden konnte. Er soll sich aber nicht schon deshalb glücklich schätzen, weil er Nahrung und Kleidung bekommt, die er draußen nicht finden konnte.

Demut als Voraussetzung brüderlichen Zusammenlebens

6. Sie sollen auch nicht überheblich werden, weil sie mit Leuten zusammenleben, denen sie sich draußen nicht zu nahen wagten. Sie sollen vielmehr ihr Herz erheben[6] und nicht irdische Eitelkeit suchen. Sonst würden die Klöster den Reichen nützen, nicht den Armen, wenn darin die Reichen demütig, die Armen aber aufgeblasen würden.
7. Andererseits sollen sich die in der Welt Angesehenen[7] nicht der Mitbrüder schämen, die aus ärmlichen Verhältnissen zu dieser hei-

ligen Gemeinschaft gekommen sind. Sie sollen mehr darauf bedacht sein, sich der Gemeinschaft mit armen Mitbrüdern als ihrer reichen Vorfahren zu rühmen. Sie sollen sich nicht überheben, wenn sie von ihrem Vermögen der Gemeinschaft etwas beigesteuert haben, und sich nicht mehr darauf einbilden, daß sie ihren Reichtum dem Kloster überantworten, als wenn sie ihn in der Welt genießen würden. Denn jede andere Bosheit wird in schlechten Werken geübt; der Stolz dagegen droht selbst die guten zu vernichten. Was nützt es denn, sein Vermögen an die Armen zu verteilen und selbst arm zu werden[8], wenn die elende Seele in der Verachtung des Reichtums hochmütiger wird als vorher in seinem Besitz?
8. Lebt also eines Herzens und Sinnes miteinander und ehrt in einander Gott[9], dessen Tempel ihr seid[10].

II. Gebet

1. Dem Gebet obliegt mit Eifer zu den festgesetzten Stunden und Zeiten[11]!
2. Im Oratorium soll jeder nur das tun, wozu es bestimmt ist, woher es auch den Namen hat. Sonst würden jene, die vielleicht außerhalb der festgesetzten Stunden in ihrer freien Zeit beten wollen, von denen gestört, die dort etwas anderes tun zu müssen glauben.
3. Wenn ihr in Psalmen und Hymnen zu Gott betet, soll das im Herzen leben, was der Mund ausspricht.
4. Singt nur das, was zum Singen bestimmt ist! Was aber nicht zum Singen geschrieben ist, soll auch nicht gesungen werden.

III. Essen und Fasten

1. Haltet euren Leib in Zucht durch Fasten und Enthaltung in Speise und Trank, soweit es die Gesundheit erlaubt! Wenn aber einer nicht fasten kann, soll er wenigstens außerhalb der Mahlzeiten keine Nahrung zu sich nehmen, es sei denn, er wäre krank.
2. Wenn ihr zu Tisch geht, hört, bis ihr davon aufsteht, ohne Lärm und Zank an, was euch nach der Gewohnheit vorgelesen wird! Nicht allein euer Mund soll Speise zu sich nehmen, sondern auch eure Ohren sollen hungern nach dem Wort Gottes[12].
3. Wenn solche, die wegen ihrer früheren Lebensweise schwächlich sind, in der Speise anders gehalten werden, sollen es die anderen, die stärker sind, nicht übelnehmen oder ungerecht finden. Sie sol-

len jene nicht glücklicher schätzen, weil sie mehr bekommen, sondern vielmehr froh sein, weil sie vermögen, wozu jene nicht die Kraft haben.
4. Wenn solche, die aus verwöhnteren Lebensverhältnissen ins Kloster kommen, etwas mehr an Nahrung, Kleidung, Betten und Decken gegeben wird als den anderen, Stärkeren und deshalb Glücklicheren, sollen diese bedenken, welchen Abstieg für jene der Übergang vom Weltleben zur jetzigen Lebensweise bedeutet, wenn sie es auch nicht bis zur Anspruchslosigkeit der körperlich Stärkeren bringen können. Es sollen auch nicht alle das bekommen wollen, was ein paar als Zugeständnis, nicht aus Bevorzugung, zusätzlich bekommen. Sonst käme es zu dem verwerflichen Widersinn, daß im Kloster die Reichen sich nach Kräften abmühen, die Armen aber verwöhnt werden.
5. Kranke müssen freilich weniger bekommen, um ihnen keine Beschwerden zu machen. Nach der Krankheit aber müssen sie so behandelt werden, daß sie sich möglichst schnell erholen, auch wenn sie in der Welt in äußerster Armut gelebt haben. So gestattet ihnen jetzt gewissermaßen die Krankheit das, was den Reichen vorher ihre Lebensart gestattete. Wenn sie aber wieder zu Kräften gekommen sind, sollen sie zu ihrer glücklicheren Lebensart zurückkehren. Denn den Dienern Gottes steht es gut an, möglichst wenig zu brauchen. Wenn sie wieder gesund sind, soll sie das Verlangen nicht auf der Stufe festhalten, auf der sie in ihrer Krankheit notwendigerweise waren. Als die Reicheren sollen sich jene vorkommen, die leichter mit wenigen auskommen können; denn es ist besser, wenig zu brauchen, als viel zu haben.

IV. Selbstbeherrschung und brüderliche Zurechtweisung

Gefallt durch euer Leben Gott, der in euch wohnt!

1. Eure Kleidung soll nicht auffällig sein! Legt keinen Wert darauf, durch eure Kleidung zu gefallen, vielmehr durch euer Leben!
2. Wenn ihr ausgeht, geht miteinander! Wenn ihr an das Ziel eures Weges kommt, bleibt beisammen!
3. Im Gehen und Stehen, in all euren Bewegungen, soll nichts vorkommen, was bei jemandem Anstoß erregen könnte; sondern alles soll eurem heiligen Stand entsprechen.
4. Wenn euer Blick auf eine Frau fällt, soll er nicht auf ihr haften bleiben. Es ist euch nicht verboten, beim Ausgehen Frauen anzu-

schauen; aber sie begehren oder von ihnen begehrt werden wollen, ist schuldhaft[13]. Nicht allein durch Berühren oder Verlangen, sondern auch im Anschauen zeigt sich die Begierde nach Frauen. Sagt nicht, euer Herz sei rein, wenn euer Blick unrein ist; denn ein schamloser Blick verrät das unreine Herz. Wenn sie nun im Wechsel der Blicke, selbst ohne Beteiligung der Zunge, ihr unreines Herz verraten und infolge fleischlicher Begierde in Leidenschaft zueinander entbrennen, entweicht die Keuschheit, auch wenn die körperliche Unversehrtheit nicht verletzt wird.

5. Wer seinen Blick auf eine Frau heftet und es gern hat, wenn auch sie den ihren auf ihn heftet, der glaube nicht, er bleibe dabei unbeobachtet. Er wird überall gesehen, und gerade von Leuten, an die er gar nicht denkt. Mag es auch völlig geheim geschehen und von niemandem gesehen werden, was will er denn jenem Beobachter von oben gegenüber tun, dem nichts verborgen bleiben kann[14]? Soll man glauben, er sehe es nicht, weil seine Geduld ebenso groß ist, wie seine Weisheit? Ihm zu mißfallen fürchte sich also der Gottgeweihte; dann wird er auch einer Frau nicht in schlechter Weise zu gefallen suchen[15]. Er bedenke, daß Gott alles sieht; dann wird er auch nicht eine Frau in schlechter Absicht sehen wollen. Die Gottesfurcht wird in dieser Sache auch durch das Schriftwort empfohlen: »Ein Mann mit lüsternem Blick ist dem Herrn ein Greuel.«[16]

6. Wenn ihr also miteinander in der Kirche oder an einem anderen Ort mit Frauen zusammen seid, habt gegenseitig auf eure Reinheit acht! Gott, der in euch wohnt[17], wird euch auch darin vor euch selbst bewahren.

Brüderliche Zurechtweisung

7. Bemerkt ihr nun die Begierlichkeit des Blickes, von der ich spreche, an einem von euch, dann ermahnt ihn sogleich, sein Vorhaben nicht weiter zu verfolgen, sondern sich von seinem Nächsten bessern zu lassen[18]!
8. Wenn ihr ihn aber nach der Ermahnung oder an einem anderen Tag beim gleichen Tun ertappt, dann soll, wer ihn dabei ertappt, ihn anzeigen; denn er ist verwundet und muß geheilt werden. Zuerst aber soll man noch einen Zweiten und Dritten darauf aufmerksam machen, damit er durch zwei oder drei Zeugen überführt und mit der entsprechenden Strenge bestraft werden kann. Glaubt nicht, böswillig zu sein, wenn ihr so etwas anzeigt! Ihr werdet vielmehr schuldig, wenn ihr eure Mitbrüder, die ihr durch eine Anzeige bessern könnt, durch euer Schweigen ins Verderben stürzen laßt. Wenn dein Bruder eine Wunde hat, die er verbergen will, weil

er die ärztliche Behandlung fürchtet, ist es da nicht grausam von dir, zu schweigen und barmherzig, es anzuzeigen? Um wieviel mehr also mußt du es bei einem solchen Menschen tun, damit sich nicht eine viel schlimmere Fäulnis in seinem Herzen bildet?

9. Bevor man es aber anderen mitteilt, die ihn überführen sollen, falls er es abstreitet, soll man es zuerst dem Vorsteher anzeigen, falls sich der Betreffende nach der Ermahnung nicht bessern will. So ist es vielleicht möglich, ihn geheim zurechtzuweisen und es den anderen nicht bekanntzumachen. Leugnet er aber, dann muß man die anderen hinzuziehen, damit er vor allen nicht nur von einem Zeugen beschuldigt, sondern von zweien oder dreien überführt werden kann[19]. Ist er aber überführt, dann muß er nach dem Urteil des Vorstehers oder des Priesters, in dessen Zuständigkeitsbereich ihr gehört, eine Strafe zur Besserung auf sich nehmen. Lehnt er auch das ab, so ist er, auch wenn er nicht selbst geht, aus der Gemeinschaft auszuschließen. Auch das ist nicht Grausamkeit, sondern Erbarmen; denn er könnte sonst viele anstecken und ins Verderben stürzen.

10. Was ich hier im Falle des lüsternen Blickes gesagt habe, soll auch in den übrigen Fällen für Beobachtung, Abwehr, Anzeige, Überführung und Bestrafung von Vergehen sorgfältig befolgt werden, mit Liebe zu den Menschen, aber mit Haß gegen die Sünde.

11. Ist einer aber im Bösen bereits so weit gegangen, von einer Frau heimlich Briefe oder kleine Geschenke anzunehmen, dann soll man ihn, wenn er es frei eingesteht, schonend behandeln und für ihn beten. Wird er aber dabei ertappt und überführt, dann werde er nach dem Urteil des Priesters oder Vorstehers zu seiner Besserung streng bestraft.

V. Verwaltung des gemeinsamen Gutes und Sorge für die Kranken

Kleidung und innere Haltung der Liebe

1. Eure Kleidung soll gemeinsam verwaltet werden unter der Aufsicht von einem oder zwei Mitbrüdern oder von so vielen, wie nötig sind, um sie auszuklopfen, damit sie nicht von den Motten zerfressen wird. Wie ihr eure Nahrung aus einer gemeinsamen Vorratskammer bekommt, so sollt ihr auch eure Kleidung aus der gemeinsamen Kleiderkammer beziehen. Ihr sollt euch nach Möglichkeit nicht viel darüber aufhalten, was man euch je nach der Jahreszeit zum Anziehen gibt; ob jeder von euch wieder das bekommt, was er

abgelegt hat, oder etwas, das ein anderer getragen hat. Doch soll keinem verweigert werden, was er braucht[20]. Kommt es aber deswegen unter euch zu Streit und Unmut, wenn sich einer beklagt, er habe etwas Schlechteres als vorher erhalten, und es sei seiner unwürdig, das anzuziehen, was ein anderer Mitbruder getragen hat, dann habt ihr den Beweis, wieviel euch von jenem inneren heiligen Kleid des Herzens fehlt[21], wenn ihr um die Kleidung des Körpers streitet. Wenn man eurer Schwachheit schon dadurch entgegenkommt, daß ihr wieder bekommt, was ihr abgelegt habt, dann verwahrt wenigstens die abgelegte Kleidung an einem einzigen Ort unter gemeinsamer Aufsicht.

2. Keiner soll etwas für sich selbst erarbeiten, sondern all euer Arbeiten geschehe mit mehr Eifer und größerer Freude für die Gemeinschaft, als wenn jeder für sich selbst arbeiten würde. Liebe nämlich, von der geschrieben steht: »Sie sucht nicht den eigenen Vorteil«[22], besagt: das Gemeinsame über das Eigene, nicht das Eigene über das Gemeinsame stellen. Ihr seid also um so weiter vorangekommen, je mehr ihr um die gemeinsame Sache bemüht seid, statt um eure privaten Interessen. So wird über allem, was wir zu diesem vergänglichen Leben brauchen, die Liebe stehen, die ewig bleibt[23].

3. Wenn jemand seinen Söhnen oder Angehörigen im Kloster etwas zukommen läßt, sei es Kleidung oder sonst etwas Notwendiges, soll es deshalb nicht geheim angenommen werden. Es ist vielmehr Gut der Gemeinschaft, und dem Vorsteher ist es freigestellt, es dem zu geben, der es braucht[24].

4. Eure Kleidung soll nach dem Entscheid des Vorstehers gewaschen werden, entweder von euch selbst oder von Wäschern, damit nicht ein übertriebenes Verlangen nach einem sauberen Gewand eure Seele im Innern beschmutze.

Sorge für die Kranken

5. Ein Bad für den Leib ist keineswegs abzulehnen, wenn die schwache Gesundheit es erfordert. Es geschehe aber ohne Murren auf Rat des Arztes und Befehl des Vorstehers alles, was für die Gesundheit erforderlich ist, selbst gegen den Willen des Patienten. Verlangt dieser ein Bad, obwohl es ihm nicht zuträglich ist, dann soll man seinem Begehren nicht entsprechen. Manchmal glaubt man nämlich, das Angenehme sei auch nützlich, während es tatsächlich schadet.

6. Bei inneren Krankheiten soll man einem Diener Gottes ohne Zweifel Glauben schenken, wenn er seine Schmerzen beschreibt. Wenn aber nicht klar ist, ob zur Heilung des Leidens etwas Angenehmes auch nützt, ist ein Arzt zu konsultieren.

7. Ins Bad oder anderswohin soll man mindestens zu zweit oder zu dritt gehen. Wer irgendwohin gehen muß, soll nicht mit denen gehen, mit denen er will, sondern mit wem der Vorsteher ihn sendet.
8. Die Sorge für die Kranken, Genesenden, Schwächlichen und Leidenden, auch wenn sie kein Fieber haben, soll einem einzigen Mitbruder übertragen werden. Dieser soll aus der Vorratskammer erbitten, was nach seinem Ermessen ein jeder braucht.

Verwaltung des gemeinsamen Gutes

9. Wer für die Vorratskammer, die Kleidung oder die Bücher verantwortlich ist, soll ohne Murren den Brüdern dienen.
10. Bücher soll man täglich zu festgesetzer Stunde verlangen; wer außerhalb dieser Zeit danach verlangt, soll nichts bekommen.
11. Die Ausgabe von Kleidung und Schuhen soll aber von denen, die mit ihrer Verwahrung betraut sind, nicht aufgeschoben werden, wenn jemand sie notwendig braucht.

VI. Bitte um Verzeihung und Vergebung bei Beleidigung

1. Streit sollt ihr entweder gar nicht haben, oder ihn wenigstens möglichst schnell beilegen. Sonst wächst der Zorn zum Haß und macht aus dem Splitter einen Balken[25] und die Seele zur Mörderin; denn so lest ihr: »Jeder, der seinen Bruder haßt, ist ein Mörder.«[26]
2. Wer durch ein Schimpfwort, eine üble Nachrede oder durch den Vorwurf eines Vergehens einen anderen verletzt hat, suche möglichst schnell wiedergutzumachen und zu heilen, was er angerichtet hat. Wer verletzt wurde, verzeihe ohne lange Verhandlungen. Haben sie sich aber gegenseitig beleidigt, so müssen sie einander ihre Schuld vergeben im Hinblick auf euer Beten[27], das um so besser sein soll, je häufiger es ist. Wer aber, obwohl er oft zum Zorn versucht ist, schnell bereit ist, einen um Verzeihung zu bitten, dem er Unrecht getan hat, ist besser als einer, der schwerer in Zorn gerät, aber auch schwerer dazu zu bewegen ist, um Verzeihung zu bitten. Wer aber nie um Verzeihung bitten will oder nicht ehrlichen Herzens darum bittet[28], der ist ohne Berechtigung im Kloster, selbst wenn man ihn nicht ausstößt. Hütet euch also vor zu harten Worten! Sind sie aber einmal aus eurem Mund gekommen, dann bringt auch Worte der Heilung aus demselben Mund, der die Wunden geschlagen hat!
3. Wenn aber die Sorge um die Disziplin euch zwingt, harte Worte zu

sprechen, um die Jüngeren in Schranken zu halten, dann braucht ihr sie nicht um Verzeihung bitten, selbst wenn ihr fühlt, dabei das rechte Maß überschritten zu haben. Sonst würde bei den Untergebenen durch eine allzu große Demut die Führungsautorität zerstört. Alle müssen aber den Herrn um Vergebung bitten. Er weiß, mit welchem Wohlwollen ihr die liebt, die ihr vielleicht über Gebühr zurechtweist. Die Liebe unter euch soll aber nicht sinnlich, sondern geistlich sein.

VII. Gehorsam gegen die Oberen und deren Dienst

1. Dem Vorsteher soll man wie einem Vater in Ehrerbietung gehorchen[29], um nicht in ihm Gott zu beleidigen; viel mehr noch dem Priester, der für euch alle sorgt.
2. Sache des Vorstehers ist es, besonders darauf zu achten, daß all diese Vorschriften befolgt werden. Sollte etwas nicht befolgt werden, so sorge er, daß man das nicht leichtfertig übergehe, sondern gründlich bessere. Was aber das Maß seiner Kräfte übersteigt, soll er dem Priester vorlegen, der bei euch die höchste Autorität besitzt.
3. Euer Vorsteher soll sich nicht deshalb glücklich schätzen, weil er kraft seines Amtes gebieten, sondern weil er in Liebe dienen kann[30]. In der Stellung in eurer Gemeinschaft stehe er über euch, in der Ehrfurcht vor Gott liege er euch zu Füßen[31]. In allem soll er selbst ein Beispiel guter Werke geben[32], die Unruhigen zurechtweisen, die Verzagten trösten, sich der Schwachen annehmen, mit allen Geduld haben[33]. Mit Liebe sei er auf Disziplin bedacht und flöße Ehrfurcht ein. Obwohl beides notwendig ist, strebe er mehr danach, von euch geliebt als gefürchtet zu werden. Er sei sich immer bewußt, daß er vor Gott einst Rechenschaft ablegen muß[34].
4. Habt deshalb nicht nur mit euch[35], sondern auch mit ihm Erbarmen und gehorcht ihm willig; denn je höher die Stellung in eurer Gemeinschaft ist, um so größer ist auch die Gefahr, in der er schwebt.

VIII. Befolgung der Regel

1. Gebe es der Herr, daß ihr dies alles in Liebe beachtet, als Liebhaber geistlicher Schönheit, im Wohlgeruch Christi[36], voll Eifer in rechtschaffenem Leben[37], nicht wie Sklaven unter dem Gesetz, sondern als Freie unter der Gnade[38].

2. Damit ihr euch aber in diesem Büchlein wie in einem Spiegel betrachten könnt[39] und nichts aus Vergeßlichkeit vernachlässigt, soll es euch einmal wöchentlich vorgelesen werden. Wenn ihr dann findet, daß ihr das tut, was hier vorgeschrieben ist, dann dankt Gott, dem Geber alles Guten! Wenn aber jemand von euch noch Fehler an sich bemerkt, dann bereue er das Vergangene, sei in Zukunft vorsichtig und bete, daß ihm die Schuld vergeben, und er nicht in Versuchung geführt werde[40].

---

[1] Die Übersetzung folgt dem Text der kritischen Ausgabe von L. VERHEIJEN, La règle de Saint Augustin, I, Tradition manuscrite, Paris 1967, 417–437. Die Schriftverweise sind entnommen A. SAGE La règle de Saint Augustin, Paris 1969. Die Abschnitte der Regel wurden mit Überschriften versehen.
Dem Text der Regel ist der Satz »Vor allem ...« vorangestellt, der den Anfang des Ordo Monasterii bildet, aber nicht mehr zum kritischen Regeltext zählt. Da der Ordo Monasterii und sein Beginn in der Geschichte unseres Ordens von Bedeutung sind (vgl. Vita A 12; Vita B 24; AnPraem 34; 1958, 5–12), hat das Generalkapitel 1970 beschlossen, den Satz beizubehalten. Der Übersetzung liegt die kritische Ausgabe des Ordo Monasterii von L. VERHEIJEN aaO 148 zugrunde.
[2] Ps 67,7.
[3] Apg 4,32.
[4] 1 Tim 6,8.
[5] Apg 4,32,35.
[6] Kol 3,1–2.
[7] Gal 2,2.
[8] Ps 111,9; Lk 18,22; 1 Kor 13,3.
[9] Röm 15,6.
[10] 2 Kor 6,16.
[11] Kol 4,2.
[12] Am 8,11.
[13] Mt 5,28.
[14] Spr 24,12.
[15] Spr 24,18.
[16] Spr 27,20.
[17] 2 Kor 6,16.
[18] Mt 18,15–17.
[19] 1 Tim 5,20.
[20] Apg 4,35.
[21] Tit 2,3.
[22] 1 Kor 13,5.
[23] 1 Kor 12,31–13,13.
[24] Apg 4,35.
[25] Mt 7,3–5.
[26] 1 Joh 3,15.
[27] Mt 6,12.
[28] Mt 12,35.
[29] Hebr 13,17; Lk 10,16.
[30] Lk 22,25–26; Gal 5,13.
[31] Sir 3,20.
[32] Tit 2,7.
[33] 1 Thess 5,14.
[34] Hebr 13,17.
[35] Sir 30,24.
[36] Sir 44,6; 2 Kor 2,15.
[37] 1 Petr 3,16.
[38] Röm 6,14–22.
[39] Jak 1,23–25.
[40] Mt 6,12–13.

DEUS ENIM QUI HABITAT IN VOBIS

Die grundlegende Spiritualität der Augustinus-Regel[1]

Augustinus Wucherer-Huldenfeld O. Praem.

I

Was ist eigentlich innerster Geist und Sinn der Augustinusregel? Was kann in ihr als Kernstück, als das die Spiritualität grundlegend Kennzeichnende angesprochen werden?
Die Antwort auf diese Frage kann kurz gegeben werden: Das lebendige Bewußtsein von der Gegenwart, von der Anwesenheit, von der Einwohnung Gottes in der Gemeinschaft wie im Einzelnen ist es, was vor allem die Spiritualität der Regel kennzeichnet.
Wir finden diese Antwort am Ende des 6. Kapitels der Regel prägnant formuliert, wo von der Verantwortung der Brüder füreinander, und im nachfolgenden 7. Kapitel, wo von der Pflicht brüderlicher Zurechtweisung die Rede ist. Die Verantwortung füreinander und die damit gegebene Pflicht der brüderlichen Zurechtweisung ist nämlich durch eben diese Gotteseinwohnung wirksam begründet: »denn *Gott, der in euch wohnt*, wird euch auf diese Weise durch euch selbst schützen«[2]. Deus enim qui habitat in vobis! Damit spricht Augustinus die grundlegende Spiritualität, ja überhaupt die grundlegende Sinn- und Zielbestimmung seines klösterlichen Lebens aus. – Nun muß man sich aber doch die Frage stellen: Ist das wahr? Ist ihm nicht etwas anderes wichtiger, etwa die Gottes- oder Nächstenliebe? Und weiter: Was ist mit Gotteseinwohnung genauerhin gemeint? Welche Bedeutung hat sie für das christliche Dasein?
Natürlich kann auf diese Fragen hier nur ganz kursorisch eingegangen werden, und obwohl man zunächst einen strengen Beweis für die aufgestellte Behauptung liefern müßte, kann dazu nur in Kürze weniges gesagt werden.

II

Augustinus läßt uns nicht darüber im Zweifel, was er für das grundlegende erste und sinngebende Ziel des klösterlichen Beisammenseins hält[3]: Gleich am Beginn der Regel spricht er vom »primum propter quod«. Das, weswegen (propter quod) etwas geschieht, nennt die philo-

sophische Fachsprache seit alters her das Ziel. Das »primum propter quod«[12] ist das erste Ziel (finis primarius), von dem die zweitrangigen Ziele (fines secundarii) abhängig sind und abgehoben werden können. Was ist nun das erste Sinnziel des klösterlichen Lebens nach Augustinus? »Das *erste,* weswegen ihr euch in eins versammelt habt, ist dies, daß ihr einmütig im Hause wohnt und ein Herz und eine Seele in Gott besitzt.«
Anima una et cor unum in Deum zitiert man zwar viel, ist aber gar nicht leicht zu deuten, auch nicht mit Hilfe der zahlreichen Parallelstellen aus dem Gesamtwerk des Heiligen. Übrigens, um methodisch sauber vorzugehen, müßte vor der Berücksichtigung der Parallelstellen einmal nachgesehen werden, ob uns nicht eine genauere Deutung in der Regel selbst gegeben wird, und das ist auch der Fall. Die Frage ist nur: Wo? Ich meine nämlich, daß Augustinus uns in seiner Regel die genauere Deutung in erster Linie nicht dort gibt, wo er von der Hausgemeinschaft spricht (Ihr sollt in Eintracht im Hause beisammen wohnen); nicht dort, wo er von der Gütergemeinschaft spricht (Nichts sollt ihr euer eigen nennen, sondern alles sei euch gemeinsam); und auch nicht dort, wo er von der Verbrauchsgemeinschaft redet (Einem jeden von euch soll vom Oberen Nahrung und Kleidung gegeben werden soviel er braucht). Denn das alles sind Ausdrucksformen der Tatsache, daß viele »ein Herz und eine Seele in Gott« sind, und zudem müssen sich ja doch im Laufe der Geschichte die kulturellen Ausdrucksformen stets den wechselnden Umständen gemäß anpassen und ändern; sie müssen jeweils der gegenwärtigen Zeit entsprechen, weil wir in dieser allein unmittelbar Gott nahe sind und eine Sendung zu erfüllen haben. Die Haus-, Güter-, Verbrauchs- und auch Gebetsgemeinschaft mit all ihren besonderen Formen, wie sie Augustinus in der Regel beschreibt und vor eineinhalb Jahrtausenden gelebt hat, ist an eine Umwelt gebunden, die längst versunken ist. Es besteht also hier gar nicht die romantische Absicht, längst durch die Zeit Überholtes zu repristinieren. Worum es hier geht, ist die Erhellung des charismatischen Geistes der Regel, der allein lebendig macht, und nicht äußere Beobachtung und Nachäffung des kulturhistorisch gebundenen Buchstabens, dessen immer bessere Kenntnis allerdings für unsere Aufgabe sehr nützlich, ja oft unentbehrlich ist.
Wo findet sich nun in der Regel ein aufschließendes Deutewort für das, was Augustinus unter anima una et cor unum in Deum versteht? Am Ende des 2. Kapitels: »Lebt also alle einmütig und einherzig beisammen und ehrt in euch gegenseitig Gott, dessen Tempel ihr geworden seid!«
Eine neuere Untersuchung hat die literarische Einheit der beiden ersten Kapitel nachgewiesen[4]. Eine Einteilung in zwei (oder mehrere)

Kapitel ist nicht gerechtfertigt. Anfang und Ende der beiden Kapitel gehören zusammen und stimmen in Einzelheiten der literarischen Form miteinander überein. Dem Satz »unanimes habitetis in domo et sit vobis *anima* una et *cor* unum« entspricht der andere »Omnes ergo un*animi*ter et con*cor*diter vivite«. Die zwischen diesen beiden Rahmensätzen stehenden Abschnitte (handelnd von der Gütergemeinschaft, Armut, Demutsgesinnung, gegenseitigen Hochschätzung und ihren Fehlformen) bilden einen einzigen geschlossenen Sinnzusammenhang, der unlöslich mit den Rahmensätzen verbunden ist und von diesen her erst den letzten Sinn bekommt. Es handelt sich also um die literarische Form der Inklusion, die klar und gewollt erscheint und durch das Umstandswort »ergo« noch unterstrichen ist. Der durch das »ergo« abschließende und zusammenfassende Satz »Lebt also alle einmütig und einherzig beisammen und ehrt in euch gegenseitig Gott...« wiederholt die eingangs gegebene Sinn- und Zielbestimmung des klösterlichen Lebens, aber nicht bloß als Variante oder Parallelstelle, sondern vielmehr als *das* Geist, Sinn und Ziel des klösterlichen Lebens aufschließende und deutende Grundwort. Das mag nun weiter ausgeführt werden.

Haben wir die literarische Form richtig erfaßt, dann darf man vermuten, daß inhaltlich mit »ein Herz und eine Seele in Gott, in Deum« und mit »ehrt in euch gegenseitig Gott, in vobis Deum« dasselbe gemeint ist. Wir sind in Gott, wenn Gott in uns der Deus internus ist, der jedem Einzelnen innerlicher ist, als er sich selbst innerlich ist. Aber weil Gott nicht »parteiisch«, nicht aufteilbar ist, so ist er letzten Endes selbst das allen gemeinsame unwandelbare Gut, das alle von innen her im Sein verbindet, und dem jeder im Mitbruder begegnet, wenn er sich nicht »in superbia« auf sein Eigengut (proprium bonum) versteift.

Dieses »In-sein« in Gott und »In-sein« Gottes in der Gemeinschaft wie im Einzelnen – die christliche Inexistenz – wird so im Bilde gegenseitigen (personalen) Umgriffenseins ausgesagt: »wir in Gott« und »Gott in uns«, was im geistigen Daseinsraum ohne Widerspruch dasselbe umschreibt und für Augustinus ausdrücklich belegbar ist.

Das paulinische Wort aus dem Epheserbrief (3,17), wonach Christus durch den Glauben in den Herzen wohnt, und das aus der Apostelgeschichte (4,32), von der Gemeinde, die ein Herz und eine Seele war – Stellen, die Augustinus immer wieder mit Vorliebe zitiert und abwandelt –, fließen für Augustinus so ineinander, daß er anläßlich der Auslegung des Psalms 131,5 sagen kann: »Alle, die glauben, bereiten dem Herrn nur eine einzige Stätte. Im Herzen nämlich hat der Herr seine Wohnstatt.« Der Text geht ohne Überleitung so weiter: »Sie alle (nämlich die Mönche) haben bloß ein Herz, die in Liebe geeint sind.« Und in derselben Predigt derselbe Gedanke noch einmal mit anderen Worten: »Gewiß sind sie zum Tempel Gottes geworden: nicht nur jeder ein-

zelne ein Tempel Gottes, sondern auch alle zusammen Gottes Tempel. Eine Stätte für den Herrn sind sie also geworden. Damit ihr aber erkennt, daß dem Herrn in ihnen allen nur eine einzige Wohnstatt bereitet wurde, sagt die Schrift: ›Sie hatten nur ein Herz und eine Seele‹ in Gott...«
Mit dieser Psalmenauslegung ist nun auch inhaltlich der Nachweis erbracht, daß mit »ein Herz und eine Seele in Gott« und »Lebt einmütig und einherzig beisammen und ehrt in euch gegenseitig Gott, dessen Tempel (templa) ihr geworden seid« dasselbe zur Sprache kommt. Augustinus' Selbstverständnis als Mönch, ja überhaupt als Christ, ist vom Bewußtsein einer besonderen Gottesgegenwart im Gläubigen getragen. Deus enim qui habitat in vobis! Gott ist in besonderer Weise im Innern des Menschen anwesend, in seinem Herzen da. Diese Weise seines Daseins ist untrennbar vom Da-sein Gottes in der Gemeinschaft, Gemeinde, in der Bürgerschaft (= civitas) Gottes, also in der Kirche als dem geheimnisvollen Leib Christi.

III

Was kann unter dieser Gottesgegenwart genauerhin verstanden werden?
Diese Gegenwart Gottes ist eine andere, unvergleichlich tiefere als die allgemeine Gottesgegenwart, nach der Gott überall durch seine Geschöpfe da ist. Es ist die besondere Gnadengegenwart, in der sich Gott in Jesus Christus selbst den Menschen (durch den Glauben) erschlossen hat. Außer dieser, oder besser: innerhalb dieser besonderen Gegenwart Christi durch die Gnade und den Glauben unterscheidet man die ganz besondere Gegenwart Christi im Altarsakrament, die eucharistische Realpräsenz, die leibhaftige, substantielle Gegenwart des ganzen Christus mit Leib und Blut unter den Gestalten von Brot und Wein.
Etwa seit dem Spätmittelalter wird die eucharistische Realpräsenz als die einzige eigentliche und reale Gegenwartsweise Gottes in Jesus Christus bei den Menschen empfunden, angesichts derer die geisthafte Wirkgegenwart Gottes in der Kirche wie im einzelnen verblaßte, zur »uneigentlichen« Gegenwart herabsank, und zwar so sehr, daß Gottlieb Söhngen von »einem leider weithin vergessenen Gegenstand unserer Verkündigung« sprechen konnte[5]. Ein leider weithin vergessener Gegenstand unserer Verkündigung! Das heißt aber auch, daß damit die grundlegende augustinische Spiritualität der Regel mit in Vergessenheit geraten ist, und diese ist eine, die nicht nur den Ordensmann etwas angeht (sofern er sich unserer Regel verpflichtet weiß), sondern sie ist von größter Bedeutung für die Verkündigung, für die Weckung des

christlichen Selbstbewußtseins, für das Selbstverständnis des christlichen Laien. Glauben wir an die Selbstoffenbarung des dreipersönlichen Gottes und beten wir zu diesem im Herzen, dann ist dieser Gott der Offenbarung niemals nur der bloße, ferne Gegenstand unseres Glaubens und Betens, der allein in den eucharistischen Gestalten uns nahe kommt; nein, er ist in der Gemeinschaft, ja im Herzen des Einzelnen in besonderer Weise wirklich da, gegenwärtig, und zwar seinem ungeschaffenen Wesen nach (als die »gratia increata«, wie wir uns heute ausdrücken). Die Gegenwart ist also nicht bloß die einer Beziehung, die etwas an sich Abwesendes vergegenwärtigt (wie wenn wir an einen uns nahestehenden Mitmenschen denken oder mit ihm telephonisch sprechen), auch nicht nur die Gegenwart des Gottes der Offenbarung vermittels seiner Wirksamkeit durch die geschaffene Gnade, sondern eigentliche, innerliche, unmittelbare, wirkliche und anwesende Gegenwart der ungeschaffenen Gnade. In diesem Sinne ist nach Augustinus der Christ Bild des dreipersönlichen Gottes; aber nicht wie ein Abbild, das seinem Urbild äußerlich bleibt; sondern er wird durch Teilhabe zum Abbild, weil sich die Trinität in ihm einsenkt, in ihm wie in einem Tempel Wohnung nimmt, lebt, wirkt und für andere zugänglich ist. Im Bruder können wir daher Gott begegnen. Das ist das Geheimnis der christlichen Brüderlichkeit, wie sie Augustinus besonders im Mönchtum verwirklicht sehen wollte. Viele vermögen einen einzigen Tempel zu bilden, so sie »einmütig und einherzig beisammen« leben, nämlich den Tempel der Kirche, den Leib Christi.

IV

Das Bewußtsein von der Einwohnung des dreipersönlichen Gottes im Herzen des Christen ist auch für die christliche Praxis von größter Bedeutung, weil darin das Liebesgebot zu einer konkreten Begründung kommt. Wahrhafte Liebe liebt den Menschen, weil Gott in ihm ist oder wenigstens damit Gott in ihm sei. Sie liebt den Anderen, ein Wesen, das dem Wandel und der Vergänglichkeit unterliegt, damit er zur Unwandelbarkeit Gottes emporgehoben werde. In der christlichen Liebe wird Gott das Gemeinsame aller, das alle zur kirchlichen Gemeinschaft Verbindende und Einende. Die Liebe, die »das Gemeinsame über das Eigene« stellt und nicht über den privaten Sonderinteressen das Anliegen der Gemeinschaft vergißt (RA, Kap. 8), führt so den Einzelnen zur letzten Gemeinsamkeit aller mit Gott: cor unum in Deum (ein Akkusativ des Zieles), d. h. nicht nur auf Gott wie auf ein fernes Ziel hin, sondern auch immer tiefer in Gott hinein, der je immer der

Größere bleibt. Die Liebe tut das, indem sie auf die Gottesgegenwart im Mitbruder antwortet und ihr entspricht: honorate in vobis invicem Deum.

Augustinus schärft uns die Liebe nicht als ein bloßes »Du sollst!«, als bloßes Gebot oder kategorischen Imperativ mit dem erhobenen moralischen Zeigefinger ein. Ein solches Gebot bliebe ja letzlich ohne tiefere gute Wirkung. Er wendet sich vielmehr an die Erfahrung und Einsicht des Glaubens, läßt die Liebe im Geheimnis der Gottesgegenwart, wie es uns im gläubigen Christen entgegentritt, begründet sein. Daher kann zusammenfassend gesagt werden: Brüderliches Lieben und gegenseitiges Ehren ist ihm der Weg zu dieser Gottesgegenwart und zugleich Antwort auf die grundlegende Einsicht des Glaubens, daß nämlich der dreipersönliche Gott im Herzen des gläubigen Menschen wohnt. Das vor allem scheint entscheidend für die Spiritualität der Regel des hl. Augustinus, ja, darüber hinaus eine der wesentlichen Grundlagen christlichen Bewußtseins und Selbstverständnisses zu sein.

[1] Nachschrift eines Referates, gehalten anläßlich der Festakademie zu Ehren des hl. Augustinus in der Abtei Geras, am 28. August 1961; erschienen: In unum congregati, Mitteilungen der Österreichischen Chorherrenkongregation 9 (1962), Heft 3.
[2] Der lat. Text der Augustinus-Regel (= RA) wurde zitiert nach W. Hümpfner, Jordani de Saxonia Ordinis Eremitarum S. Augustini: Liber Vitasfratrum. Cassiciacum, Bd. I. New York 1943, Appendix C, S. 494–504. – Weiterhin wurden Übersetzungen von Zumkeller benützt.
[3] Es darf hier daran erinnert werden, daß die Spiritualität der Augustinus-Regel nicht vom ersten Satz der Disciplina Monasterii her bezogen werden kann: Ante omnia, Fr. c., diligatur Deus, deinde proximus. Es ist erst seit dem 12. Jahrhundert üblich geworden, diesen Satz der Augustinus-Regel voranzustellen. Übrigens hat er höchstwahrscheinlich einen anderen Sinn, als man gewöhnlich annimmt, durch die betonte Trennung und Rangverschiedenheit von Gottes- und Nächstenliebe, die der Spiritualität Augustins als Bischof nicht mehr entspricht. Vgl. dazu Augustinus Wucherer-Huldenfeld, Mönchtum und kirchlicher Dienst bei Augustinus nach dem Bilde des Neubekehrten und des Bischofs, ZKTh 82 (1960) 182–211, bes. 203f.
[4] Dominique Sanchis, Pauvreté monastique et Charité fraternelle chez saint Augustin. Note sur le plan de la Regula. In: Augustiniana 8 (1958) 5–21. – A. Sage, La Règle de saint Augustin commentée par ses écrits, Paris 1961, S. 10–15, 85–126.
[5] Gottlieb Söhngen, »Tut das zu meinem Gedächtnis«, Wesen und Form der Eucharistiefeier als Stiftung Jesu. In: Pascha Domini, Seelsorger Verl. Herder, Wien 1959, S. 77f. – Ders. Christi Gegenwart in uns durch den Glauben. In: Söhngen, Die Einheit in der Theologie, Gesammelte Abhandlungen, Aufsätze, Vorträge, München 1952, S. 324–341. – Eberhard Haible, Trinitarische Heilslehre, Stuttgart 1960. – Zur biblischen und patristischen Lehre von der Einwohnung Gottes vgl. RACh III, Sp. 834–838, Artikel »Deus internus«.

Besinnung auf das prämonstratensische Lebensideal heute und in Zukunft

Silvester van de Ven O. Praem.

Besinnung:

Von unserem hl. Vater Norbert singen wir: »Norbert wandte sich der Lehre der Apostel zu. Er wollte alles in Gemeinschaft besitzen; stiftete Frieden; führte viele zusammen, um dem Herrn zu folgen.« Während seines Lebens brachte Norbert viele zusammen... Heute bringt er hier viele zusammen, weil es fast 850 Jahre her ist, daß er starb. Seine Lebensbeschreibung erzählt: Nach einem Krankenbett von 4 Monaten starb Norbert in seiner Bischofsstadt Magdeburg: »Es war im Jahre 1134 nach der Geburt unseres Herrn, Mittwoch nach Pfingsten, den 6. Juni, im 5. Jahr des Papstes Innozenz, im 9. Jahr des Kaisers Lothar.« Der Hagiograph fügt hinzu: »Er konnte nicht schlecht sterben, wie Augustinus sagt, denn er hatte gut gelebt.«[1]
Auf Befehl von Kaiser Lothar wurde Norbert bei seinen Mitbrüdern in der Kirche von Unserer Lieben Frau vor dem Altar des hl. Kreuzes begraben. Einige Jahre später vollzogen seine Jünger eine symbolische Handlung. »Des Wortes der Schrift eingedenk: Ehre deinen Vater, damit du lange leben mögest und aus Dankbarkeit für das Wohlwollen, das Norbert ihnen immer gezeigt hatte, begruben sie seine sterblichen Überreste aufs neue, und zwar im Chor, vor ihren Augen, damit sie ihn nicht vergessen und immer in Erinnerung behalten würden.«[2]
Des Hl. Norbert gedenken, die Erinnerung an ihn lebendig halten: das ist sicher *eine* Dimension unserer Versammlung. Im Titel unserer Einführung werden »heute und in Zukunft« ausdrücklich vermeldet: es muß aktuell sein. Versteckt sich hier vielleicht eine gewisse Unterbewertung der Vergangenheit? Der Vergangenheit gedenken mutet wenig modern an, doch hat »Gedenken«, »in Erinnerung bringen« sowohl im Alten wie im Neuen Testament einen zentralen Ort. Vieles von dem, was die Schrift von uns verlangt, ist in einem Wort zusammenzufassen: »Gedenke«. Die Tat des Gedenkens ist dazu da, die Vergangenheit zu aktualisieren für eine Generation, die in der Zeit von den früheren Ereignissen weit entfernt ist, damit sie selber eine tiefgehende Begegnung mit den Großtaten der Erlösung bekommen kann[3].
Zurückblicken, gedenken ist aber nicht das einzige, was man von uns erwartet. Ein Zeitgenosse des hl. Norbert, der hl. Bernhard von Clair-

vaux (1090-1153), deutet mit einem frappanten Bild die Kirche an als Ecclesia »veluti ante et retro occulata«: die Kirche hat Augen, um vorauszuschauen, und sie hat Augen um zurückzuschauen[4]. Die Kirche ist Kirche der »Zwischenzeit«: Sie steht zwischen dem Herrn, der schon gekommen ist, *und* dem Herrn, der kommen wird.
Besinnung, wenn sie lebensecht und erneuernd sein will, wird sich immer abspielen in dem Spannungsfeld von Vergangenheit und Heute/Zukunft. Das Zweite Vatikanische Konzil legt uns nahe: »Die angepaßte Erneuerung des Ordenslebens umfaßt gleichzeitig sowohl eine ständige Rückkehr zu den Quellen allen christlichen Lebens und zur ursprünglichen Inspiration der Ordensinstitute, wie ihre Anpassung an die veränderten Zeitumstände.«[5] Das ist nicht etwas Einmaliges, sondern ein fortwährender Prozeß. Rückkehr zu den Quellen und Aggiornamento sind zwei Pole lebensnaher Besinnung.
Rückbesinnung macht die Bewegung zurück: von 1983 zu den Quellen. Für uns sind das: Norbert und sein Lebensideal – weiter zurück: Augustinus und sein Ideal, das ihn beseelte – und dann vor allem die Lebensweise der Apostel: das Vorbild des Lebens der ersten Christengemeinde von Jerusalem, so wie es uns Lukas in der Apostelgeschichte schildert.
Einseitiger Nachdruck auf Rückbesinnung, auf die Herkunft, könnte uns auf den Gedanken bringen, daß wir aus der Vergangenheit ohne weiteres ablesen können, wie wir heute leben müssen. So zu denken, würde aber eine Verkennung der Werte des Heute bedeuten. Mit der Rückbesinnung auf die Quellen muß immer auch eine Bewegung zusammengehen, die wir andeuten mit dem Wort »Aggiornamento«. Darunter verstehen wir: persönlich und als Gemeinschaft leben, beten, arbeiten versuchen, in der Zeit, in unserer Zeit, heute. »Heute, wenn ihr seine Stimme hört...«! Der Glaubende gehört dem Heute. Das Heute ist der Ort der Forderungen, die Gott an uns stellt, und der Gnaden, die er uns anbietet[6].
Wir dürfen keine unüberbrückbaren Gegensätze konstruieren zwischen Vergangenheit und Heute oder zwischen Heute und Zukunft. Zwischen Vergangenheit und Zukunft ist die Kirche »pilgernde Kirche«, »Volk Gottes unterwegs«. Das ist unsere Situation heute: wir sind unterwegs, oder wie die Theologie sagt, »in statu viatorum«. Und auf dieser Pilgerfahrt müssen wir Früchte hervorbringen, die bleiben.
Besinnung ist nicht das gleiche wie Information gewinnen. Z. B.: Wie kam George Washington zu seinen ersten Mitarbeitern? Das wissen wir dann und damit Schluß. Nein, bei Besinnung geht es darum, das Gehörte auf sich selbst zu beziehen: Was hat es mir, uns, heute zu sagen? Es geht darum, das Gehörte, das Besprochene für uns, für das Hier und Heute zu übersetzen. Diese »Übersetzungsarbeit« muß in unseren Ge-

sprächen und im Austausch unserer Erfahrungen geschehen. Hier gehören Fragen hin, wie: Bauen wir hier eine wirkliche Gemeinschaft im Geiste der ersten Christen auf? Was hat das Ideal des hl. Augustinus uns zu bedeuten? Was bedeutet das Ideal des hl. Norbert heute, in unserer Kirche und unserer Gesellschaft, für uns?

Mein Auftrag lautet, ein Gesamtbild unseres Lebensideales zu zeichnen, ein »framework« zu geben für unsere Besinnung, in welches die Teilthemen dieser Tage hineingestellt werden können.

Ich bin gebeten worden, dabei besonders auf den hl. Norbert Bezug zu nehmen.

1. Unsere höchste Norm: die Nachfolge Christi

Die Bekehrung des hl. Norbert findet ihren betenden Ausdruck in: »Herr, was willst du, daß ich tue?« Er vernimmt die Antwort: »Laß ab vom Bösen und tue das Gute; suche den Frieden und jage ihm nach!«[1] – Damit ist aber noch nicht klar, welchen Weg er gehen muß. Und damit hat Norbert noch keine klare Sicht auf sein konkretes Lebensprojekt.

Um seine Lebensrichtung kennenzulernen, schaut Norbert bewußt auf Christus. Von seiner Wanderpredigt in großer Armut wird gesagt, daß er sie »solo Christo duce« vollzog – »mit Christus als alleinigem Führer«[2].

Als Papst Calixt II. und Bartholomäus, Bischof von Laon, Norbert die Leitung des Kapitels von St. Martin in der genannten Stadt auftragen wollten, gab Norbert folgende kernartige Formulierung seines Ideals: »Meine Entscheidung ist, ein rein evangelisches Leben zu führen, inspiriert von der Lebensweise der Apostel, im auf der Hand liegenden Sinne«. Norbert befürwortete anscheinend eine buchstäbliche Schriftinterpretation. Er war es gewohnt, die evangelischen Vorschriften nach dem Buchstaben zu befolgen. Daher seine Formulierung: »rein« (evangelisch) und: »im auf der Hand liegenden Sinne« – ohne abschwächenden Kommentar[4].

Bei der Gründung von Premontre spielen die Normen der Lebensweise, wie sie beschrieben ist in den Evangelien und bei den Aposteln, eine große Rolle – auch die Konkretisierung, wie er sie in der Regel des Augustinus fand[5]. – Von seinen ersten Jüngern in Premontre wird gesagt, daß es ihr Ideal war: »den heiligen Schriften zu folgen und Christus als Führer zu haben«[6].

Nach einem mißlungenen Anschlag auf sein Leben in Magdeburg sagt Norbert: »Wir müssen unserem Haupt und unserem Fundament Jesus Christus nachfolgen und also verzeihen.«[7]

Die Kraft des hl. Norbert als Verkünder lag unbezweifelbar in seiner Authentizität: er lebte selber, was er verkündete. In seiner Lebensbeschreibung wird ausdrücklich gesagt, daß er selber vollführte, was er verkündete[8]. – Für diese Harmonie zwischen Wort und Leben ist der heutige Mensch empfindsam: Aufrichtigkeit, Authentizität werden hoch eingeschätzt.
Was beinhaltet das Leben nach dem Evangelium für Norbert? Im Rahmen der Vita-apostolica-Bewegung stellt sich heraus, daß Norbert an Abschnitte aus den synoptischen Evangelien denkt, wo die Rede ist von der Entsagung Jesu, seiner Armut, seiner Ablehnung von Äußerlichkeit und Schein[9]. Er denkt auch an die Anweisungen, die Jesus seinen Aposteln und Jüngern gibt, als er sie aussendet (Aussendungsrede)[10]. Müssen wir nicht bekennen, daß diese Elemente uns weniger freundlich in den Ohren klingen, als die Elemente, die Lukas aufzählt in dem Bild, das er vom Leben der ersten Christen schildert? Aber auch diese gehören zum Prämonstratenser-Ideal des evangelischen und apostolischen Lebens.
Das Zweite Vatikanische Konzil führt uns das gleiche vor: Christus nachfolgen, wie es im Evangelium steht, muß unsere höchste Norm sein[11]. – Diese Worte machen wir gerne zu den unsrigen. Oft behaupten wir: wir müssen mehr evangelisch leben. Ist es dann nicht merkwürdig, daß wir uns so einfach hinwegsetzen über den ersten Auftrag des Evangeliums: Bekehret euch? Wir lesen doch: »Nachdem man Johannes ins Gefängnis geworfen hatte, ging Jesus wieder nach Galiläa; er verkündete das Evangelium Gottes und sprach: Die Zeit ist erfüllt, das Reich Gottes ist nahe. Kehrt um, und glaubt an das Evangelium!« (Mk 1,14–15; vgl. Apg 2,37–38). Ist die Bekehrungsgesinnung das meist Auffallende in der Kirche von heute, in unseren Gemeinschaften, in meinem eigenen Leben?
Die Bekehrung, von der Jesus spricht, ist nicht die Abkehr von dieser oder jener sündigen Handlung, hin zum richtigen Handeln in diesem einen Punkt, nein, Bekehrung bedeutet hier: die Mitte meines Interesses auf Gott hin verlegen. Ich will nicht mehr die Mitte meines Lebens sein, meines Tuns und Lassens, sondern in diese Mitte muß ein anderer kommen, »Gott«: Vater, Jesus und Hl. Geist. An Stelle meines Ichs das Du Gottes.
Diese Botschaft der radikalen Bekehrung widerspricht unserem heutigen Lebens- und Denkklima. Von allen Seiten wird uns gesagt: Werde du selbst, versuche wer zu sein. – Die fundamentale Sünde ist nicht diese oder jene konkrete Handlung, sondern die Hybris (Hochmut): Glauben, daß wir selber die Mitte aller Dinge sind[12].
Das Evangelium sagt uns aber: wer sein Leben verliert, wird es gewinnen. Es ruft uns auf zu glauben, daß wir dann erst wirklich wir selbst

werden, wenn wir uns ganz an Gott verlieren. Wir selbst werden wir erst unter der Bedingung, daß wir uns bekehren. Das ist wirklich christlicher Humanismus. Es ist gut, dies zu bedenken in bezug auf mancherlei (oft gute) Humanisierungstendenzen in unserem heutigen Ordensleben.

J. B. Metz spricht in bezug auf die Nachfolge eine harte Sprache: Die Krise des kirchlichen Lebens beruhe letztendlich nicht auf Anpassungsschwierigkeiten an das heutige Leben und das heutige Lebensgefühl, sondern auf Anpassungsschwierigkeiten an... Jesus Christus und seine Botschaft vom Reiche Gottes. Haben wir ihn in unserem Tun und Lassen nicht zu sehr angepaßt an uns selbst...? Ist hier nicht die Erklärung dafür, daß es Menschen gibt, die sagen: Jesus ja – Kirche nein? Warum kommt ihnen Jesus moderner und zeitnaher vor, als wir, seine Kirche? Metz fragt: Steckt das christliche und kirchliche Glaubwürdigkeitsproblem Nr. 1 nicht darin, daß wir in der Tat so wenig »Gleichförmigkeit« mit Christus zeigen[13]?

Fragen für unsere Besinnung:

– Das Motiv unseres christlichen und klösterlichen Lebens kann umschrieben werden: Um des Reiches willen = um des Evangeliums willen = um meinetwillen (Jesus; Mk 10,29).
Dieses »um willen« würde ich gerne den großen evangelischen Gehorsam nennen (Paulus: »Hören auf die Frohe Botschaft« Röm 10,16).
Es ist der Notenschlüssel für und über unser ganzes Leben als Christ und Ordensmann. – Frage: Macht die Praxis unserer Gelübde, unseres Gemeinschaftslebens etwas greifbar vom Evangelium, von Jesus, vom guten Zustand, den Jesus andeutet mit dem Ausdruck »Reich Gottes«? Dann erst ist unser ganzes Leben authentisch!
– Eine Umschreibung von Bekehrung haben wir schon gegeben. – J. B. Metz gibt uns noch eine zweite. Er spricht von »anthropologischer Revolution«: damit meint er, daß wir westliche Menschen befreit werden müssen von unseren traditionellem Lebens- und Denkrahmen *von* Haben, Erwerben, Besitzen, Kennen und Können. Wir müssen befreit werden von und aus unserem Überlegensein, von unserer Mentalität des Ausbeutens, von unserer vermeintlichen Unschuld. Diese Revolution muß ihre Inspiration schöpfen aus dem evangelischen Ideal der Nachfolge und der radikalen Umkehr, die das Kernstück des Evangeliums ist... – Unsere Profeßformel lautet: »Ich, Frater... verspreche Bekehrung meines Lebens...« Frage: Wie geben wir diesem Versprechen Gestalt?

2. Unser Hier und Heute

Rückbesinnung macht eine Bewegung rückwärts. Aggiornamento macht eine Bewegung ins Hier und Heute zur Aktualität. Wie war die zweite Bewegung bei unseren Vorgängern in der Vita apostolica? Setzten sie auf Aktualität? Versuchten sie eine Antwort zu geben auf die Nöte ihrer Zeit?
In der ersten Christengemeinde von Jerusalem sehen wir, daß sie ihrer Sorge für die Armen und Notleidenden Gestalt gibt. Anfangs geschieht dies innerhalb der Gemeinde und der Christengemeinden untereinander. Im Keim erscheint hier die Kirche auch als ethische Bewegung, als Zentrum der Aktion, die an einer neuen Gesellschaft baut.
Augustinus' Auffassungen in bezug auf das monastische Leben haben eine Entwicklung durchgemacht. Die Endphase davon ist: die Klostergemeinschaft ist keine Gemeinschaft, die in sich geschlossen bleibt, denn sie hat eine Funktion innerhalb der Kirche und für die Kirche im Ganzen. Augustinus' Klosterideal ist ein Aufruf zur evangelischen Gleichheit der Menschen, zur vollwertigen Brüderlichkeit unter allen. Hierin steckt ein Stück Gesellschaftskritik, weil die »Welt« gezeichnet ist von Habsucht, Macht und Hochmut. Gerade hiergegen will eine Klostergemeinschaft nach Augustinus eine Alternative bieten[1].
Bezug auf Kirche und Gesellschaft: den sehen wir auch bei Norbert. Innerhalb der Kirche waren damals Herzlosigkeit und Besitzstreben des Klerus einer gründlichen Reform bedürftig. Es gab aber auch Menschen, die sich für eine Gesellschaft einsetzen wollten, die getragen wurde von den evangelischen Forderungen nach Gerechtigkeit, Brüderlichkeit und Liebe. Sowohl die gregorianische Reform wie auch die Vita-apostolica-Bewegung, die in deren Folge aufkam, wollten auf diese aktuellen Nöte und Bedürfnisse der Kirche und der Gesellschaft eingehen: sie bildeten den Kontext von Norbertus' Ideal. Vor der Synode von Fritzlar zitiert er den Apostel Jakobus: »Ein reiner und makelloser Dienst vor Gott dem Vater besteht darin, für Waisen und Witwen zu sorgen, wenn sie in Not sind, und sich vor jeder Befleckung durch die Welt zu bewahren.« Für Norbert hat das mit Ordensleben zu tun.[2].
Die Bewegung zu Aktualität von Kirche und Gesellschaft ist also bei unseren »Vorfahren« anwesend. Wie verläuft diese Linie bei uns?
Ein deutscher Autor hat von uns Ordensleuten einmal behauptet, daß wir eher geneigt sind, zu bewahren, als zu bewähren: Das Bewahren liegt uns besser als das uns Bewähren im Hier und Heute.
J. B. Metz meint, daß die Krise im Ordensleben nur sekundär eine Krise der Berufe ist. An erster Stelle ist sie eine Funktionskrise. Damit meint er, daß die Krise dadurch verursacht wird, daß wir Ordensleute unsere Funktion, unsere Berufung in Kirche und Gesellschaft nicht

wahr machen. Nach Metz haben wir nämlich die Funktion der »fruchtbaren Beispiele« beim Einüben, beim Einleben der Kirche in neue gesellschafts-ökonomische und geistig-kulturelle Situationen. Auf der anderen Seite haben wir auch eine korrigierende Funktion: Wir sind gemeint als eine Art Schocktherapie des Hl. Geistes für die ganze Kirche. Aus den vielen kritischen Fragen, die Metz stellt, stellt sich heraus, daß wir Ordensleute auf beiden Gebieten versagen. Mit Nachdruck betont Metz, daß wir berufen sind zu dieser doppelten Funktion und daß wir sie nur wahrmachen können durch eine radikale Nachfolge Christi[3].

Man kann Metz gründlich mißverstehen, als würde er ein Plädoyer halten, letztlich Frömmigkeit zu ersetzen durch soziales Engagement, Mystik durch Politik, Gebet durch soziale Aktion, Spiritualität durch politisches Interesse. Was er befürwortet ist, daß alle Komponenten unseres Lebens: unsere Art des Lebens und des Zusammenlebens , unser Beten, unsere Gelübde, unsere Aktivität, *auch* Bedeutung haben müssen für die Menschen von heute, namentlich für die Menschen, die in unserer konkreten Kirche und in unserer Gesellschaft nicht zum Zug kommen oder im Abseits stehen[4].

Das Hier und Heute oder anders gesagt, die Zeichen der Zeit, stellen die einzelnen Glaubenden, die Kirche und unsere Gemeinschaften immer wieder vor unerwartete neue Situationen. Wie soll man darauf in der richtigen Art reagieren? Dort ist »Unterscheidung der Geister« notwendig. Sie verlangt eine tiefe Einsicht in das Wirken Gottes im Herzen des Menschen. Unterscheidung ist eine Gabe des Hl. Geistes und eine Frucht der Liebe. Paulus schreibt an die Christen von Philippi (1,9–10):»Und ich bete darum, daß eure Liebe immer noch reicher an Einsicht und Verständnis wird, damit ihr beurteilen könnt, worauf es ankommt.«

Es handelt sich bei Unterscheidung nicht nur um Sich-auf-etwas-Verstehen, evtl. ein vollständiges Begreifen, sondern um eine Beurteilung, die ausgerichtet ist auf die Praxis, auf die Bildung eines Entschlusses, auf das Handeln des Menschen. Das letzte Ziel der Unterscheidung ist, daß das Reich Gottes im Hier und Heute konkret verwirklicht wird[6]. – Dies gilt auf dem Gebiet des geistlichen Lebens des einzelnen Glaubenden. Dies gilt auch auf dem breiteren und mehr umfassenderen Gebiet des Hier und Heute, das wir anzudeuten pflegen mit dem Ausdruck »Zeichen der Zeit«. Die pastorale Konstitution Gaudium et spes sagt dazu: »Im Glauben daran, daß es vom Geist des Herrn geführt wird, der den Erdkreis erfüllt, bemüht sich das Volk Gottes, in den Ereignissen, Bedürfnissen und Wünschen, die es zusammen mit den übrigen Menschen unserer Zeit teilt, zu unterscheiden, was darin wahre Zeichen der Gegenwart oder der Absicht Gottes sind.«

Fragen für unsere Besinnung:
- Wir müssen ein scharfes Auge haben für das, was in Gesellschaft und Kirche vorgeht. Dieses Aufmerksamsein auf die Zeichen der Zeit ist keine freiwillige Beschäftigung von Hobbyisten. Auch uns Ordensleute muß es zu Gewissenserforschung, zu Korrektur von Denken und Handeln führen. Es ist ein permanenterAppell und eine fortwährende Herausforderung zur Lebenserneuerung. – Frage: Wie verstehen wir die Zeichen der Zeit? Haben wir nur Augen für das Negative, das es unbezweifelbar auch gibt? Oder sehen wir auch neue Möglichkeiten, die Signale der Hoffnung? Verstehen wir es, miteinander zu hören, miteinander zu schauen auf alles, was es in Kirche und Gesellschaft zu entdecken gibt an Zeichen des Heiligen Geistes? Halten wir miteinander eine »Unterscheidung der Geister«?
- Was unser kritisches Stehen in Kirche und Gesellschaft angeht, können wir uns fragen: was für ein Menschenbild haben wir? Zählt für uns nur der Mensch, der intellektuell ist und »autonom«, der leistet, der erfolgreich ist? Was machen wir mit den vielen, die dieser Vorstellung nicht entsprechen? Denken wir auch in bezug auf Arbeit, Beruf und Klasse in »Oben und Unten«, wie das in unserer Gesellschaft tatsächlich geschieht? Ist dies in Übereinstimmung mit der Botschaft Jesu der Brüderlichkeit?
- Was hat der Slogan: »Jesus ja – Kirche nein« uns zu sagen?
- Was sagt uns der Mord an Erzbischof Romero? Wie ist unsere Haltung Strukturen gegenüber, die am laufenden Band Menschenrechte schänden und das für ganze Klassen von Menschen gleichzeitig?
- Was sagt uns der Aufruf des 20. Evangelischen Kirchentages in Hannover 1983: Umkehr zum Leben – auf Christus vertrauen – die Kirche erneuern – teilen – Frieden stiften – die Schöpfung beschützen?

3. Er betet auf dem Berg und tut Wunder in den Städten

Papst Gregor der Große hat eine Pastoralregel geschrieben, eine Art Handbuch für die Spiritualität des Seelenhirten. Als solches hat sein Buch etwa 1000 Jahre in der westlichen Kirche fungiert. Wenn Gregor im zweiten Teil vom Leben des Seelenhirten spricht, sagt er, daß wir aufsehen müssen zum Haupt der Kirche, unserem Herrn Jesus Christus: »Er betet auf dem Berg und tut Wunder in den Städten.«[1]
Unser Leben muß diese Doppelbeziehung zeigen: die Beziehung zu Gott und die Beziehung zu den Mitmenschen. Beide gehören wesentlich zur Nachfolge Christi. Beide gehören zur christlichen Spiritualität. Der Kern dieser Spiritualität ist der Geist Jesu, der in unsere Herzen ausgegossen ist. Er läßt uns sagen, Abba, Vater. Aber die Frucht des

Geistes ist auch: Liebe, Freude, Friede, Geduld, Freundlichkeit, Güte, Treue...: alles zwischenmenschliche Beziehungen (Gal 5,22).
Beide Pole dieser Lebenshaltung stehen deutlich im Vordergrund des Bildes, das Lukas uns von der ersten christlichen Gemeinde zeichnet. Sie ist ein Zentrum der Glaubensvertiefung, der Besinnung und des Gebetes. Das Brot wird dort gebrochen. Gleichzeitig ist sie eine Gemeinschaft brüderlichen Teilens. Im Keim haben wir hier auch zu tun mit einer Glaubensgemeinschaft, die mit der Tat an einer neuen Gesellschaft baut.
Augustinus betont, daß jede Gruppe von Ordensleuten im Wesen eine Glaubensgemeinschaft ist. Gemeinsam müssen sie sich eine Haltung des Hörens auf Gott, den Geist und das Evangelium von Jesus zu eigen machen. Dazu müssen sie sich von Zeit zu Zeit zurückziehen aus dem Unmittelbaren und Oberflächlichen des normalen Lebens, um sich zu besinnen und miteinander Gott zu suchen. Das zentrale Merkmal dieser Glaubensgemeinschaft ist das Erleben der Liebe füreinander. Im Nächsten (das ist jeder Mensch) begegnen wir Gott selbst. Unsere Haltung gegenüber einem Menschen IST unsere Haltung Gott gegenüber[2].
Das hier gezeichnete Ideal ist ein verletzliches Ideal. Seine innere Spannung kann auf verschiedene Weisen zunichte gemacht werden. Dies kann geschehen, indem man es in einer Art Arbeitsverteilung aufteilt, wobei die eine Gruppe Mitbrüder verantwortlich ist für den betenden, beschaulichen, liturgischen Aspekt und eine andere Gruppe den Werk-Aspekt übernimmt. – Oder eine andere Gefahr: In unserer Tatgesellschaft, wo Aktion, Fähigkeit, Wissen, Können, Erfolg und Leistung hochnotiert werden, da ist Aktivismus auch für uns Ordensleute nicht imaginär. Unsere Terminkalender füllen sich so an, daß für Besinnung und Gemeinschaftsgebet wenig oder keine Zeit übrig bleibt. – Bei einem modernen amerikanischen Autor lese ich:»Wir sind der Versuchung erlegen, den Dienst des Evangeliums zu scheiden von der Spiritualität und vom Beten. Unser Dämon sagt, wir sind zu beschäftigt, um zu beten; es gibt zuviel Not zu lindern, es gibt zuviele Menschen, die etwas von uns erwarten...«[3]
Unser Ideal verlangt, daß wir uns bewußt entscheiden für Kontemplation *und* Aktion, in ein und demselben Menschenleben. Anselm von Havelberg O. Praem. (gest. 1158) deutet darauf hin, daß im kanonikalen Ideal die Rollen von Martha und Maria von Bethanien komplementär sind. Und Jean Gerson (gest. 1429) unterstützt diese Interpretation, wo er behauptet, daß in einer Person immer Martha notwendig ist mit Maria und Maria mit Martha[4].
Würde das bewußte Pflegen von Contemplatio und Actio miteinander nicht auch ein Beitrag sein für die Ganzheit des Menschen, der gegen-

wärtig von Einseitigkeiten bedroht wird, und für die Ganzheit, die Gesundheit des christlichen Lebens, das heutzutage bedroht wird von einem dogmatischen Relativismus und einem Abschwächen des persönlichen Gebetslebens[5]?
In seinem großen Werk »Jesus – die Geschichte eines Lebendigen«, stellt Prof. Schillebeeckx fest, daß die Abba-Erfahrung Jesu die Seele, die Quelle und der Grund für seine Botschaft, seine Praxis und sein ganzes Wirken ist[6].

Auch zur Förderung eines guten Verhältnisses zwischen Kontemplation und Aktion in unserem persönlichen Leben und im Leben unserer Gemeinschaft ist Unterscheidung angebracht gegenüber bestimmten Strömungen, deren positive Aspekte ich übrigens nicht leugnen möchte. Es betrifft:
- die Versuchung des Pietismus, das Heil nur von Gebet und Innerlichkeit zu erhoffen, wobei die gesellschaftliche Dimension des Evangeliums mehr oder weniger vernachlässigt wird[7];
- eine humanistische Lebensbetrachtung, die ihren Ausgangspunkt im Menschen und innerhalb der Menschen hat und so zur Entfaltung des Menschen und der Gesellschaft kommen möchte;
- eine marxistische Mensch- und Gesellschaftsauffassung, die ohne Gott und Christus die Strukturen der Gesellschaft ändern möchte, um so zu guten Menschen zu kommen.

Fragen für die Besinnung:
- Bei einem modernen Autor lese ich: »Die Zeit, die wir mit Gott verbringen, müssen wir mit dem gleichen Realismus planen, wie die für die Menschen bestimmte Zeit.«[8] – Frage: Wie kommt es, daß, wenn wir wählen müssen zwischen Kontemplation und Aktion, das Gebet und die Besinnung meistens unterliegen?
- Bei aller Beschäftigung findet Jesus Zeit zum Beten (Mk 1,35–37). Merkwürdig, diese Praxis weckt bei seinen Jüngern das Verlangen nach einer gleichen Praxis. Lk 11,1–2: »Einmal war Jesus beim Beten. Als er sein Gebet beendet hatte, sagte einer seiner Jünger zu ihm: Herr, lehre uns beten...« – Wie würde es wirken, wenn man auf die Frage: »Könnte ich den Herrn Pfarrer sprechen?« nicht zu hören bekäme: »Es tut mir leid, er ist im Gespräch«, sondern: »Es tut mir leid, er ist beim Gemeinschaftsgebet«, oder: »Er hat heute Besinnungstag!«[9]
- Wir haben gehört: J. B. Metz stellt fest, daß wir Ordensleute eine doppelte Funktion haben: Das Einüben christlichen Lebens in neue gesellschaftliche und kulturelle Situationen *und* eine korrigierende Funktion in bezug auf Druckstellen in Kirche und Gesellschaft. Die Verbindung von Mystik und Politik kann die Ordensleute vor einer

vermeintlichen Unschuld in bezug auf das Leiden unter den Menschen oder vor einer vorgewandten Neutralität den großen Problemen von Kirche und Gesellschaft gegenüber bewahren. – Frage: Wäre von hier aus gesehen nicht eine Neubesinnung auf unsere tatsächlichen Aktivitäten angebracht? Müßten wir nicht neue Prioritäten setzen?

– Ordensleute in Lateinamerika, die aus Glaubensüberzeugung und in der Nachfolge Christi bewußt sich für die Armen entschieden, sagen uns, daß ihre Entscheidung für die Armen ihr Ordensleben und ihre Gemeinschaft bis in die Wurzel erneuert.
Bei Norbert ist das Band zwischen freiwilliger Armut und den Armen eindeutig. Müssen wir nicht bekennen, daß das Band zwischen unserer gelebten Armut und den tatsächlich Armen verlorengegangen ist? Wir sind mit unserer gelebten Armut in Verlegenheit. Das muß eine Herausforderung sein, um nach einem klareren Leben aus der Armut zu suchen.
Auch wir im Westen leben in einer Situation von arm und reich, in einem System von Arbeit und Kapital, wo die Armen und die, die arbeiten, als erste die Schläge bekommen. Um hier weiterzukommen als fromme Besinnung allein, wird uns das Modell vorgestellt: Hören – Sehen – Handeln. Hören, unbefangenes Hören, auf, und mitfühlen mit der Klage der Armen. – Sehen, wo die Armen stehen: sehen, warum sie in nicht zu rechtfertigender Armut sind; sehen, durch welche Prozesse (Entwicklungen) wir selber in einer anderen, mehr bevorrechtigten Position verkehren. – Handeln an unserem eigenen Platz in der Gesellschaft, Handeln auch in Solidarität mit den Klagen und Forderungen der Armen.

– Was fangen wir in unserem persönlichen Leben und in unserer Verkündigung an mit den Fragen, die uns gestellt werden von der Friedensbewegung, von Amnesty international, von Menschen, die sich Sorgen machen um die Umwelt? Sind es für uns ebenso viele herausfordernde Zeichen unserer Zeit, die eine Antwort verlangen?

4. Communicantes

In den letzten 20 Jahren erleben wir eine Verschiebung von Auffassungen von Ordensgemeinschaft und Gemeinschaftsleben. Um es schwarz-weiß zu malen: Wurde früher Gemeinschaftsleben stark gesehen als ein Sicheinfügen in und Anpassen an bestehende Bräuche und Regeln der Tagesordnung (Gebet – Arbeit – Mahlzeit), Kleidung, Recreation, Wohnen – heutzutage betont man stärker, daß echte Gemeinschaft durch zwischenmenschliche Beziehungen aufgebaut wird. Un-

sere Konstitutionen zählen einige auf: gegenseitige Hochschätzung, Vertrauen, Lauterkeit, Verantwortlichkeit, Treue, Streben um Menschlichkeit, die aus der Liebe stammt[1]. Nun ist Papier geduldig, auch das unserer Konstitutionen. Das Problem ist: Wie kommen wir vom Papier zum konkreten Erleben? Echte Gemeinschaft wird uns nicht fertig in den Schoß geworfen. Einheit, Gemeinschaft, stellen wir miteinander jeden Tag aufs neue her, mit wechselndem Glück. Daher der Titel dieses Abschnittes: Communicantes; eine Tätigkeitsform. Das Zustandekommen von authentischen, aufrichtigen, liebevollen Beziehungen ist eine schwierige Aufgabe. Diese Schwierigkeit wird noch erschwert durch die Tatsache, daß der uns überlieferte Personenbegriff stark individualistisch geprägt ist. Wir haben gelernt, die menschliche Person als ein Wesen an sich zu sehen, für sich allein stehend, getrennt von anderen, in sich existierend. Bei unseren Versuchen, eine echt menschliche Gemeinschaft aufzubauen, ist es gut für uns, uns von den heutigen Philosophen belehren zu lassen, die in ihrer Besinnung auf »Menschwerden« *das Beziehungshafte* stark betonen[2]. D. h.: im Kern bin ich ein offenes Wesen, im Stande und darauf angelegt, mit andern in Beziehung, in Kommunikation zu treten. Wir werden Menschen an- und mit- und durch- und auch füreinander. Um dies ein wenig konkret zu machen, zähle ich einige Begriffe auf, die im heutigen Denken über den Menschen eine große Rolle spielen: Bereitschaft zuzuhören; Gespräch – Dialog; Begegnung; Bestätigung; Kommunikation; Gemeinschaftsaufbau; Ich-Du-Beziehung; Freundschaft; Treue; nahe sein – Nächster sein; Mitspracherecht; Aussprache; Überlegung. – Auch mit dem, was die Humanwissenschaften uns an Einsicht und Technik für die Verbesserung von Beziehungen bieten, können wir vieles anfangen.
Mit diesen Betrachtungen sind wir aber noch nicht bei Gemeinschaft, die »in Christus Jesus ist«, um mit Paulus zu sprechen (2 Kor 5,17). Dazu müssen wir in die aufgezeigte zwischenmenschliche Wirklichkeit die Frohe Botschaft unseres Herrn Jesus Christus einpflanzen. Sie lautet: »Er ist getreu, der Gott, von dem du gerufen bist zur Gemeinschaft mit seinem Sohn Jesus Christus« (1 Kor 1,9). Nach Paulus ist diese Gemeinschaft ein »zu Jesus Christus gehören«, von mir zusammen mit anderen – ein Zusammen-mit-anderen-vereinigt-Sein mit der Person von Gottes Sohn durch den Hl. Geist. Gemeinschaft hat bei Paulus eine stark vertikale Dimension: mit Jesus Christus. Sie hat auch eine horizontale Dimension mit den anderen Glaubenden. Diese horizontale Dimension gibt es aber nur wegen der vertikalen. Die paulinische Gemeinschaft ist gleichzeitig christozentrisch und kommunitär. Sie führt die Glaubenden zur Einheit des Denkens, zur Einheit in Liebe, zur Zusammengehörigkeit und eines Sinnes sein (Phil 2,1), zum Teilen

und zur Solidarität. Daher deutet Paulus die Geldsammlungen zugunsten der armen Christen von Jerusalem mit dem gleichen Wort »koinonia« an (2 Kor 8-9). Die Gemeinschaft mit ihren verschiedenen Dimensionen muß wachsen bis zu ihrer Vollendung bei der Parusie. Gemeinschaft erscheint so als dynamische Wirklichkeit[3].
Auf dieser Glaubensebene liegen die tiefsten Wurzeln unserer Gemeinschaft. Paulus schreibt an die Christen von Rom: »Denn ich sehne mich danach, euch zu sehen; ich möchte euch geistliche Gabe vermitteln, damit ihr dadurch gestärkt werdet, oder besser: damit wir, wenn ich bei euch bin, miteinander Zuspruch empfangen durch euren und meinen Glauben (Röm 1, 11-12).« – Wenn auch wir nur einmal teilen, mitteilen könnten, was uns am tiefsten verbindet: wir sagen doch, daß wir zusammen glauben. Wenn auch wir ab und zu zur echten Glaubenskommunikation und zu einem Glaubensgespräch kommen könnten, würde das unsere Gemeinschaften verändern.
Inzwischen sollen wir bedenken, die beste Kommunikation liegt nicht immer in unseren Worten. Sie liegt tiefer als unsere Worte. Aus unserem Verhalten stellt sich heraus, daß wir eine Glaubenshaltung miteinander teilen – wenn wir erfahren dürfen, auch ohne Worte, daß wir einander schätzen und einander den notwendigen Raum geben, wir selbst sein zu dürfen (selbstverständlich mit Rücksicht auf die anderen), dann wächst etwas von der Vision von Augustinus: ein Herz und eine Seele sein auf Gott hin. Das ist auch die Absicht von Christi großem Sakrament, worin wir alle teilhaben an dem einen Brot (1 Kor 10, 17).
Der Gemeinschaftsaspekt berührt alle Komponenten unseres Lebensideals. Miteinander wollen wir Christus nachfolgen. Miteinander suchen wir die Herausforderungen, die Gott uns in unserem Hier und Heute stellt. Wir ermöglichen Contemplatio und Arbeit füreinander. Dabei sind wir nicht nur auf die eigene Gruppe bedacht. Unser Zusammenleben muß auch für die Menschen um uns herum und weiter weg Bedeutung haben. Dazu werden wir herausgefordert durch die Not an Communio, an »Dazugehören«. Dies gibt es innerhalb der Kirche. Menschen, die intensiv in der Katechese stehen, weisen uns hin auf die Notwendigkeit, daß Katechese getragen und gestützt werden muß von lebendigen christlichen Gemeinschaften verschiedenster Art. Auch in der Gesellschaft gibt es Not an Communio. Im Großen und im Kleinen. Wie viele Menschen gibt es, auch in unserer Wohlfahrtsgesellschaft, die dem Lahmen von Bethsaida nachsprechen können: »Ich habe keinen Menschen« (Joh 5,7). Einsamkeit ist die schlimmste Krankheit. Wir kennen auch die Versachlichung, wodurch Menschen zu Nummern werden. – Bieten in einem solchen Kontex die evangelische Gastfreundschaft und die Sorge für die Armen, die Norbert uns ans Herz legt, nicht neue Möglichkeiten?

5. Kreative Treue

In diesem letzten Abschnitt möchte ich eingehen auf die Frage: Ist ein Ideal, das so viele Jahrhunderte alt ist, elastisch genug, um heute noch gelebt zu werden? Ist es nicht zu sehr von Traditionen, Gesetzen,Vorschriften, Formen belastet? Bietet es Raum, um es heute noch zu leben? Wir haben gesehen, daß es Norberts Gewohnheit war, die evangelischen Vorschriften nach dem Buchstaben aufzufassen. Gleichzeitig aber gibt es Hinweise, daß in seinen Auffassungen und in seiner Lebenspraxis eine Evolution stattgefunden hat. Anhand der Quellenuntersuchungen beweist dies Confrater W. Grauwen. Eine wichtige Entwicklung betrifft die Formgebung des Ideals von Norbert. Unter dem Druck der Umstände wurde es in Premontre in Formen gegossen, die kaum abwichen von den monastischen Formen von Cîteaux – in Magdeburg gab Norbert seinem Vita-apostolica-Ideal Formen, die sich mehr anlehnten an die Lebensweise der Regularkanoniker[1]. Norbert hat sich nicht an einer Form festgebissen.

Einige Jahrhunderte später, als das Konzil von Trient die Reform des Klosterlebens dekretierte und die Reform auf disziplinärem Wege erreichen wollte, sehen wir in unserem Orden zwei Richtungen entstehen. Die eine, vertreten durch Servais Lairuelz und die Kongregation der strengen Observanz, greift zurück auf den frühmittelalterlichen Gebräuche-Codex von Premontre; die andere Richtung wird vom Generalabt Petrus Gosset in der ausführlichen Einleitung auf die Statuten von 1630 dargelegt. Er stellt fest, daß der Mensch nicht für das Gesetz, sondern das Gesetz für den Menschen da ist. Gesetze sind nur zum Dienst an der Liebe da. Daher müssen Gesetze veränderbar sein. Vorschriften, die in einer bestimmten Zeit und unter bestimmten Umständen sehr wertvoll sind, können unter anderen Umständen ihren Nutzen verlieren und sogar schädlich sein. Aufgrund dieser Auffassung sucht er das richtige Gleichgewicht zwischen Contemplatio und pastoraler Sorge[2].

Bei unserem Lebensideal handelt es sich um Werte: es besteht aus einer harmonischen Dosierung von christlichen und Ordenswerten. Gesetze, Vorschriften und Formen müssen diesen Werten dienen und ihnen zugute kommen. Hören wir auf Thomas von Aquin. Er stellt die Frage: Was ist das Zentrale, das meist Fundamentale in unserem Christsein? In mehreren Formulierungen wiederholt er dann: es ist die Gnade des Hl. Geistes, die durch den Glauben an Christus in unsere Herzen ausgegossen wird. Thomas beruft sich auf Röm 8 und auf Augustinus und fährt fort: deshalb sind Glaubensdokumente, Sakramente, Gebote und Verbote »quasi secundaria in nova lege«: sozusagen sekundär in der neutestamentlichen Heilslehre. Sie sind sekundär in dem Sinne, daß sie uns zu der Gnade des Geistes in uns führen müssen oder aus ihr hervorfließen[3]. Von diesem Geist in unseren Herzen wissen wir, daß er zwei Dinge in uns bewerkstelligen will: die gute Beziehung zu Gott (»Abba« – Vater) und die gute Beziehung zu den Mitmenschen (Bruder/Schwester). Das sind also die höchsten Werte. Diese Hierarchie dürfen wir nie aus dem Auge verlieren: sie bietet einen wohltuenden Raum.

Formgebungen von Werten sind aus der Art der Sache zeitgebunden. Hier will es mir vorkommen, daß der Unterschied zwischen buchstäblicher und kreativer Treue befreiend wirken kann[4]. Buchstäbliche Treue identifiziert Wert und Formgebung. Buchstäbliche Treue hält fest an Formen, auch wenn sie überholt sind. Kreative, lebendige Treue fragt sich: Für welche Werte haben sich unsere Vorgänger eingesetzt, und wie, in welchen Formen, können wir sie jetzt, in unserer Situation, mit unseren Möglichkeiten, verwirklichen? Ohne kreative Treue wird die ursprüngliche Inspiration toter Buchstabe.

In unserer Besinnung dürfen wir kritischen Fragen nicht aus dem Weg gehen, die da sind: Sind unsere Formen und Lebensmuster eine Übersetzung ins Heute der evangelischen Werte? Legen wir unser Ideal nicht zuviel fest in einer einzigen Form, die nur verwirklichbar ist im Rahmen einer mittelgroßen Abtei und nicht außerhalb? Geben wir einer gesunden Pluriformität Raum? Diese nicht zu verstehen als Willkür, sondern als Realisierung des gleichen Ideals in einer Form, die im vorgegebenen Kontext einer Gruppe oder eines Menschenlebens in aller Aufrichtigkeit als das am besten Erreichbare angesehen wird. Pluriforme Realisierung, die von beiden Seiten anerkannt wird. – Weitere Fragen: Greifen wir neue Werte, die im Hier und Heute sich anbieten, genügend auf, haben wir ausreichend Augen dafür? Spielen wir uns genügend ein auf die Bedürfnisse unserer Zeit?

Schluß:

Bei diesen Überlegungen über: unsere höchste Norm: die Nachfolge Christi – unser Hier und Heute – er betet auf dem Berg und tut Wunder in den Städten – Communicantes – kreative Treue – will ich es belassen.

Aus didaktischen Gründen habe ich diese Aspekte unseres Lebensideals unterschieden. Sie sind aber nicht zu trennen: sie sind miteinander verwoben.

Die angesprochenen Aspekte sind Stoff, Ansatzpunkt für unsere Besinnung. Diese Besinnung ist ein permanenter Auftrag. Sie begründet, nährt und bildet eine bestimmte Mentalität, eine bestimmte Sicht-

weise, die zu gegebener Zeit zu Orientierung, Auswahl und Entscheidung führen muß. Ansonsten wäre es »fruchtlose Besinnung«.
Wie Jesus ist auch die Kirche, sind wir alle um der Menschen willen und um ihres Heiles willen gesandt. Das Heil und die Befreiung durch Jesus verlangen aber immer wieder neue »Übersetzungen«. »Der Inkarnationsprozeß geht weiter in jeder Zeit, in jeder Kultur. Sobald dieser Inkarnationsprozeß, dieses Fleisch-und-Blut-werden von Jesu Botschaft, Jesu Anliegen, stagniert, verlieren die Menschen das Interesse daran.«[1] – Es ist ein herausfordernder Auftrag. Vor allem ist eine Haltung der Hoffnung notwendig, die ihr Fundament findet in der Auferstehung: Jesus ist auferstanden und lebt, auch jetzt noch, wirkmächtig. Und er hat seinen Geist ausgegossen in unsere Herzen. An uns ist es, die Gabe zu beantworten: im Glauben.
Von Norbert wird gesagt: in Norberto eminet fides – in Norbert leuchtet der Glaube auf. Sein Hagiograph fügt hinzu: durch den Glauben hat er das viele, was er getan hat, verrichten können[2]. Der Herr sichert uns in Mk 9,23 zu: Alles ist möglich dem, der glaubt! Möge Norbert für uns alle etwas von diesem Glauben vermitteln.

ZITATE UND HINWEISE

Dieser Artikel wurde im Original in Niederländisch geschrieben und in der Abtei Windberg für die Studientagung ins Deutsche übersetzt. Infolgedessen muß die Zitation und Fußnotenanhang sich an das im Original zitierte halten.

Besinnung:

[1] Vita S. Norberti ... auctore Ioanne Chrysostomo Vander Sterre, Antverpiae 1656, caput 52. (abgekürzt Vita B)
[2] Vita B, caput 53.
[3] Henri J. M. Nouwen, Een levende heenwijzing/ Dienst en gebed in aandenken aan Jesus Christus, Den Hag 1981, bl. 11. 32. (Ursprünglicher Titel: The living Reminder/ Service and Prayer in Memory of Jesus Christ, New York 1981). (abgekürzt Nouwen).
[4] S. Bernardus, Sermo 62,1 in Cantica: PL 183, 1073.
[5] Conc. Vat. II, Decretum de accommodata renovatione vitae religiosae, Perfectae caritatis, num. 2.
[6] De bisschoppen van Nederland, Leven in verandering, Vastenbrief 1976, bl. 19. (Fastenhirtenbrief der niederländischen Bischöfe 1976).

1. Unsere höchste Norm: die Nachfolge Christi

[1] Vita B, caput 2.   [2] Vita B, caput 10.
[3] Vita Norberti Archiepiscopi Magdeburgensis, edidit Rogerius Wilmans, in MGH, SS. XII, Hannoverae 1856, pag. 678 (= Vita A).
[4] W. M. Grauwen, Norbertus aartsbisschop van Maagdenburg (1126–1134), Brussel 1978, bl. 81–82 (abgekürzt Grauwen).
[5] Vita B, caput 24.   [6] Vita B, caput 25.   [7] Vita B, caput 46.   [8] Vita B, caput 13.

[9] L. C. Van Dijk O. Praem., Tongerlo – 850, Norbert, de Ordestichter, in: Pro Nostris XLV (1980) Nr. 1, b. 21.
[10] Vita B, caput 13.
[11] Conc. Vat. II, Decretum de accomodata renovatione vitae religiosae, Perfectae caritatis, num. 2.
[12] Bisschop Godfried Danneels, Leven volgens het evangelie, in: Innerlijk Leven 1980 bl. 352–360.
[13] J. B. Metz, Religieuzen naar een nieuwe tijd? Mystiek en politiek van de Navolging, Boxtel-Brugge 1979, bl. 29–31. (Ursprünglicher Titel: Zeit der Orden? Zur Mystik und Politik der Nachfolge, Freiburg 1977).
[14] J. B. Metz, Voorbij de burgerlijke religie/Over de toekomst van het christendom, Baarn 1981, bl. 53–56. (Ursürpnglicher Titel: Jenseits bürgerlicher Religion/ Reden über die Zukunft des Christentums, München-Mainz 1980). Siehe ebenso: P. Leenhouwers ofm. cap., Religieus leven in ›naburgerlijk‹ perspektief/Bezinning op de visie van J. B. Metz, Nijmegen 1982, bl. 22–23.

2. *Unser Hier und Heute*

[1] T. J. van Bavel OSA, De eerste christelijke commune en het religieuze leven/Handelingen der Apostelen 4, 31–25 in de interpretatie van Augustinus, in: Pro Nostris XLIV (1979) Nr. 2, bl. 16–39.
[2] L. C. Van Dijck O. Praem., Tongerlo-850, Norbert, de Ordestichter, in: Pro Nostris XLV (1980) Nr. 1, bl. 17–31.
[3] J. B. Metz, Zeit der Orden?, bl. 9–13. 77.
[4] ders., bl. 47–47. 51.
[5] Christian Duquoc en Casiano Floristán, Tem geleide/Onderscheiding van de geesten: een christlijke opdracht, in: Concilium 14 (1978) Nr. 9, bl. 3–4.
[6] Conc. Vat. II, Const. past. de Ecclesia in mundo huius temporis, Gaudium et spes, num. 11.

3. *Er betet auf dem Berg und tut Wunder in den Städten*

[1] S. Gregorius Magnus, Regulae pastoralis liber, pars secunda, caput 5: PL 77,33.
[2] T. J. van Bavel OSA, a.a.O. vgl. 2.1.
[3] Nouwen, bl. 10.
[4] A. Solignac et L. Donnat: Marthe et Marie, in: Dictionnaire de Spiritualité 1978, koll. 669–670.
[5] J. Peters, Gebed, in: Catholica Hilversum 1968, kol. 832.
[6] E. Schillebeeckx, Jesus het verhaal van een levende, 3e druk, Bloemendaal 1975, bl. 218–219.
[7] De bisschoppen van Belgie, De charismatische vernieuwing/verklaring vvan de bisschoppen van Belgie, Oktober 1979, bl. 11.
[8] Nouwen, bl. 48.   [9] Nouwen, bl. 43.
[10] J. Ernst, Op zoek naar een materialistische spiritualiteit, in: Tijdschrift voor geestelijk leven 1979, bl. 373.

4. *Communicantes*

[1] Constitutiones Ordinis Canonicorum Regularium Praemonstratensium, 1970, Num. 12.
[2] A. Halder, Person, in: Lexikon für Theologie und Kirche, 8. Band, Freiburg 1963, Sp. 287–290.
[3] G. Panikulam, Koinonia, in: The New Testament/A dynamic expression of christian life, Analecta Biblica 85, Rome 1979, bl. 8–16.

5. Kreative Treue

[1] Grauwen, bl. 10–11, 171–172, 284, 463, 606.
[2] L. C. van Dijk, Wat gebeurde er met Norberts religieuze ideaal?, in: Pro Nostris XLV (1980), Nr. 2, bl. 34–50.
[3] S. Thomas, Summa Theol. I. II, qq. 98–108; vooral de qq. 106–108.
[4] Zum Begriff »Treue« siehe u. a.: G. Marcel, Position et approches concrètes du mystère ontologique, Leuven-Paris 1949, bl. 77 ff; Yves M.-J. Congar, Vraie et fausse réforme dans l'Eglise, Paris 1950, bl. 597–603.

Schluß

[1] Aus einer Ansprache von Schwester Godelieve Prové, Generaloberin der »Medische Missiezusters«, am 20. Mai 1980 über: »De missionaris in de tachtiger jaren – tussen onzekerheid en verwachting«.
[2] Vita B, caput 6.

COMMUNIO

Das Ziel eures gemeinschaftlichen Lebens ist, einmütig im Haus zu wohnen und ein Herz und eine Seele zu sein auf Gott hin.

Hl. Augustinus

»Füreinander in Christus«
Zur biblischen Begründung
der Ordensberufung

T. J. van Bavel OSA

Da verschiedene andere Vorträge sich mehr speziell mit der Regel des hl. Augustinus beschäftigen, habe ich meinen Vortrag sehr allgemein aufgefaßt. Wo die Regel des Augustinus das Ordensleben als »Ein Herz und eine Seele auf dem Weg zu Gott hin« beschreibt, haben die Veranstalter dieser Studientagung diesem ersten Vortrag als Titel »Füreinander in Christus« mitgegeben. Beide Titel brauchen kein Widerspruch zu sein. Aber von Anfang an ruft das eine Frage hervor: müssen alle Menschen – und sicher alle Christen – nicht füreinander da sein? Ist es nicht der ausdrückliche Wille Jesu, daß alle in Ihm füreinander leben? Diese Fragen führen mich sofort zu einer ersten These:

I. Das Ordensleben darf nicht als »Stand der Vollkommenheit« vom allgemeinen christlichen Leben abgetrennt werden

Fangen wir unsere Überlegungen an mit einer sicheren Tatsache, an der niemand zweifelt: alle Menschen sind zum Glauben an Christus gerufen, und Nachfolge Jesu ist die Urform des vollkommenen Lebens. In Jesus geht Gottes Heilsplan prinzipiell alle Menschen an. Die Botschaft Jesu ist nicht einer kleinen Elite vorbehalten. Im ganzen Neuen Testament offenbart sich die Gewißheit der Apostel, Evangelisten und Seelsorger der Urkirche, daß Gott in Jesus Christus alle Menschen ohne Ausnahme zur Vollkommenheit berufen hat. Bei Mt 5, 48 heißt es: »Ihr also sollt vollkommem sein, wie euer himmlischer Vater vollkommen ist.« Heiligkeit gilt allen Getauften ohne Ausnahme: »Nach dem Willen des Heiligen, der euch berufen hat, werdet auch selber heilig in eurem ganzen Wandel. Steht doch geschrieben: Ihr sollt alle heilig sein« (1 Petr. 1, 15–16). Das Neue Testament schildert alle Christen als eine neue Schöpfung: »Also wenn einer in Christus ist, so ist er ein neues Geschöpf« (2 Kor 5, 17; Gal 6, 15). Und in Christus sind auch alle Christen frei: »Zur Freiheit hat Christus uns befreit« (Gal 5, 1), und alle sind sie lebendige Steine des Tempels Gottes: »Indem ihr hinzutretet zu Ihm, dem lebendigen Stein ... werdet ihr als lebendige Steine gleichfalls aufgebaut zu einem geistigen Tempel« (1 Petr. 2, 4–5).

Vielleicht hat das Wort »Jünger« zuerst nur die unmittelbaren Mitarbeiter Jesu bezeichnet, aber schon nach ganz kurzer Zeit war »Jünger« die Bezeichnung für alle Glaubenden. Das Wichtigste für alle Christen war und ist ja immer die Nachfolge Jesu. Die Nachfolge macht einen zum Jünger. Darum ist auch das Leben aller Christen vom Gehorsam geprägt. Der Gehorsam Jesu seinem Vater gegenüber soll von allen nachgeahmt werden. Das Beispiel des gehorsamen Jesus geht alle Menschen an. Alle sind dazu berufen. Auch hier gilt aufs neue: die Nachfolge Jesu macht einen Menschen zum Christen.

Sogar der Ausdruck »Jungfräulichkeit« wird im Neuen Testament anfänglich von allen Glaubenden gesagt (2 Kor 2,2; Eph. 5,21–32). »Jungfräulichkeit« wird hier im Sinne des Glaubensgehorsams und der liebevollen Treue benutzt. So erwähnt Offenbarung 14,4 die hundertvierundvierzigtausend, die den Namen Jesu und den Namen seines Vaters auf ihren Stirnen geschrieben tragen und »die sich mit Weibern nicht befleckten, denn sie sind jungfräuliche Menschen«. Es wäre ein Mißverständnis, diese Stelle buchstäblich zu interpretieren. Es geht doch um jene, die sich nicht mit der satanischen Weltmacht (die Hure Babylon = der Unglaube) abgegeben haben, sondern dem Glauben treu geblieben sind. Ein buchstäbliches Verständnis dieses Textes kann einfach nicht richtig sein, weil die Ehe in der jüdisch-christlichen Interpretation nicht Unreinheit heißen kann, und weil sonst die verheirateten Apostel aus dem Gefolge des Lammes ausgeschlossen wären.

Solche Texte ließen sich leicht vermehren. Ich hoffe, daß jene, die wir angeführt haben, genügend aufzeigen, daß Jesus sich nicht an eine kleine Elite-Gruppe wandte, sondern an die Masse der einfachen Leute. Jesus hat sich nie mit einer kleinen Gruppe Auserwählter von der Welt abgetrennt, denn sein Wort und sein Wirken waren immer für die breite »Masse« gemeint. Und gerade dies ist ein kennzeichnendes Merkmal des Auftretens Jesu. Dadurch hat er sich z.B. unterschieden von den Essenern oder von bestimmten Kreisen der Schriftgelehrten, die sich eher um einen heiligen Rest oder eine Gemeinschaft von Eingeweihten und Spezialisten bemühten. Den kennzeichnenden Universalismus der Botschaft Jesu sollen wir als sicheren Ausgangspunkt unserer Überlegungen nehmen.

Das Christentum in seiner ursprünglichen Form kennt keinen Unterschied verschiedener Stände, Ränge oder Klassen, wie z.B. der Gnostizismus. Selbst für einen Amtsträger, einen Bischof oder einen Priester, bleibt dies die allererste Grundpflicht: ein guter Gläubiger zu sein, und diese Pflicht ist ihm mit allen Gläubigen gemeinsam. Wir alle sind zur Gemeinschaft mit Gott in Jesus berufen. Darin liegt der tiefste Sinn des menschlichen Daseins. Diesen Sinn hat Jesus uns gezeigt, indem er selbst als einer lebte, der auf Gott, seinen Vater, hörte und ihm gehorsam war. Damit wurde er ein Vorbild für seine Mitmenschen, ein Modell zur Nachfolge.

Alle Exegeten sind sich wenigstens hierüber einig, daß das Herz der Botschaft Jesu das Reich Gottes für jedermann war. Reich Gottes aber bedeutet aktiv gesehen: Lasset Gott in euren Herzen herrschen durch das Tun seines Willens. Und der Wille Gottes heißt Gemeinschaft. In Jesus wurde deutlich, daß der letzte Sinn der menschlichen Existenz in einer persönlichen Gemeinschaft mit Gott dem Vater, mit dem Heiligen Geist und mit Ihm selbst gelegen ist. Diese Gemeinschaft beginnt jedoch hier in der Welt, dort, wo der Mensch mit seinen Mitmenschen in Gemeinschaft tritt. Das ganze Alte Testament gibt davon Zeugnis, daß wir gerade dort in Gemeinschaft mit Gott treten, wo wir miteinander Gemeinschaft schließen. Und im Neuen Testament wird dies ganz konkret: wer mit Jesus Gemeinschaft eingeht, der tritt sowohl mit Gott, als auch mit den Menschen in Gemeinschaft. So offenbart sich Gott als eine Kraft, die menschliche Gemeinschaft stiftet. Gottesliebe und Menschenliebe sind bei Jesus untrennbar miteinander verbunden. Für alle Menschen ist daher der Ruf Gottes der gleiche: es geht um das Reich Gottes hier und jetzt. Dieser allgemeinen Berufung entspricht eine grundsätzliche christliche Heiligkeit und Spiritualität, die an erster Stelle gelebt wird in Akten des Glaubens, der Hoffnung und der Liebe. Folglich sagt *Lumen gentium* Nr. 40: »Jedem ist also klar, daß alle Gläubigen in allen Lebensverhältnissen und jedem Stand zur Fülle des christlichen Lebens und zur vollkommenen Liebe berufen sind.« Alle sind wir denn auch in gleicher Weise gebunden durch das Grundgesetz des Christentums, die Liebe. Vielleicht hat keiner dies so klar ausgesprochen wie Johannes Chrysostomus. Er schreibt: »Es ist ein großer Irrtum zu meinen, daß etwas anderes von dem, der in der Welt lebt, als vom Mönch gefordert wird... Die menschliche Vernunft hat hier einen Unterschied eingeführt, aber die Hl. Schrift kennt eine solche Unterscheidung nicht. Die Hl. Schrift will, daß alle ein monastisches Leben führen, auch die Verheirateten... Wäre allein das, was über die Liebe geschrieben steht, gesagt, so wäre dies schon ein geschickter Beweis dafür, daß von den Laien dasselbe wie von den Mönchen gefordert wird. Alle müssen auf die gleiche Höhe kommen. Es wäre ein bedauernswerter Irrtum zu meinen, daß nur der Mönch eine größere Vollkommenheit anzustreben verpflichtet sei, während die anderen mit etwas Leichterem zufrieden sein dürften... Wenn Jesus den schmalen Weg zu gehen befiehlt, spricht er nicht zu Mönchen allein, sondern zu allen Menschen... Daß der Christ, der in der Welt lebt, und der Mönch, dieselbe Vollkommenheit anstreben müssen, und daß beide mit denselben Wunden getroffen werden, wenn sie sündigen, sind Wahrheiten, die sogar ein streitsüchtiger und verwegener Mensch nicht verneinen kann« (Gegen die Gegner des monastischen Lebens 3, 14).

II. Zwei Folgerungen aus dem Vorangehenden

Meine erste These, daß das allgemein-christliche Leben oder das ganze Evangelium Grundlage des Ordenslebens ist (obschon das Ordensleben auch eigene Aspekte besitzt, wie wir später noch sehen werden), hat schwerwiegende Konsequenzen. Wir wollen diese in zwei Punkten auseinanderlegen.

a) *An sich ist das Ordensleben keine höhere Form der Liebe*

Wenn wir über die Liebe als Motivierung des Ordenslebens sprechen, dann brauchen wir keinen Unterschied zu machen zwischen der persönlichen Motivierung und dem Wesen des Ordenslebens an sich. Wir stellen fest, daß die persönlichen Beweggründe eines Menschen immer von der Liebe bestimmt sind. Ob jemand Geschäftsmann wird oder Sportler, heiraten will oder das Ordensleben wählt, ist eben eine Frage dessen, der einer bestimmten Lebensweise den Vorzug gibt. Wenn man etwas will, dann liebt man es auch, sogar wenn es aus Pflicht getan wird. Man wählt diesen Beruf oder diese Lebensweise, weil man darin eine bessere Entwicklungsmöglichkeit der eigenen Persönlichkeit sieht oder eine bessere Entwicklungsmöglichkeit des eigenen christlichen Lebens. Wenn jemand das Ordensleben wählt, geschieht dies normalerweise aus Liebe, aus Liebe zu Gott und zum Evangelium (= Jesus Christus). Von diesem Gesichtspunkt her kann man sagen: ich liebe das Ordensleben mehr als die Ehe; das klösterliche Leben hat für mich mehr »Wert« als die Heirat. So kann man sagen: die Fürsorge für andere ist mir wichtiger als die Versorgung eigener Kinder. Das alles ist relational, d.h. personbezogen, insofern es von meiner Persönlichkeit und meinem Leben aus gesehen ist.

Vieles ändert sich jedoch, wenn wir auf die Sache selbst schauen. Denn, wenn man das Ordensleben selbst als eine höhere Form der christlichen Liebe betrachtet, dann tut man den Christen Unrecht, die nicht in dieser Lebensform stehen. Das würde einfach bedeuten, daß die Ordensleute eine Höhe der christlichen Liebe erreichen, die für die anderen, z.B. die Verheirateten, notwendigerweise unerreichbar bliebe. Logischerweise wären die Ordensleute dann auch bessere Christen als ihre eigenen Eltern, und hätten mehr Liebe für Gott als die verheirateten Eltern. Jeder spürt, daß dies nicht wahr sein kann. Wir dürfen das Christentum nicht zerteilen. Es gibt keine Form von Christentum, die notwendig höher läge, als alle anderen Arten des Christseins, und die allein für eine kleine Gruppe Auserwählter erreichbar wäre. Es ist – glücklicherweise – nicht so, daß alle anderen dazu verurteilt wären, sich mit einer »niederen Art« Christsein zufriedenzugeben. Es gibt keine unterschiedlichen Klassen von Christentum, weil es keine Klassen christlicher Liebe gibt. Es gibt keine Christen höherer und minderer Art.

Man darf darum das Ordensleben niemals als eine Garantie für eine höhere Liebe betrachten. Aus Erfahrung wissen wir, daß es – gottlob! – auch außerhalb der Klöster authentische Liebe gibt. Und dann bieten sich drei Möglichkeiten dar: die Liebe wird weniger gut, ebensogut oder besser als im Orden gelebt. Auch das letzte ist möglich, und das ist der Grund, warum wir das Ordensleben nicht überschätzen dürfen.

b) *Das Ordensleben ist kein radikaleres Christentum*

Ich bin nicht einverstanden mit der weitverbreiteten Meinung, daß das Ordensleben eine Radikalisierung des christlichen Lebens bedeutet. Wer im Orden lebt, wäre dann derjenige, der sein Christsein radikal leben will. Weil er in einem radikaleren Sinn Christ sein will, nimmt er Abstand von bestimmten irdischen Gütern, die einem radikalen christlichen Leben im Wege stehen. Der Ordenschrist wäre dann der, der die letzte Konsequenz aus der Botschaft Jesu gezogen hat.

Untersuchen wir diese Auffassung ein wenig näher. Das Wort »radikal« ist vom lateinischen Wort »radix«, d.h. Wurzel, hergeleitet, so daß »radikal« die Bedeutung hat: bis in die Wurzel hinein, bis zu den äußersten Konsequenzen, in völliger Weise. Wenn man nun das Ordensleben als ein radikales Christentum ansieht, würde daraus folgen, daß alle anderen Christen das Christentum nicht radikal, nicht konsequent und nur unvollkommen leben. Das aber kann nicht richtig sein, weil die Gnade Jesu einen jeden dazu ruft, die Liebe zu verwirklichen aus seinem *ganzen* Herzen, und mit *aller* seiner Kraft, d.h. jeder Christ ist dazu gerufen, seinen Glauben radikal zu leben und zu verwirklichen (vgl. Mk 12,30).

Die gleiche Gefahr des Mißverständnisses besteht, wenn man das Ordensleben definiert als eine persönliche Entscheidung, die Freiheit Jesu im radikalsten Sinne zu leben. Der Ordensmann oder die Ordensfrau würden dann die Freiheit Jesu den anderen in radikaler Weise vorleben, was schließlich auf die einzig »radikale« Nachfolge Jesu hinauslaufen würde. Aber auch gegen diese Vorstellung lautet unser Einwand wieder: das christliche Leben als solches besteht in der Nachfolge Christi. Christus ruft jeden dazu auf, ihm radikal zu folgen. Dieser Ruf gilt nicht nur für eine besondere Gruppe. Das hebt aber keineswegs die

Tatsache auf, daß ein radikales Christsein zweifellos das Ideal jedes Ordensmannes und jeder Ordensfrau bleibt. Aber er oder sie haben dieses Ideal gemeinsam mit den übrigen Christen. Es ist kein Alleinrecht für sie, und es kann sie deswegen auch von den anderen Christen nicht unterscheiden. Um es mit anderen Worten zu sagen: der Vorsatz, das Christentum in radikaler Weise zu leben, bildet einen Teil des Strebens des Ordensmannes und der Ordensfrau, doch ist es nicht das Kennzeichnende ihres Bestrebens.

III. Auf der Suche nach dem evangelischen Wesen des Ordenslebens

Wer nun meinen möchte, daß ich bis jetzt negativ vorangegangen bin, den muß ich doch warnen. Allem Anschein nach habe ich im Vorhergehenden die Grundlegung des Ordenslebens eingeengt. Vielmehr jedoch hat das Gegenteil stattgefunden: ich habe die Basis des Ordenslebens ausgedehnt und im möglichst breiten Sinne aufgefaßt. Ich bin mir aber dessen bewußt, daß die allgemeinchristliche Berufung nicht das letzte Wort über das Ordensleben sein kann. Die eigene Gestalt dieses Lebens soll näher geprüft werden.
Die Ordensleute sind nicht nur allgemein christlich berufen, sie haben auch eine besondere Berufung erhalten. Ich nenne diese besondere Berufung nicht »höher« oder »mehrwertig«. Es erscheint mir besser, zu sagen: die Ordensleute leben das Christentum auf eine *andere* Weise. Das entspricht völlig den Evangelienberichten. Neben den radikalen Forderungen, die für jeden Menschen gelten und die in dem Gebot der Liebe ihre Zusammenfassung finden, gibt es im Neuen Testament Forderungen an den einzelnen, welche die Form seines Lebens und die konkrete Art seines Auftrags betreffen. Diese besonderen Forderungen betrachtet man am besten als notwendig für den Aufbau des Reiches Gottes. Nehmen wir z.B. die Apostelberufungen. Die Apostel sind zur Nachfolge Jesu im ganz konkreten Sinn gerufen. Sie verlassen ihr Dorf, ihre Häuser und ihre tägliche Arbeit, und sie fangen an, mit Jesus herumzuwandern, getrennt von dem, was wir Heimat nennen. Man hat dies mit Recht »Wanderradikalismus« genannt. Es ist aber zweifellos so, daß Jesus nicht alle, die an Ihn glaubten, auf diese Weise berufen hat. Die meisten, die zum Glauben gekommen waren, ließ Er in ihrer eigenen Lebenssituation. Hier drängt sich die Frage auf, ob es denn nicht um zwei wesentlich verschiedene Arten von Nachfolge geht? Eine Gruppe von Christen-Wanderpredigern, und eine andere von Christen zu Hause? Meiner Meinung nach muß die Antwort negativ sein. Die innere Nachfolge und Treue waren für alle gleich. Und es ging stets um die innere Hingabe an das Reich Gottes. (An dieser inneren Haltung ist

auch Judas schließlich gescheitert.) Nun gibt es viele Art und Weisen, um dem Reich Gottes zu dienen. Die Art und Weise aber, in der man dies tut, kommt an zweiter Stelle.

Grundsätzlich wird an jeden Menschen sein persönlicher Anruf Gottes ergehen. Jeder hat seine Zahl von Talenten: fünf, zwei oder eines (Mt 25, 15). Die Gaben, die Ämter und Tätigkeiten der Menschen sind verschiedener Art, aber sie kommen alle aus einem Geist und dienen der einen Kirche. »Wer Prophetengabe hat, übe sie aus in Übereinstimmung mit dem Glauben; wer ein Amt hat, bleibe bei dem Amt; wer unterweist, widme sich der Unterweisung; wer ermahnt, dem Ermahnen; wer Almosen austeilt, tue es in Einfalt; wer Vorsteher ist, sei es mit Eifer; wer Barmherzigkeit übt, übe sie mit Frohsinn« (Röm 12, 6–8).

In der paulinischen Theologie kommen die Gaben von Apostel, Prophet und Lehrer an erster Stelle; dann folgen die Gaben von Wunderkräften und Heilung, Hilfeleistung, Verwaltungsgeschäfte und mancherlei Sprachengaben (1 Kor 12, 28).

Aber auch das »weltliche« Leben hat in dieser Theologie seinen Platz: sowohl die Ehe als das Unverheiratetsein werden als Charismen dargestellt. »Ich wünschte, alle Menschen wären wie ich; doch jeder hat seine besondere Gnadengabe von Gott, der eine so, der andere anders ... Worin aber ein jeder berufen wurde, darin verbleibe er vor Gott« (1 Kor 7, 7. 17. 24). Und aus 1 Tim geht klar hervor, daß auch die Aufgabe der Frauen, die ihre Kinder gebären und erziehen, oder die Aufgabe der Männer, die ihr Haus und ihre Familien verwalten, das Heil bewirkt. Alles in allem führt uns dies zur Schlußfolgerung, daß jedes Lebensprojekt, das man auf Grund des eschatologischen Anrufes Jesu auf sich nimmt, ein Charisma ist.

Hier soll auch ein Wort über zwei Texte gesagt werden, die in der späteren Tradition immer herangezogen wurden als evangelische Grundlegung für die Gelübde der Armut und der Jungfräulichkeit (für den Gehorsam gab es eine solche evangelische Stelle nicht).

Die erste Stelle ist die des »reichen Jünglings« Mk 10, 17–22, mit der berühmten Aussage: »Eines fehlt dir noch. Geh, verkaufe, was du hast, und schenke es den Armen.« Man kann diese Erzählung als eine besondere Berufung interpretieren, wodurch Jesus diesem Mann seinen persönlichen Weg zum ewigen Leben zeigte. Aber man kann sie auch in einem allgemeineren Sinn betrachten. Der junge Mann erscheint hier dann als ein Modell für alle Christen, die sich in solcher Situation befinden. Jesus wendet sich nur scheinbar an diese einzelne Person. In Wirklichkeit spricht Er in ihm zu allen, indem Er die Bedingungen, um in das Reich Gottes einzutreten, beschreibt. Wo immer Reichtum ein Hindernis für das Gottesreich bildet und in Konflikt gerät mit den Forderungen der Liebe, da muß man den eigenen Besitz für die Armen darangeben. Das wird jedoch nicht nur von diesen einzelnen verlangt, sondern von allen, die reich sind.

Hierher gehört auch der »Eunuchenspruch« Jesu: »Es gibt Eunuchen (= Personen, die nicht mehr fähig sind zu heiraten), die sich selbst um des Himmelsreiches willen dazu gemacht haben« (Mt 19,12). Der Kontext handelt ganz klar über das Verbot für den Mann, seine Frau aus der Ehe zu entlassen. Die Reaktion der Jünger zeigt, wie anstößig man dieses rigorose Gebot Jesu fand. »Ist es dann nicht besser, auf die Ehe überhaupt zu verzichten?« Jesu Antwort bejaht diese Lösung, schränkt sie aber wesentlich ein: Ja, um des Gottesreiches willen! Wiederum gibt es zwei mögliche Interpretationen. Es kann sich um eine besondere Berufung handeln, z. B. Ehelosigkeit, um frei zu sein für die Verkündung der frohen Botschaft. Die meisten heutigen Exegeten aber deuten diesen Text in Zusammenhang mit dem Hauptthema der Perikope, nämlich Ehebruch. Nun wissen wir, daß in der alten Kirche eine zweite Ehe als widersprüchlich mit den Forderungen des Gottesreiches empfunden worden ist. Vom Verbot einer zweiten Ehe her kann die Nachfolge Jesu manchmal Ehelosigkeit im Gefolge haben, insofern die Person, die aus irgendwelchem Grund geschieden ist, keine zweite Ehe eingehen darf.

Diese Texte über den reichen Mann und über die Eunuchen sind später oft als »evangelische Räte« gegenüber den »evangelischen Geboten« dargestellt worden. Ich halte diesen Gegensatz für unangemessen. Sogar, wenn man diese Texte als »besondere Berufungen« interpretiert, und nicht als »allgemeine Forderungen des christlichen Lebens«, kann keine Rede sein von Räten gegenüber Verpflichtungen. Die Evangelien kennen noch keinen Unterschied zwischen Rat und Verpflichtung. Auch die besondere Berufung ist mehr als ein Rat, es ist eine moralische Verpflichtung. Bei dem Ausdruck »Rat« soll man gut bedenken, daß es sich dabei nicht um ein »Mehr« handelt, so als ob alle Christen gehalten seien, die Gebote zu beobachten, einige Christen aber etwas mehr tun für das Reich Gottes, und darum auch Dinge auf sich nehmen, die nicht verpflichtend sind. In solcher Weise darf man Gebot und Rat nicht gegenüberstellen. Es handelt sich vielmehr um ein persönliches Hinhören auf das Evangelium. Darin ist kein einziger Mensch ganz und gar frei, jeder muß seine je eigene Berufung verwirklichen. Alle Christen leben nach dem Zeugnis des Neuen Testamentes in einer Welt, die ihren Glauben vielfach und nachhaltig bedroht. Alle Christen hören auch das Evangelium als Anruf Gottes, der ihnen vielfach und jedem persönlich seine Aufgabe zuweist. Für jeden gibt es immer verschiedene Situationen, in denen er die besonderen Anforderungen Gottes vernimmt, die ihm dann vorübergehende oder endgültige Verzichte abverlangen.

Bei Paulus jedoch sieht man eine bestimmte Entwicklung in die Rich-

tung eines Unterschieds zwischen Rat und Gebot. In 1 Kor 7,8.25–26 sagt er: »Aber den Unverheirateten und Witwen sage ich: Für sie ist es gut, wenn sie bleiben, wie ich bin... Was die Mädchen betrifft, so habe ich keinen Befehl des Herrn, will euch aber meine Meinung sagen... Ich glaube nun also, daß es im Blick auf die bevorstehende große Not für den Menschen gut sei, in dieser Weise ungebunden zu sein.« Paulus hat dies geschrieben in der Überzeugung des baldigen Endes alles Weltgeschehens. Die Naherwartung des Weltendes war es, die Paulus alles, was Menschen in ihren Begierden an das Vergängliche, Vorläufige bindet, als eigentlich bereits unwesentlich geworden erscheinen ließ. Sein Ideal war, daß ein jeder sich weltlich ungebunden, in dieser kurzen irdischen Zeit, ganz für den Dienst Christi einsetze. Das »Gespaltetsein« der Verheirateten (ib. 33) in diesem Zusammenhang bedeutet, daß der Verheiratete geteilt ist zwischen seiner Zugehörigkeit zum Herrn und seiner Sorge für die Welt. Paulus' Vorliebe für die Ehelosigkeit scheint daher eher auf der praktischen Ebene zu liegen: Wer unverheiratet ist, hat weniger Sorgen und Bürden, und kann sich unbehinderter der Verkündigung widmen. Die ganze Stelle aber ist eher stark von einer apokalyptisch-eschatologischen Tendenz geprägt. Denn in den Versen 29–31 lesen wir: »Die Frist ist nur noch kurz bemessen. Hinfort sollen die, die Frauen haben, sich verhalten, als hätten sie sie nicht; und die Weinenden, als weinten sie nicht; die Fröhlichen, als freuten sie sich nicht; die, die einkaufen, als könnten sie es doch nicht behalten; welche die Welt für sich in Anspruch nehmen, als hätten sie nichts davon. Denn das Wesen dieser Welt ist im Vergehen.«
Mit diesem eindeutigen eschatologischen Zug sind wir bei der Frage angelangt: Welche sind die speziellen Aspekte des Evangeliums, die im dritten Jahrhundert das Ordensleben hervorgerufen haben?

IV. Das Kennzeichnende des Ordenslebens

Wie wir gesehen haben, gibt es im Neuen Testament deutlich zwei Bereiche, wo das Reich Gottes Wirklichkeit werden muß. Der eine besteht darin, das Reich Gottes in der Welt aufzubauen und sich intensiv mit dieser Welt zu beschäftigen, um sie umzuformen im Sinne der göttlichen Gerechtigkeit, Frieden und Liebe. Der andere Bereich ist vielmehr eschatologischer Art; der Gläubige geht aus von der Beschränktheit der Güter dieser Welt und richtet den Blick mehr auf die Zukunft, weil irdische Güter nicht das letzte Wort haben. Nicht Sexualität, Geld oder uneingeschränkte Freiheit sind das Endgültige, sondern der Wille Gottes, d.h. die göttliche Liebesgemeinschaft. Der eschatologische Charakter des Ordenslebens hat darum auch asketische

Folgen, insoweit jede christliche Lebensform Verzichtleistungen mit sich bringt. Mehr konkret müssen wir uns fragen: Wie erscheint das Ordensleben für die Außenstehenden? Meistens erscheint es als eine religiöse Gemeinschaft von einer Gruppe von Menschen, die auf freiwilliger Basis auf dem Weg zu Gott zusammenleben, in Gütergemeinschaft, dabei unverheiratet bleibend und aufeinander horchend. Daher nimmt es nicht wunder, daß besonders die ideale Gemeinschaft der ersten Christen in Jerusalem aus der Apostelgeschichte 4,31-35: »Die Menge der Gläubiggewordenen war ein Herz und eine Seele, und auch nicht einer sagte, daß etwas von seinem Besitz sein eigen sei«, das große Leitmotiv der Mönchsgruppen im dritten Jahrhundert war. Die Vorbildlichkeit der Urgemeinde betrifft nicht zuletzt ihre Einstellung zu Besitz und Vermögen, in Anschluß an Lk 12,33 »Schafft euch Geldbeutel, die nicht verschleißen, einen Schatz im Himmel, der nicht zerrinnt«. Hieraus kann man schließen, daß das Mönchtum nicht senkrecht vom Himmel in unsere Geschichte hereinkam. Es hat ein Art von »Prä-Mönchtum« gegeben. Seit dem ersten Jahrhundert existierten die wesentlichen mönchischen Elemente schon in den vielen asketischen Lebensformen der Kirche. Ehelosigkeit, Gütergemeinschaft und Gehorsam waren nicht etwas ganz Seltenes, sondern wurden in sogenannten Hausgemeinschaften oder auch von einzelnen Personen öfters geübt. In solch einer eschatologisch-asketischen Haltung muß man, meiner Meinung nach, nicht nur den Ursprung, sondern auch das Wesen des Ordenslebens suchen. Askese ist eine der Konstanten des klösterlichen Daseins, und sie ist im wesentlichen dadurch bestimmt, daß man sich zurückzieht aus der bunten Vielfalt der Geschäftigkeiten, die das Wirken in der Welt notwendigerweise mit sich bringt. Dieses »Loslassen« der Welt kann sich auf die verschiedensten Weisen äußern: in Ehelosigkeit, in Buße, in Austeilen seines Besitzes, in dem Aufgeben eines Status oder eines Berufes, und in vielen anderen asketischen Praktiken, die uns heute ganz und gar fremd geworden sind. All diese asketischen Formen haben sich aber in den drei Gelübden zugespitzt. Ich glaube nicht, daß dies rein zufällig geschehen ist. Denn die drei Gelübde stehen in Beziehung zu den drei wichtigsten menschlichen Machtbereichen: die Macht des Geldes und Besitzes, die Macht der Sexualität, und die Macht der weltlichen Gewalt und Herrschaft. Es sind diese drei Mächte, die den größten Einfluß auf das Weltgeschehen ausüben, wie auch die heutige Literatur bestätigt. Wenn wir hier von Mächten sprechen, dann bedeutet dies nicht, daß Geld, Sexualität und Gewalt an sich nicht gut wären, oder nicht gut benützt werden könnten. Es besagt allein wohl, daß der Mensch sich leicht an diese Mächte versklaven kann und daß sie ihn völlig zugrunde richten können. Wenn der

Mensch davon keinen Abstand nehmen kann, werden sie sich unabwendbar gegen ihn wenden. Jeder, der Sklave seines Besitzes ist, kann darauf nicht mehr verzichten; er kann nicht mit anderen teilen; er ist unfrei geworden. Wer immer nur das tut, was er sich wünscht, ist nicht nur selber unfrei, sondern nimmt auch anderen ihre Freiheit. Und wer Sklave der Sexualität ist, ist nur auf seinen eigenen Genuß bedacht, und ebenso unfrei.

Das Ordensleben bedeutet also das Bestreben und Verwirklichen bestimmter Aspekte innerhalb der Gesamtheit der christlichen Botschaft. Es bedeutet die Konkretisierung des Eschatologischen der Botschaft Christi. Aber, daß das Reich Christi »nicht von dieser Welt« ist, bedeutet keineswegs, daß es nichts mit dieser Welt und ihren sozialen Strukturen zu tun hätte. Gerade das Gegenteil ist wahr: das Reich Christi soll eine umgestaltende Kraft für die Welt sein. Eine eschatologische Haltung wirkt nicht notwendigerweise erlahmend und erstickt in keinerlei Weise den Kampf für eine bessere Welt. Freilich, der eschatologische Glaube stellt das Vorgegebene und die feste Ordnung immer von neuem in Frage, weil dieser Glaube außer dem Reich Gottes nichts als Definitives oder als Letztes betrachten will. Eschatologisches Bewußtsein heißt daher, sich der Vorläufigkeit von allem bewußt sein; es heißt: auf kritische Weise das Daseiende, das Vorgegebene, die Aktualität relativieren. Aber es bedeutet keine Ablehnung der Welt, und auch keine Verweigerung, für die Welt zu arbeiten. Denn wir wissen, daß diese Welt – obgleich beschränkt und vergänglich – unser einziger Weg zu Gott ist. Für das christliche Bewußtsein ist die Welt nicht das Letzte, sondern das Vor-Letzte.

Darum sollen sich die zwei Strömungen in dem einen Evangelium gegenseitig ergänzen. Man darf nicht meinen, daß das Eschatologische nur den Ordensleuten vorbehalten ist. Auch die anderen Christen sollen den eschatologischen Aspekt des Evangeliums leben, aber auf ihre eigene Weise. Auch ein verheirateterArzt, Physiker, Arbeiter, Krankenpfleger, Entwicklungshelfer, Politiker usw., soll durch seine Arbeit dem Reiche Gottes dienen. Für das Reich Gottes ist vieles nötig, und im menschlichen Bereich gibt es endlos viele wertvolle Aktivitäten. Selbstverständlich müssen auch die anderen Christen davon überzeugt sein, daß ihre Freiheit, ihr Besitz, ihr Eheleben und das übrige relativ sind, und sie werden auch danach handeln müssen. Auch sie müssen sich an gewisse christliche Normen halten. Eine unbeschränkte Anhäufung von Besitz ist christlich nie zu verantworten, und keinem einzigen Christen ist es gestattet, in Unfreiheit zu enden. Es ist zweifellos wahr, daß man Reichtum christlich verwenden kann, indem man ihn in den Dienst der Entwicklung der Menschheit stellt. Auf diese Weise wirkt man tatsächlich mit an der Humanisierung der Welt. Doch auch das

Abstandnehmen der Ordensleute ist ein Beitrag zur Humanisierung der Welt. In ihrer Preisgabe geht es ebenso darum, nur auf eine andere Weise. Wenn die Ordensleute Reichtum aufgeben, bedeutet dies zugleich, daß sie anderen Platz machen, daß es ihnen nicht um sie selbst geht, daß sie den Wettlauf um Besitz und Karriere nicht mitmachen. Auf ihre Weise stellen sie die Welt in den Dienst des Mitmenschen. Was bis jetzt gesagt worden ist, zeigt, daß der Unterschied zwischen dem Ordensleben und dem übrigen christlichen Leben niemals ein absoluter sein kann. Dies wird noch deutlicher, wenn wir bedenken, daß es einfach unmöglich ist, daß ein Ordensmann oder eine Ordensfrau absolut absieht von irdischen Werten. Auch sie müssen leben können, müssen sich eine gewisse Affektivität bewahren, ihre Freiheit wahren, ihre Selbständigkeit und persönliche Entscheidungsfähigkeit entwickeln. Sonst würden sie in kürzester Zeit unmenschliche Wesen. Der Unterschied zwischen beiden Lebensformen liegt daher nicht so sehr in der Inspiration, sondern vielmehr in der konkreten Übersetzung oder Wiedergabe dieser Inspiration in der je eigenen Lebensweise. Und wir sollen uns nicht fragen, welche Lebensweise am meisten Wert hat, sondern all unsere Kräfte dem Wert des eigenen Lebens widmen. So versucht der Ordensmann durch seine Lebensform zu zeigen, daß es nicht so einfach ist, durch die äußere Kruste der Dinge hindurchzudringen, daß der Mensch so leicht haltmacht vor der oberflächlichen, oft trügerischen Bedeutung der Dinge, und daß die religiöse Bedeutung der Dinge nie selbstverständlich ist.

Dasselbe kann man vielleicht auch etwa so sagen: die Ordensexistenz ist eine Betonung des Aspektes des »Zusammen-unterwegs-sein-auf-das-Reich-Gottes-hin«, eine Akzentuierung der allgemeinen »Rückkehr zum Vater«, eine Betroffenheit von der »Doppeldeutigkeit« der irdischen Werte. Hier liegt, meines Erachtens, die innere Sinnhaftigkeit des Ordenslebens. Es geht nicht so sehr darum, was ich tue, sondern um meine wirklich gelebte religiöse Hingabe. Man kann das Ordensleben nicht durch den Verweis auf die eine oder andere äußere Zielsetzung erklären, etwa durch eine bestimmte Form des Apostolates oder ein karitatives Werk, durch den Hinweis auf Selbstheiligung oder das Zeugesein gegenüber der Welt »draußen«. In sich selbst sind dies durchaus lobenswerte Motive, doch können sie niemals den letzten Sinn des Ordenslebens darstellen, aus dem einfachen Grund, weil diese Dinge alle auch geleistet werden können, ohne daß man im Orden lebt. Das mag durch ein Beispiel verdeutlicht werden: Was es bedeutet, verheiratet zu sein, erklärt sich nicht aus dem Besitz einer eigenen Wohnung, aus der Fürsorge, die man von seiten des Ehepartners genießt, aus dem Beruf, den man ausübt usw. – hier muß vielmehr das »Verheiratetsein selbst« den Ausschlag geben.

Auch was die Gestalt unserer Lebensweise betrifft, sollen wir bedenken, daß nichts Menschliches unveränderliche Bedeutung hat. Denn das Leben der Welt ist immerwährend in Entwicklung. Jede Zeit stellt eigene neue Fragen und Forderungen an den Menschen. Die Art und Weise, wie z. B. Franziskus die Armut auffaßte und lebte, war völlig in Übereinstimmung mit den Nöten seiner Zeit. Aber seine Interpretation war verschieden von den Armutsauffassungen eines Pachomius, Basilius oder Augustinus. Denn die ökonomischen Verhältnisse der je verschiedenen Jahrhunderte waren sehr ungleich. Bewegung ist ein Gesetz des Lebens selbst. Darum müssen wir stets auf den Herzschlag der Zeit und des Weltgeschehens horchen.

Von diesem Gesichtspunkt aus könnte man die Gelübde vielleicht auch folgendermaßen formulieren: Die Ordensarmut soll Bedeutung haben für die Verteilung von materiellen und psychischen Gütern, sie soll sich zeigen in Edelmut und in der Abschaffung von den Vorrechten der Reichsten. In Treue zueinander soll der Ordensgehorsam ein Zusammen-Horchen werden auf das, was der Heilige Geist und das Evangelium in jeder bestimmten Situation fordern. Und die Ehelosigkeit kann der Ausdruck sein von Freundschaft, Treue und Solidarität mit jedem, dem wir auf unserem Lebensweg begegnen. Auf diese Weise läßt man auch den Dienstcharakter des Ordenslebens stärker hervortreten.

Damit möchte ich aber den künftigen Entwicklungsgang des Ordenslebens in keinerlei Weise festlegen, da Gott immer größer ist als der Mensch. Es sind nur Gedanken zur Erwägung.

Die evangelischen Räte im Lichte der Augustinus-Regel

Ulrich Geniets O. Praem.

1.0 Einheit und Verschiedenheit

Einige Abschnitte in der Kirchengeschichte verschwenden oft viel Energie zur Befestigung von Gleichheit und Uniformität innerhalb der Kirche und ihrer Lebensgebiete (Dogma, Moral, Liturgie, Spiritualität, Recht usw.). Andere Abschnitte in der Geschichte wiederum geben der Pluriformität und der »Gestaltgebung« an Eigenidentitäten mehr Raum. Der Grund dazu muß nicht nur bei der führenden Hierarchie der Kirche, sondern auch im Geist und im Herzen der Menschen selber gesucht werden. Eine fortdauernde Spannung zwischen dem Sich-sichergeborgen-Fühlen unter einem allgemeinen Nenner und dem immer wieder Affirmieren der eigenen Identität ist wie die Spannung zwischen Sichersein und Suchen jedem gläubigen Menschen und jeder gläubigen Gemeinschaft angeboren. Im letzten Quartal des 20. Jahrhunderts sind wir durch die Langzeitwirkung des II. Vatikanums in eine Zeit gekommen, die innerhalb der großen Kirche wieder Raum für das Suchen nach Verschiedenheit und Identität von Gruppen und Kirchen gibt.
In den letzten zehn Jahren habe ich aus der sich entwickelnden Theologie des religiösen Lebens und Spiritualität, aus dem konkreten Leben, das ich bei meinen Mitbrüdern und Mitschwestern im Orden beobachte, und auch aus meinem persönlichen Leben des Evangeliums und der Gelübde heraus mich selbst gefragt, ob wir nicht, mehr als früher, versuchen müssen, unseren eigenen »Prämonstratenser-Stil« neu zu entdecken in der Art und Weise, wie wir die evangelischen Räte erklären und leben.
Man hat aus den Gelübden ›eine‹ Theologie und ›eine‹ Spiritualität gemacht und man hat sie allen Ordensleuten, ungeachtet, ob Mann oder Frau, alt oder jung, kontemplativ, Mitglied einer aktiven Kongregation oder Mitglied eines kanonikalen Institutes vorgelegt und angeboten. Bedeutet dies nicht eine Verarmung, eine Nivellierung, die wichtige, reiche Aspekte des Gehorsams, der Ehelosigkeit und der Armut verloren gehen läßt?
Gehorsam, Ehelosigkeit und Armut sind in der Bibel sehr reiche Begriffe und Realitäten. Ihre fundamentalsten Grundhaltungen werden

in jedem Ordensleben Gestalt annehmen müssen. Aber sie werden eine eigene Identität, ein eigenes »Gesicht« bekommen innerhalb der Verschiedenheit des Klosterlebens. Es gibt demnach eine monastische Armut, eine Armut der aktiven Ordensleute und eine Armut des kanonikalen Ordo Vivendi; es gibt eine monastische Ehelosigkeit, eine kanonikale Ehelosigkeit und die Ehelosigkeit von aktiven Ordensleuten; so gibt es auch einen monastischen Gehorsam, einen kanonikalen Gehorsam und den Gehorsam der aktiven Ordensleute.

Der Zisterzienser wird die Ehelosigkeit – das Gelübde der Liebe – anders leben als der Prämonstratenser, der mit seinem konkreten Auftrag der Liebe – auch zwischen Menschen – in vielen pastoralen Situationen steht. Der kontemplative Mönch wird vor allem den Gehorsam leben – im Hören auf das Wort Gottes, in der Stille und im Gebet –, wohingegen der Prämonstratenser das Wort Gottes auch in tausend Menschen und Dingen hört, die aus dem Leben auf ihn zukommen. Die Armut wird andere Forderungen an eine Gemeinschaft stellen, die ein abgeschlossenes Leben führt als an eine Gemeinschaft, die das Leben völlig mit den Menschen aus der Gegend teilt.

Ich glaube, daß wir in unserem Orden zu einer größeren Bewußtwerdung der eigenen Identität kommen müssen, die wir als Canonici unserer Ehelosigkeit, unserem Gehorsam und unserer Armut geben können.

2.0 Augustinus und Gelübde

»Vivere secundum regulam St. Augustini«, leben nach der Regel des heiligen Augustinus, bedeutete im Mittelalter nicht nur den »Ordo monasterii« oder die »regula ad servos dei« als Norm für sein Kloster- und Gemeinschaftsleben annehmen. Es impliziert auch einen ganzen »Ordo vivendi«, einen Lebensstil, ein Ganzes von Einsichten, Auffassungen und Haltungen, die man im breiteren Sinne als »Augustinismus« bezeichnen könnte.

Der heilige Augustinus hatte wohl eigene Vorstellungen über Ehelosigkeit, Armut und Gehorsam als christliche Tugenden und evangelische Lebenshaltungen, aber er hat kein Traktat über die Gelübde geschrieben; denn unsere jetzige Struktur der drei Gelübde war ihm im 4. Jahrhundert unbekannt.

Wenn wir also über Gelübde im Lichte der Augustinusregel sprechen wollen, dann nehmen wir »die Augustinusregel« im breiten Sinne und nehmen neben ihr auch typisch augustinische Ansichten der Theologie und des christlichen Lebens als Ausgangspunkt[1].

Welche sind nun die großen augustinischen Linien?

2.1 *Der christliche Humanismus:* Die menschliche Natur und der Glaube bereichern sich gegenseitig; das hat Konsequenzen für unsere Gelübde. Das bedeutet, daß unsere Gelübde auch mit unserer menschlichen Existenzweise und Entfaltung zu tun haben.

2.2 *Die Christus-totus-Theologie:* Christus in jedem Gläubigen wiedererkennen und anerkennen, in jeder gläubigen Gemeinschaft, in jedem Menschen, der sich einsetzt für Liebe und Gerechtigkeit, in jedem Geschehen, worin das Evangelium Jesu sich wiederholt, schließlich in jedem Menschen, der arm ist, im Elend lebt, unterdrückt wird[2]. Konsequenzen für unsere Gelübde sind dann, was Armut, Gehorsam und Ehelosigkeit im Wesen bedeuten und was wieder entdeckt werden muß: der Armut, dem Gehorsam und der Ehelosigkeit Jesu sind aufs neue die ursprüngliche Gestalt in unserem Leben zu geben.

2.3 *Die Vorstellung von der Kirche als »Geschehen«:* Das Geschehen ist wichtiger als die Institution, weil die Institution mit ihren Strukturen im Dienst des Geschehens des lebendigen Christus steht und nicht umgekehrt[3].
Als Konsequenz für unsere Gelübde folgt: Auch sie haben Geschehen – Wachstum, was wichtiger ist als das Juridische Statut. Arm *werden*, gehorsam *werden*, jungfräulich *werden* – wir sind es noch nicht, sondern werden es das ganze Leben hindurch.

2.4 *Die augustinische Interpretation des »Cor unum et anima una«:* Sie erfolgt in drei Phasen: Die erste Phase ist in Tagaste 388 und später mit den Laienbrüdern in Hippo 391–395, als Augustinus schon Priester ist, ebenso in der Phase kurz nach seiner Bekehrung. Da hat er »Cor unum et anima una« in der großen Mönchstradition interpretiert, in dem Sinne, daß »Cor unum et anima una« in dieser Periode Kennzeichen des individuellen Mönchs ist: Der Mönch ist ein Mensch aus einem Stück – unverteilt – jeder lebt also wie eine Einheit. In dieser Interpretation ist Gemeinschaft eine Sammlung von nebeneinanderlebenden Einheiten. Aber »Cor unum et anima una« wird von jedem Bruder der Kommunität ausgesagt.
Die zweite Phase, die gemeinschaftliche Phase, fällt in die Zeit, als Augustinus mit seinen Priestern in Hippo lebt und er »Cor unum et anima una« kollektiv interpretiert. Da bedeutet dies: Alle zusammen sollen eine Gemeinschaft werden: Wo Liebe und Freundschaft keine Utopien sind, keine realitätslosen Phantasien, sondern Realitäten, die das Leben, Beten und Arbeiten der Gemeinschaft tragen.

Menschen, die einander lieben, die zusammen ein Herz und eine Seele sind, ja eigentlich, die das »Herz und die Seele Christi« sind. Diese Interpretation, daß die ganze Gemeinschaft ein Herz und eine Seele ist, bleibt »intra muros«. Sie ist eine innerkirchliche Realität.
Die dritte Phase ist nach dem Vorfall mit Januarius im Jahre 425/26. Da sieht Augustinus, daß Liebe in der Gemeinschaft keine wahre Liebe ist, wenn sie innerhalb der Kirche und des Klosters bleibt. Was vor ihm andere niemals gedacht haben, ist die neue und dritte Interpretation, und das ist der völlig gereifte Augustinus. Wenn man »Cor unum et anima una« ist, dann sollen dieses Herz und diese Seele auch Konsequenzen extra muros haben, dann wird es *ein Herz und eine Seele*, die als ein Wohltäter umhergehen, dann hat das alles mit der Umwelt der Gemeinschaft zu tun.
Drei Phasen sind es[4]: individuell-persönlich, gemeinschaftlich und apostolisch-missionarisch.

2.5 *Die Interiorisation (Verinnerlichung)*
Das Äußerliche ist glaubwürdig, insoweit es die innere Realität offenbart.
Zu denken ist an die Beispiele in der Regel:
Beten mit dem Mund und Beten mit dem Herzen; leiblicher Hunger und Hunger des Herzens nach Gottes Wort; die Augen als Spiegel dessen, was im Menschen lebt; Kleidung als äußerliches Zeichen der geistigen Lebensweise usw.
Konsequenz von dieser Augustinus-Einsicht ist, daß Armut im Bezug auf materiellen Besitz nur glaubwürdig ist, wenn eine innere Armutshaltung da ist; daß Ehelosigkeit für den Ordensmann nur sinnvoll ist, wenn er voll und ganz Mensch der Liebe ist.

Aus der Verschiedenheit von monastischen, kanonikalen und aktiven Gelübden und aus den fünf augustinischen Kerngedanken soll nun für die drei Gelübde eine Synthese versucht werden.

3.0 Augustinus von Hippo:
Spiritualität und konkretes Leben der Klostergelübde

3.1 *Die Gelübde im allgemeinen*
Wenn wir über Gelübde nachdenken, dann dürfen wir die Realität der augustinischen Linien nicht außer acht lassen.

3.1.1 Der christliche Humanismus

Ein Ideal der Augustinustheologie und -spiritualität ist der christliche Humanismus. Er besagt, verkürzt ausgedrückt: Christsein baut auf und führt zur idealen Menschlichkeit, christliche Gemeinschaft wird aufgebaut und sie führt zur idealen Menschlichkeit.

3.1.2 Identifikationslehre

Christus ist in den Christen. Das ist unser Glaube: Christus ist in uns, in einem jeden von uns. Christus ist auch in den Christen insgesamt, in der Gemeinschaft.
Die zweite Interpretation der Identifikationslehre heißt: In uns allen, wenn wir zusammen sind, in der Gemeinschaft ist der eine lebendige Christus, sind wir der eine lebendige Christus.
Und er, Christus, geht Wohltaten spendend umher – das ist die Pastoral durch die Kirche. Die Identifikationslehre zeigt sich in drei Hauptbereichen: das persönliche Christsein – das persönlich evangelische Leben, das Zusammenleben des Evangeliums – die Gemeinschaft und die pastorale Tätigkeit durch die Kirche. Christus ist da, wo das Evangelium geschieht.

3.1.3 Interpretation des »Cor unum et anima una«

Wir haben schon festgestellt: es gibt bei Augustinus eine Entwicklung:
a) Harmonie im Menschen, in der Person
b) Kommunitäres Verstehen: die ganze Kommunität, alle zusammen sind ein Herz und eine Seele. Die ganze Kommunität ist »wie ein Mann«, und der Mann ist Jesus Christus. Was man miteinander lebt, die Gemeinschaft untereinander, das ist ein Herz und eine Seele.
Zwischen a) und b) besteht eine Wechselwirkung[5].
c) Missionarisches Verstehen, die Sendung. Wir sind eine offene Gemeinschaft, wir gehen gemeinschaftsstiftend nach außen. Hier ist bei uns wiederum eine Wechselwirkung zwischen Gemeinschaft »intra muros« (b) und der Gemeinschaft »extra muros« (c), wie der Rhythmus von Ein- und Ausatmen.

3.1.4 Idee des augustinischen Kirchenbildes

Das Geschehen ist wichtiger als die Institution. Das heißt nicht: die Institution ist nicht wichtig, aber wichtiger ist das Geschehen von Christus. Wenn Christus in der Kirche, in einer Struktur nicht mehr geschieht, dann ist die Struktur nicht mehr glaubwürdig. Die Struktur ist insofern von Wert, insoweit sie fördernd und beschützend für das Geschehen Jesu in der Welt ist.

3.1.5 Interiorisation – Verinnerlichung
Das Äußere ist glaubwürdig, insoweit es die innere Realität offenbart. Das kann man über all das bisher Gesagte sagen, und das ist die große Idee von Augustinus.

3.2 *Aktuelle Spiritualität der Gelübde*
Wenn ich also die großen augustinischen Linien bedacht habe, dann will ich über die Gelübde nachdenken und mir die Frage nach den Konsequenzen von all dem für unsere aktuelle Spiritualität der Gelübde stellen. Und dann ergibt sich für mich:

3.2.1 In Bezug auf den *christlichen Humanismus:*
Gelübde, das ist Engagement für menschlich optimale Entfaltung des einzelnen und der Gruppe. Das verlangt von uns eine Abweisung all dessen, was den Menschen herunterzieht. Ich kann meine Gelübde nicht auf Kosten meiner Menschlichkeit leben. Das bedeutet, sich für das Leben entscheiden, für das Menschsein, für die Mitmenschen.
So sehe ich Gelübde im allgemeinen, das wäre die Konsequenz, und sie bedeutet »Widmung« und »Enthaltung«.

3.2.2 In bezug auf *Identifikationslehre und Interpretation »Cor unum et anima una«:*
Hier wird das Engagement der Gelübde für das ganze Evangelium deutlich, nicht für drei »Dinge«, sondern für den lebendigen Jesus.
Die Geschichte der Gelübde sagt nichts über »Gelübde der Niedrigkeit« oder »Liebe«, man hat ja nicht drei Dinge gesucht, sondern etwas, wo das totale Evangelium ausgedrückt wird.
a) Das persönliche religiöse und evangelische Leben:
   Ich will IHN in mir Gestalt werden lassen. Jesus kommt zu mir – Engagement für Jesus: ich will arm – ehelos[6] – gehorsam sein, wie Jesus es war.
b) Die Gemeinschaftsdimension der Gelübde:
   Wir wollen IHN in unserer Gemeinschaft wachsen lassen. In uns allen zusammen. Wir wollen miteinander Jesu Armut, Jesu Ehelosigkeit und Jesu Gehorsam nachfolgen.
c) Die apostolisch-missionarische Dimension der Gelübde:
   Wir wollen IHN von unserer Gemeinschaft aus Wohltaten spendend herumgehen lassen. Das heißt: unsere Armut, unsere Ehelosigkeit und unser Gehorsam haben mit Mensch und Welt um uns herum zu tun.
   Das sind für mich kanonikale (= »offen«) Gelübde.

3.2.3 Dimension des Geschehens:
Gelübde sind ein Engagement für ein dynamisches Leben: Bereitschaft zum Wachstums- und Bekehrungsprozeß.
Unsere Armut, Ehelosigkeit und Gehorsam sind kein Statut, sie sind nie »fertig«, nie beendigt, wir müssen das ganze Leben lang wachsen.

Wir sind nun zu einer Synthese gekommen. Wenn ich zurückdenke, an mein eigenes Noviziat, da haben wir die Gelübde eigentlich nur in den ersten beiden Bereichen (das menschliche Leben der Person und der Gemeinschaft und das persönlich religiöse und evangelische Leben) kennengelernt. Gelübde waren etwas zwischen dem individuell-religiösen Bereich und dem Kloster und Gott. Man hat in dieser Zeit niemals über die Armut als Gemeinschaftsgelübde gesprochen. Jeder hat seinen Zölibat gelebt und nicht den Zölibat von allen zusammen. Darüber hat man nie gesprochen. Auch über das pastorale, missionarische Element hat man nicht soviel gesagt.

3.3 Das Gelübde der evangelischen Jungfräulichkeit[7]

3.3.1 Was ist evangelische Jungfräulichkeit im Kern?
Gott ist Liebe, er offenbart Liebe. Die Schöpfung ist eigentlich nichts anderes als eine Explosion der Liebe Gottes. Jesus ist einzig und allein in Liebe für Gott und die Menschen da, er ist fruchtbar für die Liebe.
Maria läßt Jesus in ihr Sein herein, läßt IHN in sich wachsen, gibt IHM Fleisch und Blut – das ist die Jungfräulichkeit Mariens. Es ist nicht an erster Stelle eine biologische Frage, sondern, daß sie Jesus in sich wachsen ließ, ihm Fleisch und Blut gab, daß sie für die Liebe fruchtbar geworden ist, das macht die Qualität ihrer Jungfräulichkeit aus. Es geht um ein »Widmungsgelübde«, nicht um ein »Enthaltungsgelübde«!

3.3.2 Was bedeutet Jungfräulichkeit in meinem menschlichen Leben?
Es bedeutet Widmung menschlicher Qualitäten der Liebe. Herzlichkeit, Freundschaft, Sorge füreinander, Treue, Gastfreundschaft, sich füreinander entscheiden, einander nicht im Stich lassen, das sind menschliche Qualitäten. Wenn ich Profeß mache, dann sage ich, ich will mich all diesen menschlichen Qualitäten widmen.
Es bedeutet dankbares und freudevolles Erleben der Körperlichkeit und Sexualität. *Mit* Körperlichkeit und mit Sexualität leben und nicht *dagegen*. Es ist kein Gelübde gegen Sexualität oder gegen Körperlichkeit. Es bedeutet Abweisung des Negativismus und Absolutismus, der Vergöt-

terung von Körperlichkeit und Sexualität. Ich will ein Beziehungs- und Gemeinschaftswesen sein.

3.3.3 Was bedeutet das Gelübde der Jungfräulichkeit in meinem persönlich-evangelischen Leben als Christ?
Ich will Christi Liebe in meiner ganzen Existenz wachsen lassen, einzig und allein ein Mensch der Liebe sein für Gott und die Menschen. Gezeichnet sein von der Gottes- und Menschenfreundlichkeit, das ist für mich Jungfräulichkeit. Natürlich bringt es ein Opfer mit sich, nämlich das Opfer der ehelichen Liebe und Elternschaft, damit aber auch eine Zeichenhaftigkeit einer anderen Fruchtbarkeit für die Liebe.

3.3.4 Was bedeutet Jungfräulichkeit als Wahl, als Realität für die ganze Kommunität, die alle zusammen dieses Gelübde beleben.
Es bedeutet das Gleiche wie im obigen Punkt, nur eben in Gemeinschaft: Wir wollen Christi Liebe in der Gemeinschaft wachsen lassen. Wir wollen Liebesgemeinschaft sein für Gott und einander. Wir wollen eine tiefe Lebensverbundenheit (Solidarität) miteinander haben. Dies bedeutet Aufmerksamkeit für verwundbare, problembeladene, schwache Mitbrüder in der Gemeinschaft – das ist meine Liebe, das ist meine Jungfräulichkeit, meine Liebe für Brüder, die schwach sind, Probleme haben usw.
Und das Opfer der ehelichen Liebe und Elternschaft bringe ich, damit wir miteinander Liebesgemeinschaft für viele sein können.
Jungfräulichkeit, das ist Begegnung und Kommunikation, Herzlichkeit, Brüderlichkeit, ein Zuhause sein füreinander; Offensein für Zeichen der Liebe und Freundschaft, die Menschen in der Kommunität uns antragen, entgegenbringen.

3.3.5 Was ist der apostolisch-missionarische Auftrag im Gelübde der Jungfräulichkeit für eine Gemeinschaft?
Dies bedeutet unter dem Aspekt der Jungfräulichkeit Liebe und Freundschaft verkünden, offenbaren, geben und schenken an Menschen, die der Liebe entbehren. Das ist vielleicht neu, eine neue Dimension, ganz aktuell: Unverheiratete, Geschiedene, Kranke, Einsame, sich entscheiden für die, die arm an Liebe sind – das ist eine Konsequenz unserer Jungfräulichkeit, sich entscheiden für all die Leute, die arm sind an Liebe. Ein Zuhause sein für viele, als Kommunität oder auch als Pfarrer beispielsweise, ein Zuhause sein für Leute von außen. Zeichen und Stütze sein für alle, die in der Welt an Liebe und Treue glauben wollen, eine »Kernzentrale« sein, die Gottes Liebe verbreitet, weltweit.

3.3.6 Was ist das Geschehen, die Bedeutung des Wachstums im Gelübde der Jungfräulichkeit?
Jungfräulichkeit hat für einen Novizen ein anderes Gewicht als mit 40, 60 und 80 Jahren. Wachstumskatalysoren sind Glaubensentscheidungsmomente, Gebet und Leiden. Immer geht es um einen Prozeß im Herzen.
GELÜBDE DES OFFENEN HERZENS, das ist die JUNGFRÄULICHKEIT!

3.4 Das Gelübde der evangelischen Armut

3.4.1 Allgemein: Was ist die Armut im Evangelium, was ist die Armut von Jesus?
So wie Gott seine Existenz, sein göttliches Leben, so teilen wir unser menchliches Leben, verschenken wir uns, wollen wir uns nicht für uns selbst behalten. So wie Jesus sich entledigen, vergessen, sich klein machen, opfern für das Leben der anderen. Wie Jesus eine Vorliebe haben für Arme, Sünder, Machtlose, Menschen in Not, Erniedrigte (Denken wir immer daran, daß in der Bibel nichts über Armut steht, wohl aber viel über Arme. Die Bibel spricht nicht in Substantiva, sondern von Menschen). Wie die Armen in der Bibel, die »anawim«, auf Gott vertrauen, das Heil allein von ihm erwarten. Der Reiche dagegen hat schon das »Heil«. Er erwartet kein Heil von Gott. Das bedeutet Armut in der Bibel!

3.4.2 Konsequenz für unser menschliches Leben:
Die Konsequenz heißt zuerst, sich menschlichen Qualitäten widmen: geben, teilen, schenken. Wenn ich das Gelübde der Armut ablege, dann sage ich, daß ich ein Mensch werden will, der versucht zu teilen, zu geben, zu schenken; ein Mensch zu werden, der dankbar ist, zufrieden, der sich an dem freut, was er hat und was er ist.
Einfachheit in Nahrung, Kleidung und Wohnung. Es bedeutet Abweisen von Streben nach immer mehr, Abweisen von Absolutismus des Besitzes, Eigeninteresses, Überfluß; Kämpfen gegen zu Arm und zu Reich. Armut ist kein Ideal. Wir müssen gegen die Armut kämpfen, aber auch gegen den Reichtum der Reichen. Nein sagen zu »jeder seine eigene Welt«!

3.4.3 Wir, als Personen und als Gemeinschaft, wir alle zusammen, wollen die integrale Christuslebenshaltung im Bezug auf die uns umge-

bende Realität der Welt übernehmen, in uns aufnehmen. Das ist für mich Armut, die in meinem Leben sinnvoll ist.
Was ich bin, was ich habe, was ich weiß, was ich kann, was ich erfahre, was ich glaube, ist nicht von mir. Das habe ich alles von anderen bekommen – von meinen Eltern, der Abtei, von Professoren und gebe, schenke und teile es mit anderen. Das ist Armutshaltung: sich um Gott kümmern (der Reiche ist sich selbst genug). Auf Gott vertrauen, das Heil erwarten – es noch nicht besitzen. Friedfertigkeit, Milde, Einfachheit Jesu im eigenen Leben verwirklichen.
In der Gemeinschaftsdimension des Gelübdes der Armut gilt alles so wie für das persönliche religiöse und evangelische Leben, aber alle zusammen leben wir es.
Was wir sind, als Canonia, als Abtei, was wir sind, haben, wissen, können, erfahren, glauben ist nicht von uns – wir geben, schenken, teilen es mit anderen, miteinander. Zusammen besitzen macht solidarisch, allein besitzen zerstört Solidarität. Brüderlichkeit, Gleichheit und Teilen, das gehört zu »Armut«, und, von den Armen empfangen – sie haben viel zu verschenken; nicht nur geben, auch empfangen können.

3.4.4 Die apostolisch-missionarische Dimension, eine neue, aktuelle Dimension:
Armut geloben bedeutet besonders Aufmerksamkeit haben für Menschen in Hunger, Not, Elend, Machtlosigkeit, Armut und Ausbeutung; Aufmerksamkeit haben für Benachteiligte, Chancenlose, Wehrlose.
Wir wollen schenken und teilen mit denen, die es am meisten brauchen.
Armut geloben bedeutet soziales Engagement: sich einsetzen für Neuverteilung, aufrufen zur größeren Gleichheit und Solidarität in der Gesellschaft und dazu Zeichen setzen; bedeutet Befreiung der Armen und auch Befreiung der Reichen; bedeutet Stellungnahme, z. B. für Jugendproteste gegen schreiendes Unrecht.

3.4.5 Dimension des Geschehens, Prozeß des Wachstums:
Wachstum ist auch hier notwendig: von lokal über regional zu weltweit. Lokal hat man Armut immer geteilt, und ich denke, daß man im letzten Jahrhundert auch regional geteilt hat. In der Zukunft kommt der Kirche nun der Auftrag zu, weltweit zu teilen.
Durch die Geschichte hindurch kommt es dem Gelübde der Armut zu, das Heimweh nach Jesu Armut und der Gütergemeinschaft der Urkirche als Ideal zu bewahren. Wir haben einen Auftrag, den Bewußtmachungsprozeß zu fördern und müssen die Verantwortung dafür übernehmen. Wachstumsmomente in diesem Gelübde sind Armut, Krankheit, Leiden. Wie man die Krankheit bewältigt, das ist Armut leben.

Gebet, das bedeutet die Einfachheit anerkennen, in der Heilserwartung leben. Die Armutsvollendung ist wie die Vollendung der Liebe: es ist der Tod. Das ist das Ja zum Kreuz Jesu. Jesus war arm am Kreuz, es ist äußerste Selbsthingabe.

Das verlangt von uns persönlich oder als Kommunität eine neue Form der Herzen: Nein-sagen zum Hochmut des Habens und zur Verbitterung des Nicht-Habens, Nein-sagen zu angelernten Bedürfnissen und eingeredeten Notwendigkeiten, Sicherheiten preisgeben können, erworbene Rechte aufgeben, Zeit und Energie frei machen füreinander, ja sich entscheiden für die menschlich, gläubig und kulturell Armen in der eigenen Gemeinschaft.

ARMUT IST DAS GELÜBDE DER OFFENEN HÄNDE

3.5 Das Gelübde des evangelischen Gehorsams

3.5.1 Evangelischer Gehorsam, was ist das eigentlich? – Der Kern im Evangelium:
Wir wollen wie Jesus den Willen Gottes erfüllen. Er tut es mit seiner ganzen Existenz. Wir wollen eine zuhörende Empfänglichkeit von und für das Wort Gottes haben, das in Bibel, Geschichte, im eigenen Leben, in Menschen, Welt, Dingen usw. auf uns zukommt. Tausend Menschen und Dinge, die auf einen zukommen, sehen wir als die Träger des Anrufes Gottes im Leben. Das ist der große Glaubensgehorsam. Wir wollen den Anruf Gottes nicht nur hören, sondern auch Antwortbereitschaft zeigen: uns »rufen lassen«, im Engagement.

3.5.2 Was ergibt sich für mich in meiner menschlichen Existenz als Konsequenz?
Ich bin aufgerufen, mich menschlichen Qualitäten zu widmen und Autorität als Dienst, Ermutigung und Verfügbarkeit, und nicht als Macht, Herrschen, Unterdrücken, Prestige, Ehrsucht, Ambition zu verwirklichen und zu begreifen. Gehorsam heißt, sich rufen lassen, Verantwortung auf sich nehmen, meine Kreativität einbringen und zu Dienst stellen. Gehorsam heißt nicht, seine Kreativität opfern und vernichten, sondern sie in die Kommunität einbringen.
Es gibt ein Zusammenspiel von Autorität und Gehorsam: der Anruf muß von beiden Seiten gehört werden, zusammen den Anruf hören, gerufen und gesandt werden.
Gehorsam ist Ja-sagen zur persönlichen Entfaltung innerhalb und nicht gegen die Gruppe.

Nein zu militärischem Gehorsam. Man hat in manchen Perioden das Gelübde des Gehorsam in einigen Bereichen als militärischen Gehorsam verstanden.
Gehorsam ist nicht Flucht aus der Verantwortung (mir wurde angeschafft, ich brauche es nicht verantworten); Nein zu wachsendem Individualismus, verlorengehender Solidarität, aufgegebener Einheit!
Nein-Sagen zum Slogan: »Jedem sein eigener Weg« im Kloster!

3.5.3 Persönliches religiöses und evangelisches Leben und Gehorsam:
Wenn ich die Profeß abgelegt habe, dann bedeutet das für mein persönliches Leben, daß ich, wenn ich z. B. Oberer bin, Autorität ausüben will wie Jesus, und er hat zwei Dinge getan: dienen und beten inmitten seiner Jünger.
Dienen, darüber spricht man heutzutage; aber daß die höchste Autorität, wie Jesus für seine Jünger, beten soll, darüber spricht man zu wenig. Dienen, und was der Herr Prälat tun soll, ist: in erster Linie für seine Mitbrüder beten. Sich belasten lassen, sie zusammenbringen und zusammenhalten.
Ich will gehorchen wie Jesus: angespannte Hörbereitschaft, Verfügbarkeit, eingehen auf Anrufe und sich schenken.

3.5.4 Gemeinschaftsdimension von Gehorsam:
Wir wollen zusammen hören und zusammenhören (Zusammengehörigkeit). Wir wollen uns aufeinander berufen, eingehen auf die Nöte, Fragen, Worte. Es soll ein gegenseitiges Zuhören und sich Einfühlen sein und wir wollen einander ertragen. Ja, die Gruppe soll durch das Evangelium mobilisiert werden.
Der Oberste steht mitten in der Gruppe, was zur Konsequenz hat, daß er das nur tun kann, wenn die Gruppe um ihn herumstehen möchte. Ein doppeltes Engagement also in Freundschaft, Glaubwürdigkeit und Vertrauen.
Ich will meine Ich-Geschlossenheit durchbrechen – wir wollen unsere Geschlossenheit als Gruppe durchbrechen. Ich – wir wollen uns hinterfragen lassen, auffordern lassen, zur Verfügung sein. Ich – wir wollen darauf aus sein, uns immer neu anrufen lassen.

3.5.5 Apostolisch-missionarische Konsequenz des Gehorsams:
Unser Gelübde hat zu tun mit der Umwelt. Wenn die Welt schläft, muß die Kirche die Welt wecken. Wenn die Kirche schläft, müssen die Ordensleute sie wecken.
Aufmerksamkeit ist geboten! Es gibt heutzutage Menschen, deren Stimme wird in der Welt nicht gehört. Und da sind wir da, um diese Menschen zu hören! Wir müssen eine Aufmerksamkeit haben für

Machtlose, Unterdrückte, Ungehörte, die am Reden gehindert werden, Menschen ohne Rechte, Opfer von Unrecht und Machtwillkür. Das hat alles mit unserem Gehorsam zu tun.
Die Ordensleute haben eine prophetische Sendung, gerade in Krisenzeiten. Ob sozial, ökonomisch, kulturell, politisch oder religiös: unser Einsatz ist gefordert, wir müssen die Stimmen erheben.

3.5.6 Geschehen und Wachstum des Gehorsams:
Wir müssen über die gegebenen Dinge in dieser Welt hinauswachsen: Pein, Angst, Jugend und Alter, Enttäuschung und Freude, Zeit und Raum (jetzt lebe ich und nicht wie vor 50 Jahren), Kreuz und Opfer. Gehorsam lernen in der Schule des Gebetes, des Leidens und des Opfers.
Das ist der Gehorsam, das GELÜBDE DER OFFENEN OHREN!

4.0 **Schlußgedanken**

Jedes Gelübde ist ein Geschehen, das sich abspielt in einem Ganzen von Freiheiten und Unfreiheiten. Das gilt für Eheleute wie für Unverheiratete, gleich ob Laien oder Ordensleute.
Wenn ich Christus am Kreuz betrachte, dann sehe ich, daß sein Herz offen ist, die Hände sind geöffnet und auch seine Ohren waren geöffnet für den neben ihm, der seine Hilfe erbat.
Für mich umfaßt das Leben der Klostergelübde jene fünf Ebenen, die wir besprachen:
– Das menschliche Leben der Person und der Gemeinschaft
– Das persönliche religiöse und evangelische Leben
– Die Gemeinschaftsdimension der Gelübde
– Die apostolisch-missionarische Dimension, die besonders uns Kanoniker betrifft
– Die Dimension des Geschehens durch einen dynamischen Prozeß von Wachstum und Bekehrung
In diese Übersicht werden die Gelübde nicht einfach als Enthaltungsgelübde, sondern vor allem als »Widmungsgelübde« gesehen.
Diese Synthese sehe ich als einen Beitrag zu unserem Denken und Studium der eigenen Identität unserer Ordensspiritualität an, ich bin dankbar für jede Hinzufügung und Korrektur. Ich hoffe, daß es die Mitbrüder und -schwestern des Ordens besonders im persönlichen und gemeinschaftlichen Leben unseres Prämonstratenser-Ideals ermutigen wird.

[1] Dieses Referat möchte nicht wiederholen, was in der Regel des hl. Augustinus über die Gelübde steht. Das alles ist zu finden bei den Augustinuskennern Adolar Zumkeller und T.J. van Bavel und in den vielen Regelkommentaren.

[2] Van Bavel T.J., Christus Totus. Das korporative Denken des hl. Augustinus, in: Pro Nostris, XXXVIII (1973) 30–39.
Zur Identitätstheologie bei Augustinus siehe auch:
Pfleger Johannes, Die Vita Communis bei Augustinus, philosophisch-theologische Hintergründe, in: In unum congregati, Mitteilungen der Österreichischen Chorherrenkongregation, Klosterneuburg 3 (1971).

[3] Bibl.: Borgomeo P., L'Eglise de ce temps dans la predication de Saint Augustin, Paris, Etudes Augustiniennes, 1972.
Van Bavel T.J., Die Kirche als Geschehen bei Augustinus von Hippo, in: Pro Nostris, XLIV (1979) 16–39.

[4] Bibl.: Van Bavel T.J., Die erste christliche Gemeinschaft und das Ordensleben. Apostelgeschichte 4,31–35 in der Interpretation von Augustinus, in: Pro Nostris, XLIV (1979) 16–39.

[5] Vgl. Broeckx P.M., a.a.O.

[6] Im deutschen Sprachgebrauch spricht man immer häufig von ehelos – Ehelosigkeit. In Flandern gebrauchen wir lieber das Wort Jungfräulichkeit. Ich liebe das Wort »ehelos« nicht, weil es mehr negativ ist. Jungfräulichkeit ist zwar auch nicht sehr gut, aber es drückt hier besser aus, was ich sagen möche.

[7] Ich verwende fortan nun den Begriff »Jungfräulichkeit« anstatt »Ehelosigkeit«.

Ein Herz und eine Seele sein auf Gott hin

Abt Alois Stöger O. Praem., Stift Wilten – Innsbruck

Mit diesem Satz in der Apg wird das Ideal der christlichen Urgemeinden dargestellt. Der heilige Augustinus, ein Mensch leidenschaftlicher Liebe, möchte, daß seine Gemeinschaften nach diesem Prinzip leben. Seit dem Erneuerungskapitel nach dem 2. Vatikanischen Konzil ist in unserem Orden die Communio wieder sehr in den Mittelpunkt gerückt worden. Der I. Teil unserer Konstitutionen (spirituelle Grundlagen) handelt immer wieder von der Gemeinschaft unter den verschiedensten Aspekten.
Obwohl der Mensch zutiefst ein Gemeinschaftswesen ist, fällt es ihm nicht leicht in Gemeinschaft zu leben. Das tägliche Leben zeigt, daß Gemeinschaftsleben oft sehr problematisch sein kann. Das gilt für alle Gemeinschaftsformen, selbst für die Ehe. Soll Gemeinschaft im Sinn des heiligen Augustin oder genauer gesagt im Geist Jesu Christi gelebt werden, so ist es notwendig, daß wir den Menschen in seiner Heilswirklichkeit und in der Praxis des täglichen Zusammenlebens sehen. Daher möchte ich persönliche Erfahrungen aus Priesterexerzitien, aus Eheberatung und aus Visitationen in diese Überlegungen einbringen.

I. Grundsätzliche Aussagen:

Aus den Konstitutionen möchte ich nun drei Gedanken herausgreifen, um auf einige Grundwahrheiten des Menschen hinzuweisen.
– Gott hat den Menschen erschaffen nach seinem Bild ihm ähnlich (Gen. 1,26). Nach seinem eigenen Wesen, das Liebe ist. – Konst. 7
– Gemeinschaft bedeutet das Dasein von Personen in Hinordnung aufeinander und füreinander... Konst. 12
– In Gen. 3,1–7 wird die Versuchung des Menschen und sein Versagen berichtet.

1. Der Mensch und Gott (Gen. 1,26)

– Der Mensch ist Abbild Gottes. Er ist auf Gott hin geschaffen. Gott ist seine Sehnsucht, seine Hoffnung, sein Ziel und seine Vollendung.
– Er ist in Freiheit geschaffen. Zwischen Gott und den Menschen soll sich Heilsgeschichte ereignen. Der Mensch ist geschaffen, das heißt er ist Geschöpf. Daher begrenzt, vergänglich, nicht aus sich selbst.

Der Mensch ist in dieser ursprünglichen Schöpfungsordnung nicht geblieben, wohl aber ist seine Verwiesenheit auf Gott gegeben.
Wir fassen das Wesen des Menschen im Wort »Person« zusammen. Persona est rationalis natura individua substantia. Selbststand und Selbstgehörigkeit kommen hier zum Ausdruck. – Mensch als Person ist aber auch Allbezüglichkeit: Bezug zu Gott, zur Welt und zum Mitmenschen. Der Mensch ist in Freiheit entlassen und nicht auf eins hin festgelegt. Er ist auch im Guten frei. Damit ist er in Verantwortung gerufen. Wir sind von Gott auf das Gute hin geschaffen. Dem Guten sind wir unwiderruflich verpflichtet. Dazu hat Gott uns das Gewissen gegeben. Das Gute ist Gott selbst. So sind wir Menschen im Letzten von Gott, von seiner Liebe gerufen. Unser Leben verwirklicht sich, erhält Sinn und Vollendung durch unsere Antwort auf den Anruf Gottes, durch unsere Liebe zu Gott und zu den Menschen.

2. Homo est ens soziale

– Der Mensch als Abbild Gottes, als Person ist seinem Wesen nach mitteilsam. Personsein ist Hingabe und Teilhabe zugleich. Der Mensch schenkt sein Wertsein weiter, aber zugleich ist er bestrebt an der Wertfülle anderer teilzunehmen. Der Mensch ist Individuum und zugleich zutiefst auf die Mitmenschen verwiesen, also gemeinschaftsbezogen.
– Wir könnten nicht denken, nicht sprechen, nicht fühlen, nicht glauben und nicht lieben ohne den Mitmenschen. Der Mensch braucht das Du, die Bezugsperson, um zu sich selbst zu finden, um Charakter und Persönlichkeit zu werden. Dasein und Tun des einen hat immer auch schon Bedeutung für das Dasein und Tun des andern. Wir stehen in einem gegenseitigen Strahlungsfeld sowohl im Guten als im Bösen. – Das gilt auch in der Heilsordnung.
– Menschsein ist Begegnung. Es gibt ein Schenken und Empfangen geistiger Art. Es gibt Teilnahme an Freude und Leid, an Aufgaben und Schicksalen. Wirkliche Entfaltung des Menschen gibt es daher nur in der Öffnung auf ein Du hin, wenn er liebt. Geschieht diese Öffnung nicht, so bleibt er in sich selbst verschlossen in tödlicher Einsamkeit. Menschsein heißt also wesentlich lieben können. Schon der griechische Philosoph Plato hat gewußt, daß es für den Menschen das höchste Glück ist, alle Menschen lieben zu können.

3. Das Böse in der Welt – Der Mensch in der Bewährung

In Gen. 3,1–7 wird die Versuchung geschildert. Verführung ist ein menschliches Phänomen bis zum heutigen Tag. Sie ist nur erklärbar aus der Freiheit des Menschen. Mit der großen Gabe Gottes ist die Möglichkeit der Verweigerung Gott gegenüber gegeben und damit die Macht des Bösen. Herkunft und Ursprung des Bösen sind im Letzten nicht erklärbar. Es gibt tatsächlich ein Mysterium iniquitatis. Das Böse hat aber immer mit unserer Freiheit zu tun. Das Böse ist personal und nicht natural. Das Böse, die Sünde ist der eigentliche Wahnsinn des Menschen. Aber dennoch, es existiert in der Welt. Wir müssen mit dieser dunklen Macht in der Welt und im eigenen Herzen leben.

Das Böse im Menschen (Erbsündigkeit)

Martin Heidegger schreibt:»Das Wesen des Menschen ist immer schon verfallen und selbstvergessen.« Der Mensch ist und bleibt ein erbsündiger Mensch. Ganz gleich, wie man die Erbsünde theologisch zu verstehen versucht. Die Ursünde ist ein Riß, der quer durch die Person des Menschen geht. Sie verursacht die Dunkelheit zu Gott hin. Der Mensch will Gott nicht Gott sein lassen. Es besteht eine Verstörung zur Welt und zum Mitmenschen.

Unser Menschsein, Personsein ist gespalten. Wir sind dem Guten verpflichtet, tragen aber die Abgründigkeit des Bösen in uns. Unser Wille, unsere Gefühle und unser Verstand sind selten selbstlos und uneigennützig.

Der heilige Paulus schreibt deshalb über diese Situation:»Nicht was ich will führe ich aus, sondern was ich nicht will, das tue ich.«
Wir sind gespalten in ein *ich für mich* – und ein *ich für Dich*. Das »Ich für Dich« ist das Offensein für andere. Das Gutsein, die Liebe in allen Formen.

Das »Ich für mich«, die Ichsucht, der Egoismus ist lieblos, rechthaberisch, empfindlich, machtgierig ... Denken wir an den Sündenkatalog des heiligen Paulus. So häßlich dieses »Ich für mich« ist, wir haben alle Mühe mit ihm fertig zu werden. – Martin Luther sagt über unsere Situation:»Dieses ich für mich müssen wir ersäufen.« Und er fährt dann fort:»Doch dieses Luder kann schwimmen.«
Daher will jeder in seiner Art Mittelpunkt sein und degradiert die andern zu Satelliten. Der Mensch fühlt sich vom andern bedroht. Hier hat die »Invidia clericalis« ihre Wurzeln, die nicht ausgestorben ist. Je nach Temperament reagiert man verängstigt, beleidigt oder aggressiv. Der Mitmensch will mich nicht der sein lassen, der ich bin. Wir aber

auch ihn nicht. Daher fällt uns Toleranz so schwer. Wir selbst finden innere Identität so schwer, aber wir erwarten, daß der andere uns bestätigt, diese Identität gibt – wie soll er das können? Hier müßte auch noch auf alle Verdrängungen und Kräfte des Unbewußten hingewiesen werden. All diese Angst, Depression, das Beleidigt- und Verletzt-sein taugt zu nichts. Wenn wir sie nicht vor unser Gewissen, vor unsere Seele bringen, werden wir davon nie befreit. Sie bewirken, daß unser Blick zum Lauern und zur Mißgunst wird. Damit bestimmt uns aber bereits das Böse.

Die Psychoanalyse zeigt uns aber deutlich, daß wir bei der Beurteilung des Menschen sehr vorsichtig sein müssen. Daher warnt uns Jesus: »Richtet nicht, damit Ihr nicht gerichtet werdet.« Das Versagen, die Schuld des Menschen liegt nicht nur in seiner personalen und intentionalen Sphäre, sondern auch in seinem Trieb- und seinem Gefühlsleben. Auf einem geschädigten Instrument kann niemand gute Musik machen. Das ist keine Verharmlosung des Bösen, sondern seine Unterscheidung (Das Böse, Albert Görres/Karl Rahner).

Wir ertragen oft auch das Gute nicht am andern, seine Erfolge, seine Anerkennung ... Ein tiefer Ursprung des Bösen ist das Ärgernis am Guten und an dem Guten. Wieder weist Jesus uns auf diese Situation hin mit der Frage: »Ist Dein Auge neidisch, weil ich gut bin? – Selig wer sich an mir nicht ärgert.« Am Ärgernis des Guten ist er gescheitert. Das Böse tarnt sich. Es kommt unter der Maske des Guten, des Schönen, Natürlichen ... Wie oft marschieren wir unter falscher Flagge. Hinter all diesen Erscheinungen steht wieder unsere Selbstsucht.

Diese erbsündige Situation unseres Menschsein faßt der Apostel Johannes zusammen: »Wenn jemand sagt er habe keine Sünde, so ist er ein Lügner und die Wahrheit ist nicht in ihm.« Wer in Gemeinschaft lebt, vor allem wer Verantwortung in einer Gemeinschaft trägt, der wird immer wieder dem erbsündigen Menschen mit all diesen Formen begegnen. – Wenn wir unser persönliches Leben und die Gemeinschaft nicht in dieser Tiefe und Realität sehen, werden wir zu keiner wirklichen Besserung kommen. – Die Folgen des »ich für mich« zeigt Augustinus in seiner Regel an verschiedenen Stellen klar auf. Sie müssen hier nicht erwähnt werden. Ein Herz und eine Seele sein auf Gott hin heißt also: die Bekehrung im Geist Jesu Christi. Sie ist die Heilung des erbsündigen Menschen in der Nachfolge Christi. In diesem Sinn sind auch die drei Gelübde zu sehen, die der Augenlust, Fleischeslust und der Hoffart des Lebens entgegengesetzt sind.

II. Kirche ist Leib Christi, ist immer Gemeinschaft

1. Der neue Mensch in Jesus Christus

Durch sein Sterben und seine Auferstehung hat Christus das Los der Menschen verändert. »Erstgeborener unter vielen Brüdern, stiftete er unter allen, die ihn im Glauben und in der Liebe annehmen eine neue brüderliche Gemeinschaft in seinem Leib, der Kirche, in dem alle untereinander Glieder sind (Konst. 7).

Gott ist getreu. Durch ihn seid ihr zur Gemeinschaft in seinem Sohn Jesus Christus berufen (1 Kor. 1,9).

Jeder Mensch, der an sich arbeitet, soll seine Grundbefindlichkeit, sein Wesen und seine Charakterstrukturen erkennen. Das ist eine Art menschlicher Erfahrung. Nicht umsonst haben schon die alten Philosophen zwei Prinzipien geprägt: Mensch erkenne dich selbst – und das zweite: agere sequitur esse. Diese Selbsterkenntnis hat nichts mit falscher Selbstbespiegelung zu tun. Zur Selbsterkenntnis braucht es auch ein gesundes Studium der Humanwissenschaften. Sicher erfolgt Selbsterkenntnis bei uns Christen durch Gewissenserforschung und Selbstbesinnung im Geiste Christi. Es scheint daher wichtig zu sein sich zu fragen: welche Bedeutung hat die Selbsterkenntnis und Selbstfindung im Noviziat und Klerikat. Besteht nicht die Gefahr, daß man den Novizen und Klerikern keine Stille und Sammlung mehr zumutet? Daß Klöster keine Zeiten und Räume des Silentium haben? Daß selbst in den Meditationen zuviel Aktivität besteht.

Welchen Stellenwert hat die Gewissenserforschung und das Bußsakrament in diesen Jahren des spirituellen Reifens? Gibt es in den Klöstern noch Meister der Spiritualität? Ein weiterer Schritt in diesem Prozeß ist die Selbstannahme. Im Hauptgebot heißt es, wir sollten den Nächsten lieben wie uns selbst. Sich selbst lieben heißt: sich in der Wahrheit, in der Liebe Gottes sehen. Das heißt Ja sagen zu seinen Grenzen, Talenten, auch zu seinen Fehlern und Schwächen. Um sie zu wissen – ohne sie gutzuheißen. Wie schwierig die Selbstannahme ist, zeigt uns Jesus in der Hinweisung bei Matthäus 7,3–5: »Den Splitter im Auge Deines Bruders siehst Du, den Balken im eigenen nicht.« Ohne diese Selbstannahme sind wir innerlich nicht zufrieden und daher nicht richtig gemeinschaftsfähig. Wer sich selbst nicht liebt, kann auch den Nächsten nicht lieben. Wer sich selbst nicht annimmt, schafft Komplexe.

Umkehr in Jesus Christus

Es gibt keine natürliche Selbstverwirklichung und Selbsterlösung. Uns Christen, und besonders uns Ordensleuten, ist die Metanoia aufgetragen. Umkehr ist primär Gottes Gnade, also Geschenk. Darum müssen wir immer wieder beten. Umkehr ist tatsächlich eine kopernikanische Wende. Das »ich für mich« müssen wir aufgeben. Gott muß zum Mittelpunkt meines Lebens werden. Deshalb stellt der heilige Augustinus an die Spitze unserer Lebensform das Gebot der Liebe. Umkehr heißt: dieses Gebot ganz ernst nehmen. Gott liebt uns nicht, weil wir besonders gut und verdienstvoll sind. Er liebt uns nicht, weil er uns braucht. – Er liebt uns nicht, weil WIR gut sind, sondern weil ER gut ist. Weil ER die Fülle der Liebe ist. Gottes Liebe kann nicht ausgeschöpft werden. Daher liebt er uns auch noch als Sünder, wenn wir uns von ihm abwenden. Er liebt uns im Lumpengewand des verlorenen Sohnes. Umkehr heißt also zu lieben versuchen, wie Jesus Christus seinen Vater liebt. Ich wiederhole nochmals: die Umkehr geschieht zuerst von Gotther. »Ich lege ein neues Herz und einen neuen Geist in Euer Inneres.«

Umkehr bringt uns fast um. »Wer sein Leben um meinetwillen verliert, wird es gewinnen.« (Matth. 10, 39)
Wenn wir diese Wende vollziehen, dann verstehen wir den heiligen Paulus, wenn er sagt: »Nicht mehr ich lebe, sondern Christus lebt in mir.«
Wir haben dieses neue Leben in Taufe und Firmung erhalten. Unsere Profeß ist eine Aktivierung dieser Gnade Gottes in uns. Aufgabe dieses Ordenslebens ist es also in Meditation, in unserem ganzen spirituellen Leben diese Grundwahrheiten immer wieder zu reflektieren und sie lebendig werden zu lassen.
Wer ein Jünger Christi sein will, muß wie ein Weizenkorn sterben, um viel Frucht zu bringen in Liebe: andernfalls bleibt er allein (vgl. Joh. 12, 24).
Durch Glaube und Taufe haben wir Gemeinschaft mit dem Geheimnis des Todes und der Auferstehung Christi. Deshalb sollen wir so gesinnt sein wie Christus. Der Geist Christi treibt uns an, uns selbst zu entäußern und zu überschreiten, aus unserem Egoismus auszubrechen und für Gott und die Brüder zu leben. (Konst. 9)
In der Umkehr zu Jesus Christus, zu Gott, geht es um die Wertordnung, um die Wende von mir weg zu Gott. Diese Umkehr ist den Christen ein Leben lang aufgetragen. In dieser Metanoia geschieht die Erziehung zum Ordensleben. Unser Wille wendet sich jedem Wert zu. Die sinnlichen Werte haben aber einen natürlichen (unfairen) Vorsprung vor den mühsamen höheren Werten, die ohne Denkarbeit nicht leicht erfaßt werden. So haben viele ethische Werte ihre Einsicht, ihre Verpflichtung verloren. Der einzelne kann diese Werte gegen den Strom der Gesellschaft nicht festhalten. Heute stehen überall die Abbruch-

kommandos dieser Werte in den Familien, in den Schulen, auf den theologischen Fakultäten. Auch in den Klöstern. – Es darf nicht das aufgebaut werden, was Autoritäten wollen. Hier wird vor allem das Magisterium ecclesiae untergraben. Die Opposition, die Reaktion heißt fast immer: »So nicht, sondern irgendwie ganz anders.« So kann kein ethisches Bewußtsein, keine Gewissensbildung geschehen. Ethische Orientierung gibt es aber nicht ohne Bildung fester, begründeter Überzeugungen. Wo diese Überzeugungen fehlen, wo solche Normen nicht anerkannt und gelebt werden, führt es zur Verwahrlosung und zum Chaos. Daher scheint es mir so wichtig, daß im Aufbau der klösterlichen Gemeinschaft nicht nur allgemeine Richtlinien gelten, sondern daß der Geist Christi sich in ganz konkreten Virtutes zeigt, bis zu den Regeln der täglichen Disziplin (Das Böse: Albert Görres).

Wer die Wende nicht vollzieht, wer sich nicht aufgibt, in dessen Wesensmitte nicht die Liebe steht, bei dem wird immer wieder die Selbstsucht durchbrechen. Der wird immer wieder der Selbsttäuschung zum Opfer fallen. Der wird dann auch seine eigene Freiheit bewahren auf Kosten der Gemeinschaft. Doch über die Bekehrung, die uns ein ganzes Leben aufgetragen ist, wird noch ausführlich gesprochen werden.

2. *Einübung der Gemeinschaft*

– Verzeihung und Vergebung (Kapitel VI der Regel)
Im 6. Kapitel der Regel wird der heilige Augustinus sehr konkret und energisch bei Spannungen unter den Mitbrüdern. »Wer aber nie um Verzeihung bitten will oder nicht ehrlichen Herzens darum bittet, der ist ohne Berechtigung im Kloster.« Verzeihung und Vergebung ist etwas ganz Wesentliches für den Geist einer Gemeinschaft. Abneigung und Aggression, die lange Zeit dauern, vergiften die Gemeinschaft. Sie sind nicht nur ein Kreuz, sondern eine Tragik. Die Forderung Christi, wenn Du Deine Opfergabe zum Altar bringst und Dir dabei einfällt, daß Dein Bruder etwas gegen Dich hat ... (Denken wir an die Vater-unser-Bitte) wird auch im Kloster selten gelebt.

Praktische Wege der Versöhnung (Konst. 262)
– Versöhnung ist nicht Frieden um jeden Preis
– Mit dem Unrecht gibt es keine Versöhnung. – Aber Wahrheit ohne Liebe kann sehr gefährlich sein.
– Oft wird Entschiedenheit als Charakterstärke bezeichnet. Entschiedenheit kann aber auch Engstirnigkeit und Sturheit sein und auf Vorurteilen oder inneren Komplexen beruhen.
– Ohne Versöhnung ist ein Gemeinschaftsleben auf die Dauer nicht zu ertragen. Unversöhnliche sind wie Giftkröpfe.

– Versöhnung ist immer eine Haltung des Geistes und des Herzens. Versöhnung mit dem Mitbruder setzt aber notwendig die Versöhnung mit Gott voraus. Die Krise des Bußsakramentes trägt sicher dazu bei, daß oft wenig Versöhnung ist. Es gibt auch Priester und Ordensleute mit unreifer Schuldentlastung. Wer nicht bekennt – verdrängt.

Können wir mit Konflikten umgehen?
Heute erleben wir in unserer Gemeinschaft viele verschiedene Ansichten. Die Mitbrüder identifizieren sich auch nicht mehr alle mit der Spiritualität und den Zielen unseres Ordens, die sie zum Teil nicht kennen.
Neben den menschlichen Problemen, die vorher erwähnt wurden, haben wir also auch noch spirituelle und sachliche Konflikte. Wir können mit diesen Konflikten zu wenig umgehen.

– Die Strukturen der Gemeinschaft
Eine kleine Gemeinschaft, wie wir in Österreich, tut sich von der Struktur her schon schwer.– Der Großteil der Mitbrüder lebt in den Pfarreien. Sie bilden in den Dekanaten eine gute Arbeitsgemeinschaft. Hier hat die Errichtung der Dekanate einen positiven Erfolg gehabt.
– Die Hausgemeinschaft besteht meist aus drei Gruppen: die Offizialen – die älteren Mitbrüder – das Klerikat.
– Das Gemeinsame ist das Chorgebet. Hier gibt es eigentlich wenig Schwierigkeiten. Die Eucharistiefeier als Konzelebration birgt die Gefahr der Monotonie und der Gewöhnung.
– Sonst gibt es wenig Gemeinschaft. Die Offizialen sind überlastet. Jeder geht seiner Arbeit nach. Wenn es eine Gefahr gibt, so der Mangel an Information. Um unnötige Spannungen zu vermeiden, sollen sich die Offizialen alle 14 Tage zur Information treffen.
Zwischen der älteren Gruppe und der jüngeren haben wir das Generationsproblem. Die jungen Mitbrüder wollen ständig Änderungen, wie es ihrer Natur entspricht. Den älteren Mitbrüdern entspricht Tradition und Beharrlichkeit. Dabei bestehen oft auch nicht die gleichen spirituellen Zielvorstellungen und Übereinstimmung in Werten. Begriffe wie Demut, Gehorsam, Selbstverleugnung und Askese sind Horrorvokabeln. Sie stehen scheinbar der Selbstverwirklichung im Wege.
Dazu kommen die offiziellen vorgeschriebenen Hauskapitel, die in den wenigsten Gemeinschaften gut verlaufen. Weil die Strukturen so sind wie aufgezeigt, entstehen beim Gespräch oft aggressive Emotionen. Die Folge sind dann wieder persönliche Verletzungen.

Kommunikation in der Gemeinschaft
Gemeinschaft muß immer wieder eingeübt werden. Sie setzt Kommunikation voraus. Kommunikation braucht aber ganz bestimmte Bestimmungen:
– Das Entscheidende ist, den Geist der Gesinnung Christi haben.
– Denn Unrecht ruft und setzt neues Unrecht. So kommen wir aus dem Teufelskreis nie heraus. Daher die Forderung des heiligen Paulus: »Lassen wir uns nicht vom Bösen besiegen, sondern besiegen wir das Böse durch das Gute.« (Römer 12,21)
– Zeit haben füreinander
Wenn man Kommunikation pflegen will, so muß man neben der Gesinnung Zeit haben füreinander. Wer aber kennt nicht die überfüllten Terminkalender und den damit verbundenen Streß. Zeit haben ist keine Frage der Zeit. Es müssen vielmehr Prioritäten erkannt und gesetzt werden. Wenn Eheleute keine Zeit mehr füreinander haben, so stirbt die Kommunikation und damit die Liebe und ihre Gemeinschaft. So ist es auch im Kloster. So wie wir Zeit haben für Chorgebet und Eucharistie, so muß auch Zeit sein für die Kommunikation. Hier muß sicher eine Reflexion und eine Gewissenserforschung einsetzen. Vielleicht muß sogar die Hausordnung überprüft werden, ob sie der Kommunikation dient.

Das Gespräch, der Dialog
– In den Kommunitäten muß es Möglichkeiten des Gespräches geben. Dabei sollen religiöse Grundlagen nicht übersehen werden. Auch die Ziele unseres Ordens sollen besprochen werden. Das persönliche geistliche Gespräch zwischen den Mitbrüdern müßte mehr gepflegt und gefördert werden.
– Gespräche innerhalb der einzelnen Gruppen, aber auch der Gruppen untereinander sollen stattfinden.
– Arbeitsgespräche erleichtern oft das Gespräch und fördern dennoch die Gemeinschaft.
– Ein wesentlicher Faktor ist auch die Rekreation.

Gesprächsmethode: Wir sind vielfach für das Gespräch nicht geschult und erzogen worden. Aber auch die jüngere Generation hat es nicht von selbst. Daher soll Einübung im Noviziat und Klerikat geschehen. Nicht die 1:0-Methode.
Zum Gespräch braucht es eine Grundhaltung. Die Wahrheit in Liebe suchen; Anhören des andern; seine Meinung gelten lassen; zu verstehen suchen, was er wirklich meint; nicht negativ emotional reagieren; sich immer bewußt werden, daß es drei Methoden gibt: die meine – die des andern und die richtige.

- Die Wahrheit gemeinsam suchen. Oft muß man auch zu Kompromissen bereit sein. Vor allem wenn es darum geht, was verwirklicht werden kann.
- Gelingt das Gespräch in den Gruppen, so wird es auch in den offiziellen Gremien (Hauskapitel, Consilium ...) leichter gelingen.
- Wir müssen uns aber immer wieder ins Gedächtnis rufen, was in der Konstitution 12 gesagt wird.

3. Gebet und Eucharistie

Gebet und Eucharistie sind die wesentlichen Quellen unseres Gemeinschaftslebens. Sie sind es die uns helfen, daß wir als sündige Menschen ein Herz und eine Seele sein können.

Das Gebet (Konst. 10) ist eine wesentliche Aufgabe unseres Ordens-Christseins. Im Gebet ringen wir ja nach der Erfüllung des Willen Gottes. Jesus Christus betet: »Herr, laß sie eins sein. Wie Du, Vater, in mir bist und ich in Dir bin, so sollen auch wir eins sein, damit die Welt glaubt, daß Du mich gesandt hast« (Joh. 17,21).
Gebet ist Wandlung unseres Herzens in die Gesinnung Christi hinein. Daher gibt es für uns Ordensleute nichts Wichtigeres und Existentielleres als das Gebet. Im Gebet vollzieht sich unser Heil und damit unser Ordensleben. – Persönliches Gebet und Meditation müssen mehr geübt werden.

Eucharistie ist gelebte Gemeinschaft (Konst. 27)
Noch entscheidender als das Chorgebet und Meditation formt die Eucharistie unsere Gemeinschaft. Eucharistie ist Gemeinschaft. Der Kelch des Herrn macht uns zur Gemeinschaft. (Siehe die Didache und bei den mystagogischen Katechesen der Kirchenväter.)
Wir haben am Beginn gesagt, daß die Sünde uns entzweit mit Gott, mit den Mitmenschen, mit der Welt und auch mit uns selbst. Als Sünder treten wir in der Eucharistie vor Gott und unter das Kreuz, an dem Jesus Christus hängt, der für unsere Sünden gestorben ist. Jesus stirbt für uns Sünder, damit wir das neue Leben haben, damit wir der neue Mensch in Jesus Christus werden. Hier wird durch Jesus Christus das »ich für mich«, die Selbstsucht, überwunden und geheilt. Zugleich stiftet Eucharistie wesentlich Gemeinschaft mit Gott, in seinem Sohn durch den Heiligen Geist. Eucharistie schafft den Leib Christi, die Kirche. Damit schafft sie aber Gemeinschaft unter den Brüdern. Und auch mit der Welt, in die wir entlassen werden. Als Gemeinschaft müssen wir Zeugnis ablegen im Alltag.
Eucharistie und Gebet sind also die beiden wichtigsten Quellen für das

Leben der Gemeinschaft, wie Augustinus es von uns erwartet: das Sakrament der Liebe verlangt das Leben der Liebe.
Man könnte geradezu von der Eucharistie her die ganze Problematik und den Aufbau der Gemeinschaft aufzeigen. Daher müssen beide immer so gefeiert werden, daß sie in unser persönliches Leben, in unseren Alltag und in unser Gemeinschaftsleben hineinwirken.
Ohne diese Wandlung des eigenen Herzens, ohne Leib Christi werden, ohne Gemeinschaft im Geist Christi zu sein, feiern wir umsonst Eucharistie. Sind wir ehrlich: feiern wir nicht oft umsonst? Die Tat des Herzens kann keine äußere Zeremonie ersetzen.
Da aber über Gebet und Eucharistie ausführlich gesprochen wird, sollen diese Hinweise genügen.

Das Kreuz in der Gemeinschaft (Konst. 7, Phil. 2,6–9, Konst. 26 »täglich das Kreuz zu tragen in Buße«. Vita Norberti)
Man kann nicht realistisch über eine Gemeinschaft sprechen, ohne auch vom Kreuz zu reden. Heute besteht die Gefahr, ein Leben ohne Leid zu erwarten. Keinem Menschen bleibt das Kreuz erspart. Es ergibt sich aus unserer Kontingenz und aus unserer Schuldverfallenheit. Jeder ist an sein Kreuz geheftet. Und jeder hat sein Kreuz zu tragen. Natürlich gibt es auch das Kreuz der Gemeinschaft. Viele Charakterschwächen, Verhaltensweisen und Spannungen werden trotz all unserer Bemühungen bleiben. Die ideale Gemeinschaft gibt es nicht. Sie hat es weder in der Urkirche noch bei Ordensgründungen gegeben. Wir alle sind Sünder. Wir alle tragen Schuld am Versagen unserer Gemeinschaft. Auch im Kloster gilt das Gesetz der Sympathie und Antipathie. Es gibt immer etwas am andern an Schuld und Fehlern und Eigenarten zu ertragen und zu verzeihen. Aber genauso an mir. Halten wir uns doch nicht für besser. Damit Gemeinschaft gelingen kann ist notwendig, daß wir mit Jesus Christus das Kreuz auf uns nehmen und tragen. »Wer mein Jünger sein will, nehme täglich sein Kreuz auf sich und folge mir nach.« – »Wer sein Kreuz nicht auf sich nimmt und mir nicht nachfolgt, ist meiner nicht wert.« – Daher auch die praktische Folgerung des heiligen Paulus: »Einer trage des andern Last.« Und die Liebe erträgt alles. Wir sollten den andern ertragen und zugleich ihm sein Kreuz mittragen helfen. Den Nächsten lieben heißt: ihn in seiner Schwäche ertragen. »Wer mit Christus lebt, für den ist ›der alte Mensch‹ mit seinen Egoismen bereits gekreuzigt. – Für den ist aber der neue Mensch schon eine Wirklichkeit geworden. Das Alte ist vergänglich, Neues ist geworden.« (2 Kor. 4,7)
So dient also auch das Kreuz dem neuen Menschen und der Gemeinschaft in Jesus Christus. Immer galt die Gemeinschaft als ein wesentlicher Bestandteil des Ordenslebens. In der Vergangenheit war sie vorge-

geben und der einzelne hatte sich hier einzufügen. Sie sollte ihm auf dem Weg zu Gott helfen. Das Gemeinschaftsbewußtsein war immer irgendwie betont, aber mehr im Geist als in der Erfahrbarkeit des täglichen Lebens.

Heute sieht man die Gemeinschaft wesentlich anders. In der Konst. 15 heißt es: »Die Gemeinschaft besteht mit Gott in den Brüdern und mit den Brüdern auf Gott hin. Sie wird uns gegeben (Gnade – Gebet) und ist zugleich von uns an dem Platz, an dem wir stehen, zu verwirklichen.« Die Gemeinschaft ist keine statische Gegebenheit. Sie muß also geschaffen werden, und zwar immer neu. Deshalb oft auch die Schwierigkeit, weil verschiedene Mitbrüder oder oft auch Gruppierungen sich die Konkretisierung eben verschieden vorstellen. Eines allerdings muß auch gesagt werden: eine Ordensgemeinschaft ist kein Familienersatz. Sie kann nicht jene Intimität und Geborgenheit schaffen wie die Familie. Das ist Utopie.

Für uns Prämonstratenser ist allerdings die Gemeinschaft ein wesentlicher Faktor unseres Ordenslebens. Anders als z. B. bei Jesuiten und Redemptoristen. P. Lippert SJ schreibt in seinem Buch »Briefe aus dem Engadin«: Menschen und Gletscher sind am besten aus der Ferne zu genießen. Wir sollten daher täglich einbringen, was wir oben erwähnt haben. Und die Konst. 15 sagt: Deshalb fordert die Gemeinschaft die tägliche Ausführung des Herrenwortes: »Wer sein Leben um meinetwillen verliert, wird es gewinnen.« (Matth. 10, 39)

Wir müssen wirklich füreinander dasein, wie die Konst. 12 sagt: Sie besteht in gegenseitiger Hochschätzung, Vertrauen, Lauterkeit, Glauben, Verantwortlichkeit, im Bestreben um Mitmenschlichkeit, das aus der Liebe stammt.

Dabei sollte uns aber klar sein, daß die Gemeinschaft zwar etwas Wesentliches und Hilfe für unser Ordensleben sein kann. Der tragende Grund unseres Ordenslebens liegt aber tiefer, nämlich in der Nachfolge Christi. Der Ordensmann muß aus eigener Erfahrung, aus dem Umgang mit dem Herrn, aus einer lebendig vollzogenen Nachfolge im Alltag wissen, was evangelische Berufung ist. Diese persönliche Nachfolge Christi müssen wir ständig wachhalten. Sie ist unser eigentliches Leben in Jesus Christus.

Das Element priesterlicher Freundschaft in einer Priestergemeinschaft

Prior Thomas Handgrätinger O. Praem.

»Wein und Bier erfreuen das Herz, doch mehr als beides die Freundesliebe.« (Jesus Sirach 40,20) Zahllos sind die Stellen, wo Jesus Sirach über die Freundschaft spricht, vielfach auch die Aspekte, wo er Freundschaft gefährdet sieht. Freundschaft erfreut das Herz. Freundschaft ist eine zu Herzen gehende Sache, die den innersten Kern des Menschen berührt und die besten Kräfte im Menschen herausfordert.

I. Was ist nun Freundschaft?

Hier könnte man zuerst an den kleinen Prinzen denken, wo die Freundschaft zwischen einem Fuchsen und dem kleinen Prinzen fast analytisch genau beschrieben wird. Freundschaft heißt: »sich vertraut machen; Zeit nehmen, sich kennenlernen, geduldig sein, die festen Bräuche pflegen, sich näher kommen, einander brauchen, einzig sein für den anderen«. Du bist zeitlebens für das verantwortlich, was du dir vertraut gemacht hast[1].

Freundschaft ist eine Bewegung hin zum anderen, der dadurch wertvoll wird, weil man ihm viel Zeit geschenkt hat, und der je länger desto mehr einem verbunden wird in gegenseitiger Wertschätzung und Verantwortung.

Exupéry hat ein kleines Büchlein »Bekenntnis einer Freundschaft«[2] geschrieben. Darin erzählt er von einer sich tief in die Erinnerung einprägenden Begegnung mit einem Freund. Für Exupéry heißt Freundschaft Ehrfurcht vor dem Menschen haben, wobei ein Lächeln oft schon das Wesentliche ist und aussagen kann. »Die Eintracht«, das sich einig sein, »war so erfüllt, so fest in der Tiefe verankert[2].« Freundschaft gründet in dieser Eintracht und ist nur mit einer Verwandtschaft vergleichbar, die freilich nicht auf das Vergangene, sondern auf das Zukünftige gründet, nicht auf den Ausgangspunkt, sondern auf das Endziel. Der Respekt vor dem anderen gehört ebenso dazu wie der gemeinsame Treffpunkt, dem Freunde wie Pilger zuwandern.

»Zu Dir kann ich kommen ohne eine Uniform anzuziehen oder einen Koran hersagen zu müssen: kein Stück meiner inneren Heimat brauche ich preiszugeben. In deiner Nähe habe ich mich nicht zu entschuldi-

gen, nicht zu verteidigen, brauche ich nichts zu beweisen... Über meine ungeschickten Worte, über die Urteile hinweg, die mich irreführen können, siehst du in mir einfach den Menschen. Du ehrst in mir einfach den Boten des Glaubens, gewisser Gewohnheiten und besonderer Zuneigungen. Wenn ich auch anders bin als du, so bin ich doch weit davon entfernt, dich zu beeinträchtigen; ich steigere Dich vielmehr[3].«
In diesem herrlichen Bekenntnis wird der Freund verglichen mit »einer Höhe, in der man anders atmet«[4]. Sich gegenseitig weiterbringen und steigern, sich gegenseitig einem gemeinsamen Ziel zuführen, einander helfen dürfen zu leben, läßt schon Inhalte und Kernpunkte anklingen, die sich nahtlos in eine auf Gemeinschaft gründende Existenzform einfügen lassen.

Was ist nun Freundschaft?

Bevor hier nun näher auf Augustinus einzugehen ist, sei noch ein biblischer Konnex hergestellt. Von Jesus wird berichtet, daß er Menschen um sich »seine Freunde« nannte (vgl. Joh 15,15), daß es einen Jünger gab, von dem es heißt, daß Jesus ihn »liebte« (vgl. Joh 13,23 u. ö.) und daß Jesus am Grab seines Freundes Lazarus weinte. Die Deutung wird den umstehenden Juden in den Mund gelegt: »Seht, wie lieb er ihn hatte« (vgl. Joh 11,35–36)[5] Diese wenigen Angaben lassen auf ein merkwürdiges Verhülltsein und auf eine Diskretion schließen. Die Tatsache der Freundschaft wird erwähnt, nicht aber ausgeführt. Den Meister zum Freund zu haben ist faszinierend und läßt doch auch wieder zurückschrecken. Freundschaft setzt »Verletzlichkeit auf Gegenseitigkeit« voraus. Der Herr, der Menschen in seinen Dienst ruft und zur Nachfolge auffordert, war ein Freund der Menschen. Doch war er eines Menschen Freund? Vielleicht hat die Verkündigung manches zugedeckt und überhört, was in seiner Natürlichkeit und Intimität einen echten Zugang zur Menschlichkeit des Herrn sein könnte.
Bei Freundschaft ist das Wesen des Menschen, sein Herz gefragt. »Freundschaft ist etwas ernstes.« Es dauert seine Zeit, bis sich zwei Menschen einander öffnen. Man muß Vertrauen erfahren haben, ehe man bereit ist, auch von sich Anteil zu geben. Freundschaft geht »nicht auf die Schnelle«.
»Wirklich befreundet sein, ›kostet‹ Zeit. Ein Maßstab für Feundschaft ist, daß man ziemlich selbstverständlich den Freund ins eigene Leben hineinläßt, mit ihm rechnet, für ihn da ist. Es geht nicht, Freunde so nebenher zu haben. Um Freundschaft muß man sich bemühen und immer neu versuchen, die Erwartungen und legitimen Ansprüche aneinander zu akzeptieren[6].«

Jeder möchte Freunde haben und rühmt sich vieler Freunde. Doch wer hält einer ernsten Prüfung stand? Aus Afrika kommt das Sprichwort: »Ohne einen Freund ist es schlecht, den Weg zu gehen; dann hat man keinen, zu dem man sagen kann: ich fürchte mich.« Bei der Inflation von Freunden heute kontrastiert die Unfähigkeit vieler Menschen, sich anderen zu öffnen und seine Angst zu eröffnen und sich dem anderen, dem wahren Freund, als schwach und furchtsam anzuvertrauen.

II. Freundschaft bei Augustinus

Kommen wir nun zu einem, desen Leben ohne Freundschaft unvorstellbar ist. Van der Meer hat den hl. Augustinus ein »Genie der Freundschaft« genannt. Augustinus ist noch ganz geprägt vom klassischen philosophischen Freundschaftsideal. Seiner Sicht von Freundschaft liegt die Begriffsbestimmung von Cicero zugrunde, der Freundschaft als »consensio divinarum humanarumque rerum« beschreibt. Diese Übereinstimmung basiert auf der virtus und gilt bei Cicero vor allem im zwischenmenschlichen, persönlichen und politischen Bereich.

Für Augustinus ist in deutlicher Anlehnung an Cicero Freundschaft die »Übereinstimmung bei allen göttlichen und menschlichen Dingen in Wohlgefallen und Güte«. Benevolentia und caritas sind als gegenseitige Liebe (mutua caritas) zu sehen und gelten als innerer Grund der Freundschaft. Diese gegenseitige Beziehung von lieben und geliebt werden umfaßt die ganze gefühlsmäßige Skala, die in den Begriffen amor, caritas, benevolentia, dilectio mitschwingen. Augustinus bringt in den Confessiones eine herrliche Beschreibung gelebter Freundschaft: »Noch anderes gab es, was mir an meinen Freunden so gefiel: miteinander plaudern und lachen und einander Gefälligkeiten erweisen; gemeinsam schöne Bücher lesen, zusammen scherzen und zusammen ernst sein; manchmal einander widersprechen, doch ohne Gehässigkeit; und wie man bisweilen mit sich selber uneins ist und eben durch die seltene Uneinigkeit die für die gewöhnlich herrschende Eintracht würzen; einander belehren und voneinander lernen; die Abwesenden schmerzlich vermissen und die Kommenden freudig begrüßen; durch solche und ähnliche Zeichen, wie sie das Herz bei Liebe und Gegenliebe, durch Kuß, Rede, Blicke und tausend freundliche Gesten sich kundtun, die Herzen in Gluten versetzen und die vielen zur Einheit verschmelzen. Das ist es, was man an Freunden liebt[7].«

Diese lebensfrohe heitere Art, die eines fast leicht neckisch-amourösen, sinnlich-sinnenfälligen Grundtons nicht entbehrt, läßt etwas von Augustins Freundschaftsideal erahnen. Augustinus ist nur zu verstehen

und zu begreifen von seinem Freundeskreis her, angefangen von frühester Kindheit, über seine Jugendfreundschaften, über die Zeit des Studiums und Lehrens bis zu den Gemeinschaften in Cassiciacum und Tagaste. »Sine amicitia vitam esse nullam« (Cicero). Augustinus' Leben ist ohne Freunde nicht denkbar. Schon in den Confessiones gibt es herrliche Zitate dazu. So mußte es Augustinus äußerst treffen, als er plötzlich seinen Jugendfreund verlor, ein Verlust, der sich im Denken und Fühlen Augustins niederschlug und vielleicht zu einem Wandel seines Freundschaftsverständnisses beitrug. Die erste Reaktion auf diesen Verlust beschreibt Augustinus so:
»Trefflich hat einer gesagt von seinem Freund: Die Hälfte meiner Seele. Auch ich wurde nun gewahr, daß meine Seele und seine Seele nur eine einzige gewesen waren in zwei Körpern. Und deshalb war mir das Leben zum Abscheu, weil ich nicht hälftig leben wollte[8].«
Noch ist für Augustinus Freundschaft ein und alles. Cicero schreibt: »Wahrhaftig, diejenigen scheinen die Sonne der Welt zu entfernen, welche die Freundschaft aus dem Leben nehmen wollen, das Kostbarste und Lieblichste, was wir von den unsterblichen Göttern erhalten haben[9]!« Oder ein anderes, vielleicht bekanntes Wort sei hier angefügt: »Zwei Dinge sind notwendig in dieser Welt: das Leben und die Freundschaft. Beiden müssen wir große Bedeutung beimessen; wir dürfen sie nicht gering achten. Gott hat den Menschen erschaffen, daß er sei und lebe: das ist das Leben. Aber damit der Mensch nicht allein sei, muß es die Freundschaft geben[10].«
W. Geerlings zählt vier Forderungen auf, die an einen Freund zu stellen sind: Liebe, Vertrauen, Freimut, Gebet.
– *Liebe* ist die Grundlage der Freundschaft in der Form, wie die christliche Nächstenliebe es ausdrückt: »Du sollst deinen Nächsten lieben wie dich selbst«, nicht mehr und nicht weniger!
– *Vertrauen*, fast synonym mit Liebe, ist der zweite Grundvollzug der Freundschaft. Darin steckt etwas von dem Wagnis, das es bedeutet, auf einen anderen zuzugehen.
– *Freimut* ist der Prüfstein und die Würze der Freundschaft. Sie entstammt aus der Liebe zur Wahrheit, die den anderen sieht, wie er ist. Sie ist Ausdruck tiefer Sorge und echten Interesses am anderen. Dazu gehört der Mut, die Wahrheit dem anderen direkt zu sagen, der Mut zur correctio, zur Kritik. Fehler werden nicht verschwiegen, sondern ausgesprochen.
– *Gebet* ist der vierte Lebensvollzug der Freundschaft. Augustinus hat an vielen Stellen seiner Schriften Gebete für seine Freunde einfließen lassen.
Mit dem Beten für die Freunde ist schon eine neue Dimension im Freundschaftsverständnis angedeutet. Aus den unbeschwerten, spieleri-

schen Kinder- und Jugendfreundschaften waren langsam Freundeskreise entstanden, die sich mit sprühendem Eifer dem antiken Weisheitsstreben widmeten. Ein intellektueller Zirkel geistreicher Freunde gab sich dem Studium, der Lektüre und der ausgiebigen Diskussion philosophischer Fragen hin. Doch in Cassiciacum vollzieht sich ein Wandel von der philosophierenden Existenz über eine aszetische Lebensgestaltung hin zur Selbstüberschreitung auf die Transzendenz Gottes.

Erst im Rückblick konnte Augustinus feststellen, daß sich die Freunde nicht in Gott liebten, ja, daß erst die Freundschaft und Gemeinschaft in Gott das eigentliche Höchstmaß an Glück ergebe. Augustinus entdeckt Gott, zu dem er immer schon unterwegs war, zu dem er immer schon hindrängte und zu dem hin sein Herz lange schon auf der Suche war. Diese Gottsuche mußte auch sein Denken über Freundschaft in einem neuen Licht erscheinen lassen. Wo der Freund geliebt wird, propter se, gerät der Mensch in Konkurrenz zu Gott. Augustinus nimmt nun sozusagen Gott in diese Beziehung Ich – Du hinein. Freundschaft wird verstanden als Pfad zur Gottesliebe. »Beatus qui amat te et amicum in te«[11]. Gottesliebe wird nun zum alles beherrschenden Bezugssystem, in dem das Ich, das Du, der Nächste, der Freund und alle Dinge ihren Platz bekommen. Die Liebe zum Freund wird darin nicht mehr verabsolutiert oder in einer intellektualistisch-egoistischen Sichtweise als Mittel zum Zweck gebraucht, um das eigentliche Ziel, das summa bonum, zu erreichen.

»Die Liebe zum Freund wird hier dieser Liebe zu Gott nicht untergeordnet, sondern ein-geordnet. Dies will heißen: Wenn der Mensch einen anderen Menschen liebt, wenn ein Priester einem anderen Priester als Freund verbunden ist, dann nicht mehr nur im Blick auf Gott, sondern auch im Blick auf eben diesen Freund. Dieser Blick auf den Freund, der nicht nur Achtung, sondern ganz wesentlich auch Zuneigung umschließt, versteht sich bewußt oder unbewußt, als Ausdruck der Liebe Gottes zu eben diesem Nächsten. Wenn ich als Freund den Freund aus ganzem Herzen liebe, dann erscheint in solchen Geschehnissen die Liebe Gottes, dann wird diese durch mich fühlbar und sichtbar gegenwärtig und ich brauche nicht ängstlich, gleichsam mit der Waage in der Hand, um mich blicken, ob ja nicht bei all dem Gott ›zu wenig‹ und der geliebte Mensch ›zuviel‹ bekommt. Nein! Die von mir gelebte Liebe auf den anderen hin wird, wie von selbst, zum Ort der Liebesbetätigung Gottes selbst. Gott identifiziert sich gleichsam mit meiner Liebe, und was ich da am Freund recht liebe, das liebt er in mir und durch mich hindurch gleichsam mit[12].«

Letztlich ist für Augustinus Freundschaft nur möglich, wenn tatsächlich eine »consensio divinarum humanarumque rerum«, also eine

Übereinstimmung im Glauben besteht, eine tiefe Verbundenheit in der gemeinsamen religiösen Überzeugung und in der Liebe zu Gott. Das geht sogar soweit, daß für Augustinus nur gläubige Christen Freunde sein können. Die Entwicklung zeichnete sich schon ab in der leidenschaftlichen Suche in Cassiciacum, wo der in Zurückgezogenheit lebende Freundeskreis »propter inveniendam scientiam« zusammenkam. Jetzt treffen sich die Freunde in Gott und Augustinus liebt sie in heiliger Freundschaft. Den Zusammenhang zwischen Gottesliebe und Freundschaft erläutert Wucherer-Huldenfeld in seinem Artikel über »Mönchtum und kirchlicher Dienst bei Augustinus...« so:
»Der Mensch ist erst ganz er selbst, wenn Gott (Christus) in ihm wohnt. Die Liebe richtet sich daher wirklich auf den Menschen, wenn sie Gott in ihm liebt, weil der Mensch durch die Gotteinwohnung erst ganz das wird, was er sein kann und soll ...
Die rechte Liebe geht nicht durch den Menschen ›hindurch‹ auf Gott, so daß sie sich im Grunde am konkreten Menschen vorbeidrücken würde. Gott wird im Freund nur als der geliebt, der den Menschen so sehr bejaht, daß er zu ihm kommt, Wohnung in ihm nimmt und zu seinem Du wird. Umgekehrt ist das Gehen zum wahren Freund kein Verlassen des eigenen Gottesverhältnisses (Deus et anima), vielmehr dessen Aktivierung, wenn Christus in ihm gefunden und geliebt wird. Nur die eigene Einsamkeit in Gott wird aufgehoben, nicht aber die Nähe Gottes[13].«

III. Freundschaft und Gemeinschaft

Aus dem Freundeskreis entwickeln sich die Anfänge eines klösterlichen Gemeinschaftslebens. Das klösterliche Lebensideal von Augustinus ist die Synthese verschiedener Erfahrungen, Entwicklungen und Einflüsse. Kurz seien hier einige angeführt:
– Der Freundeskreis lebt nach einer Tagesordnung; es findet ein reger Gedankenaustausch statt; es wird miteinander gearbeitet. Ein gewisser Auszug aus der Welt und eine Hinwendung zu Aszese und Mystik sind feststellbar.
– Die Hinwendung zu Gott wird zentraler: Gott lieben, ihm dienen und ihm anhangen wird zum Inhalt des gemeinsamen Lebens (deo vivere, in lege Domini meditans die ac nocte)[14].
Die Freunde entschließen sich zu einem »beständigen Leben in Gemeinschaft, das ganz dem Dienste Gottes geweiht sein sollte«[15].
– Durch die Berufung in den Dienst der Kirche als Priester und 396 als Bischof, durch die intensive Beschäftigung mit der Schrift kommen zwei weitere Akzente hinzu, die apostolische Lebensform und die

Gemeinsamkeit im Besitz, wie dies am deutlichsten in der Apostelgeschichte beschrieben ist.

»Schließlich brachte das Vorbild der apostolischen Urgemeinde gewissermaßen den ideellen Grundriß und die letzte Verankerung im Dienst der Kirche«[16].«
- Die tiefste Begründung der neuen Gemeinschaft sieht Augustinus von einem christologischen Ansatz mit deutlichem ekklesiologischen Akzent her in der Zeichenfunktion. Die Klerikergemeinschaft macht durch Einheit und Liebe untereinander sichtbar, wozu Christen berufen und wie Kirche aussehen sollte.

»Für Augustinus als Bischof war das Ziel des Mönchtums nicht freiwilliger Urkommunismus, nicht mystische Aszese, nicht moralische Vervollkommnung, auch nicht Selbstheiligung und ebensowenig das äußere opus Dei als solches, dem nichts vorgezogen werden durfte. Das ›primum propter quod‹ seines Mönchtums war die radikale Verwirklichung der Kirche: multi unum corpus Christi[17].«
In dieser Sicht kulminiert das Freundesideal von Augustinus zum »anima una et cor unum in Deo«. Bei Horaz noch war »der Freund: die Hälfte meiner Seele«[18]. Jetzt bilden Menschen eine Gemeinschaft, eine Liebesgemeinschaft; viele werden monos (μόνος), eins, zu einem Herzen und zu einer Seele in Gott, in deum. Eine solche brüderliche Verbundenheit ist wie eine wahrhaft geistige Freundschaft.
Das klösterliche Leben nach Augustinus empfing von seinem Freundschaftsverständnis entscheidende Impulse. Für das Element der priesterlichen Freundschaft seien hier einige Konsequenzen abgeleitet.
- Freundschaft heißt Weggemeinschaft, gemeinsam auf dem Weg sein, sich Hilfe und Stütze sein auf dem Lebensweg, sich gegenseitig bewachen, damit keiner vom rechten Weg abweicht[19].
- Freundschaft heißt ein gemeinsames Ziel haben, die Gemeinschaft in Gott verwirklichen. Gegenseitige brüderliche Zurechtweisung soll dazu verhelfen, die Gemeinschaft zu bilden und in der Gemeinschaft Gott zu begegnen.
- Freundschaft lebt von der »discretio«. Augustinus, selbst ein Mann größter Diskretion, hat über bestimmte Personen und Beziehungen nichts verlauten lassen. Der Raum der Ehrfurcht und Achtung, das Zu-einander-Stehen im Gebet und Solidarität sind wichtige Elemente von Freundschaft.
- Freundschaft wächst aus dem ständig gepflegten Austausch und Gespräch von Menschen, die nach Wahrheit streben und Einblick gewähren in das eigene Tasten und Suchen nach dem Absoluten. Augustinus und seine Mutter Monica könnten hier ein Vorbild sein, wie sie im Garten von Ostia »für einen Herzschlag lang«[20] eine Vision erleben, einer mystischen Erfahrung gleich.

IV. Freundschaft unter Priestern

Diese Konsequenzen aus einem Leben mit Freunden, wie es Augustinus zeit seines Lebens verwirklicht hat, seien noch ergänzt durch weitere Begründungen, wie sie Ekkehard Sauser in einem Artikel »Priesterliche Freundschaft bei Augustinus« herausgearbeitet hat. In Thesenform verkürzt, sieht er die existentielle Bedeutung einer priesterlichen Freundschaft so:
– Echte Freundschaft gehört zu den größten Heilsdiensten, die Priester sich und ihrer Gemeinde bescheren können. Es ist einmal die beglückende Tatsache von Gemeinschaft, die durch ihren Beispiel- und Vorbildcharakter sich auch auf andere Menschen auswirkt. Darüber hinaus geht in einer Freundschaft Christus in einer Art und Weise in die Gemeinschaft der Menschen ein, daß man von einer in der Gegenwart stattfindenden Menschwerdung zu sprechen versucht ist.
– Inmitten einer »Packeis-Gesellschaft«, die von Kälte, Aggression und Massenhaftigkeit gekennzeichnet ist, ist für den Priester eine Freundschaft das Erfahrungs- und Einübungsfeld von Wärme, Zärtlichkeit und Verzicht auf Durchsetzungskampf, von Menschlichkeit und Originalität.
– Weil Priester an Freunden die Kenntnis von Menschen erfahren können, sind sie motiviert, sich auch auf andere Menschen immer wieder einzulassen.
– Die Fähigkeit zu Liebe und Freundlichkeit wächst auch beim Priester mit der Erfahrung von Liebe und persönlichem Angenommensein von seiten eines Kreises von Freunden.
– »Ohne Freunde wird alles unfreundlich.« Gegen die Unfreundlichkeiten und Härten des Lebens ist die Erfahrung von Freunden, der Umgang mit Freunden für den Priester der unverzichtbare Ort, wo Gottes Liebe erfahren werden kann und wo daraus auch der Mut zum Leben erwächst, den der Priester heute wie vielleicht kein anderer den verunsicherten und vielfach resignierten Menschen zu vermitteln hat[21].
Ohne Freund ist nichts freundlich. Diese allgemein menschliche Erfahrung, jemanden zu haben, bei dem man sich aussprechen kann, dem man alles anvertrauen kann, bei dem man sozusagen sein Herz ausschütten kann, muß nicht extra und eigens für Priester und Priestergemeinschaften begründet werden. Die Vielfalt, mehr noch die Qualität von Beziehungen eines Menschen, sein wirkliches Beheimatetsein in einem Freundeskreis, sein Verwurzeltsein in einem tragenden und lebendigen Beziehungsgeflecht von Freundschaften, Bindungen und Seelenverwandtschaften sind Kennzeichen jeder großen Persönlichkeit. Das eine wächst durch das andere. Und große Persönlichkeiten begegnen sich über Kontinente hinweg, als gäbe es keine Barrieren und

Grenzen. Als Beispiel dafür kann hier Thomas Merton stehen, der als Trappist mit der ganzen Welt in Korrespondenz stand und viele Menschen freundschaftlich verbunden war[22]. Das entscheidende Kriterium für eine echte Freundschaft in einer geistlichen Gemeinschaft ist die Frage, ob sie sich in die Gemeinschaft einfügt und ihr dient, ob sie offen ist auf die Mitbrüder hin und einen »Wellenkreis der Sympathie in die Gemeinschaft schlägt«[23]. Solche Zweierbeziehungen, früher verpönt und verdächtigt, können durchaus eine wahre Bereicherung sein für einen Konvent.
Dasselbe Kriterium gilt in noch stärkerem Maße für Beziehungen nach außen. Persönliche Beziehungen nach außen, zu Gruppen, Kreisen, ja gegengeschlechtliche Zweierbeziehungen sind gut, wenn sie den Betreffenden und die Gemeinschaft aufbauen und bereichern, wenn sie dazu verhalfen, den Mitbruder noch stärker in das Gemeinschaftsleben zu integrieren. Wo aber persönliche Reife und in Treue durchgehaltene Verbundenheit zur communio fehlt, wirken Freundschaften jeglicher Art zentrifugal und auflösend.
Sudbrack nennt drei Kriterien, anhand deren jeder, der sich in eine geistliche Gemeinschaft berufen weiß, sein Leben an der zentralen Stelle der versprochenen Ehelosigkeit überprüfen kann:
– für sein Verhältnis zu Gott: Ob er nun wirklich das ganze Leben »mit ganzem Herzen und ganzer Seele, mit all deiner Kraft und all deinen Gedanken« (Lk 10,27) auf Gott hin ausrichtet;
– für sein Verhältnis zum Mitmenschen: Ob das eigene Leben, das eigene Suchen nach Gottes Du so transparent ist zum Mitmenschen hin, daß darin Liebe, Verstehen, Hinneigung erfahrbar werden;
– für sein Verhältnis zu sich selbst: Ob der Verzicht auf Ehe und Familie integriert wird in ein volles Ja zu dem Leben, zu dem Gott beruft[24].
Für Augustinus war der Weg der Freundschaft ein Weg letztlich zu Gott, den er als den letzten Grund seines Strebens erkannt und gefunden hat. Jede Freundschaft muß sich für Priester und Ordensleute daran messen lassen, inwieweit der eigene Weg auf Gott hin konsequent durchgehalten, erbetet und in freundschaftlicher Verbundenheit verfolgt wird.

V. Freundschaftlicher Umgang

Ohne Zweifel haben diese Zusammenhänge auch Auswirkungen auf unser Zusammenleben. Für Augustinus basiert Gemeinschaft auf Freundschaft. Freundschaftliche Verbundenheit läßt Gemeinschaft entstehen. Wenn sich auch Freundschaft in einer Gemeinschaft nicht planen und herbeireden läßt, sondern letztlich immer ein Geschenk bleibt, so lassen sich doch vom Freundschaftsideal über die Wichtigkeit und Notwendigkeit von Freundschaften für den einzelnen in einer Gemeinschaft hinaus zum Abschluß auch noch Folgerungen für das gemeinschaftliche Zusammenleben selbst ziehen.

– Eine Klostergemeinschaft, so viel glaube ich kann man ohne Einschränkung sagen, müßte mit einer Freundschaft vergleichbar sein: Der einzelne sollte nicht allein und einsam sein. In einer Gemeinschaft sollte bei aller Selbständigkeit und Rückzugsmöglichkeit keiner über fehlende Bindungen und Beziehungen klagen können. Weil es eine Klostergemeinschaft gibt, braucht keiner alleine sein mit seinen Fragen und Sorgen, mit seinen Schwächen und Talenten, mit seinen Schrullen und Vorzügen. Für Augustinus bestand Gemeinschaft in ständigem Austausch der Gedanken, der Sorgen und Gefühle. Ist es eine Überforderung, mit jedem in der Gemeinschaft freundschaftliche Beziehung zu pflegen? Was verstehen wir dann eigentlich unter brüderlicher Liebe, unter »anima una et cor unum«?

– In einer Gemeinschaft geht es wie in einer Freundschaft. Stillstand, einfrieren der Beziehungen macht sie auf die Dauer schwächer. Das gegenseitige Sich-Verstehen, Sich-Kennenlernen, Sich-Schätzenlernen muß weitergehen. Allzu schnell sind wir in menschlichen Beziehungen bereit, den anderen festzulegen und einzuordnen, »abzuheften« so nach der Art »das kenn' ich schon!«, »Jetzt fängt er damit schon wieder an!« Beziehungen zueinander müssen gepflegt werden. Das ist mehr als nebeneinander zu leben oder aneinander vorbeizuleben.

– Der dritte Punkt wird in der negativen Aussage deutlicher: Ohne Freunde, ohne freundschaftliche Beziehungen zu einem Menschen, zu einer Gemeinschaft wird alles unfreundlich, freudlos, triste. Wir brauchen, um als Menschen gedeihen zu können, das Gefühl geliebt zu werden und geachtet zu sein. Ohne diese Anerkennung, diese Wertschätzung wird unser Leben auf Dauer gesehen schwierig und steril. Manche Mitbrüder in unseren Konventen sind dafür ein trauriges Beispiel: man hat sie verkümmern lassen!

Ohne echte menschliche Beziehungen verkümmern wir als Ordensleute. Es ist merkwürdig, wie Außenstehende sofort das Klima eines Konvents spüren und bemerken, wer in der Gemeinschaft integriert und akzeptiert ist und wer nicht. Augustinus hat jedenfalls die Gemeinschaft, die Freundschaft stets gesucht, um in den harten Auseinandersetzungen als Bischof, als Wissenschaftler, als Theologe bestehen zu können. Wo finden Mitbrüder diesen Rückhalt und diese Solidarität?

Augustinus brachte einen neuen Akzent in das Freundschaftsideal. Das Neue besteht darin, daß er Gott und Christus in das Erlebnis der Freundschaft hineinbezieht und integriert.

Die treue, sich bis zum Äußersten schenkende Liebe Christi muß imstande sein, unsere Liebe fester, treuer und selbstloser zu machen. In Christus bekommt unsere Freundschaft etwas Bleibendes. In ihm kann auch sie ewig und glücklich sein.

Am Schluß soll ein Text von Augustinus stehen, der zum Tiefsten gehört, was über die Freundschaft geschrieben wurde:
»Wenn Armut schwer lastet und Trauer niederbeugt,
wenn Körperschmerz die Ruhe nimmt
und Fernsein von der Heimat traurig stimmt,
wenn sonst irgendein Ungemach quält,
sobald gute Menschen sich nahen,
die mit den Fröhlichen sich freuen,
aber mit den Weinenden auch weinen können
und es verstehen, Worte heilenden Trostes zu
finden und zu sprechen,
dann wird in den meisten Fällen das Rauhe gemildert,
das Schwere erleichtert
und das Widerwärtige überwunden.
Das bewirkt jedoch in den Guten
und durch sie kein anderer als Gott,
der in ihnen durch seinen Geist das Gutsein gibt...
So ist im ganzen Bereich der menschlichen Dinge nichts,
was uns freundlich ist,
ohne die Freundschaft des Menschen[25].«

---

[1] Antoine De Saint-Exupéry, Der Kleine Prinz. Düsseldorf 1976, S. 53
[2] Antoine De Saint-Exupéry, Bekenntnis einer Freundschaft. Düsseldorf 1955, S. 32s
[3] S. o.O., S. 36   [4] S. o.O., S. 37
[5] Winfried Nonhoff, »Denn Jesus liebte Marta, ihre Schwester und Lazarus« (Joh 11,5), in: Kath.Bl. 11/82, S. 813–814
[6] S. o.O., S. 813
[7] Aurelius Augustinus, Confessiones 4,8 PL 32, 699
[8] Conf. 4,6
[9] Cicero, Laelius de amicitia, 20
[10] S. Denis 16,1   [11] Conf. 4,9
[12] DDr. Ekkehart Sauser, Priesterliche Freundschaft bei Augustinus. Manuskript 1982, S. 8,9
[13] Augustin Wucherer-Huldenfeld, Mönchtum und kirchlicher Dienst bei Augustinus nach dem Bilde des Neubekehrten und des Bischofs. ZkTh 82 (1960) 200s
[14] Possidius III PL 32,86
[15] Johannes Pfleger, Die vita communis bei Augustinus, in: In unum congregati 18 (1971) 3 + 4, S. 20
[16] S. o.O. 18 (1971) 3, S. 30
[17] A. Wucherer-Huldenfeld, Mönchtum..., S. 200s

[18] Conf. 4,6
[19] Pfleger, Die vita communis..., 18 (1971) 4, S. 16
[20] »Und immer weiter stiegen wir nach innen im Betrachten, Bereden und Bewundern deiner Werke. Und wir gelangten zu unseres Geistes höchster Erkenntniskraft. Auch sie überstiegen wir, um die Gefilde unerschöpflicher Fülle zu erlangen. Und da wir so sprachen von der ewigen Weisheit, voll Sehnsucht nach ihr, berührten wir sie leise mit dem vollen Aufschwung unseres Herzens.
Und wir kehrten zu unseres Mundes Wortgeräusch zurück, wo das Wort anfängt und endet (remeavimus ad strepidum oris nostri, ubi verbum et incipitur et finitur).«
Conf. 9,23–24, in: Ladislaus Boros, Aurelius Augustinus, Aufstieg zu Gott. Olten 1982
[21] Sauser, Priesterliche Freundschaft..., S. 9s
[22] Vgl. Monica Furlong, Alles was ein Mensch sucht. Thomas Merton, ein exemplarisches Leben. Freiburg 1982
[23] Josef Sudbrack, Leben in geistlicher Gemeinschaft. Eine Spiritualität der evangelischen Räte für heute und morgen. Würzburg 1983, S. 114
[24] S. o.O., S. 116
[25] A.A., Ep. 130,2,4

CONTEMPLATIO

Zu der vorgelegten Form des Lebens nach Weisung und Art der Apostel müssen wir beständig zurückkehren, um daraus unser Denken zu erneuern und, beseelt von einem schöpferischen Glauben, die Werte dieses Lebens nach Weisung und Art der Apostel in moderner Form auszudrücken, um unsere Sendung besser zu erfüllen.   *Konst. I/31*

Contemplatio als Geisteshaltung

Leo van Dijck O. Praem.

Befaßt man sich mit dem Sinn und dem Platz der »contemplatio« im Gesamtbild der Spiritualität unseres Ordens, so könnte man leicht in eine Diskussion hineingezogen werden, wo der persönliche Prozeß der verinnerlichten Gottesbegegnung (contemplatio) mit den Observanzen des »kontemplativen Lebens« identifiziert und gleichzeitig in der Problematik des Gegensatzpaares actio-contemplatio miteinbezogen wird.

Betrachtet man außerdem die Gegebenheiten der actio-contemplatio Spannung von der Praxis aus, so könnte man leicht die komplizierte Problematik auf die Frage nach der Priorität der beiden Komponenten verengen.

In diesem Sinne hat unser Mitbruder Dr. Ludger Horstkötter seine Würdigung der von den Generalkapiteln in Wilten (1968/70) und De Pere (1976) ausgearbeiteten Neufassung der Ordensgewohnheiten eingeleitet mit der Frage: »Was bedeutet kanonikales Leben? Steht das kontemplative Leben oder die pastorale Tätigkeit an erster Stelle unserer Berufung als Regularkanoniker?«[1].

Auf die vorkonziliäre Vergangenheit zurückblickend stellt er fest, daß »der Trend der letzten hundert Jahre sich bis zum Ende der Ära Noots (1962) eindeutig entschied für die Priorität des kontemplativen Lebens, hinter dem alle äußere Aktivität und alle sozialen und ekklesialen Aspekte der Ordensberufung zurückzutreten hatten«[2].

Woher kam dieser Trend? Wo fand die absolute Priorität des kontemplativen Lebens ihren Ursprung?

Der Verfasser weist an erster Stelle auf das Vollkommenheitsideal hin, das, in der Spur der Lehre des Hl. Thomas von Aquino, von der Römischen Religiosenkongregation als Musterbild für alle Ordensleute ausgesetzt wurde. Die Römische Auffassung wurde, mittels einer einheitlichen Observanz, durch das kräftige Eingreifen des Generalabtes Hubert Noots dem ganzen Orden in Ost und West auferlegt.

Das hohe Ideal eines kontemplativen Ordenslebens wurde bei der Neubesiedlung der in der Französischen Revolution aufgehobenen Belgischen Abteien von päpstlichen Beauftragten geschmiedet, die, so behauptet Dr. Horstkötter, nie zuvor einen wirklichen Prämonstratenserkonvent erlebt hatten. Sie bildeten eine eigene Spiritualität, die sie durch eifrige Ahndung bei ihren Visitationen durchzusetzen verstanden[3].

Diese im Geiste des im Jahre 1917 promulgierten *Codex Iuris Canonici* durchgeführte Ordensreform hatte besonders negative Konsequenzen. »In der Praxis« – so schreibt Dr. Horstkötter – »entstand eine ungute und das Gewissen belastende Zweigleisigkeit, um den Aufgaben in der heutigen Welt gerecht zu werden. Hier klösterlich-monastisches, auf Stillschweigen und Gebet ausgerichtetes Leben, dort äußere Tätigkeit, die die Einheit des Klosterlebens in Frage stellte oder die zwischen zwei Personengruppen innerhalb des Klosters aufgeteilt war (wobei es die ›Klugen‹ verstanden, die vergleichsweise größere Freiheit des Lebens zu genießen, während die ›Dummen‹ ihr Leben im streng reglementierten Tageslauf des Klosters zubrachten)«[4].

Weiter ist er der Meinung, daß ein wirksames pastorales Engagement heute nur möglich ist, wenn man die ungeheuren Wandlungen, die veränderte Mentalität und die neue Wertewelt der Menschen unserer Zeit kennt. Daraus zieht er die Schlußfolgerung, daß die traditionelle klösterliche Lebensweise, die direkt oder indirekt dem unmitelbaren Dienst vor Gott in kontemplativen Übungen geweiht ist, sich nur mit unterdrückten Gewissen mit einem zeitgemäßen Pastorat vereinbaren läßt[5].

Ganz scharfe Kritik übt der Verfasser, wenn er die lückenhafte »kontemplative« Klosterausbildung als Vorbereitung zum Pastoratseinsatz anklagt: »Das heroische Eintreten der meisten Stiftskanoniker und Äbte in Ungarn und in der Tschechoslowakei für die Belange der Kirche und des Ordens nach der Machtübernahme der Kommunisten zeigt im Blut der Martyrer und im Mut der Bekenner, welche Glaubenssubstanz in der Tradition dieser Stifte steckte, die nach dem Leitbild eines kontemplativen Ideals nur »schlechte« Ordensleute gewesen sein konnten. Demgegenüber dokumentiert die Austrittsbewegung ab 1965 in manchen westlichen Abteien beschämender als alles andere, wie wenig tiefgründig deren kontemplatives Ordensideal ihre Mitglieder wirklich durchdrungen und bleibend geformt hat«[6].

Das Konzil hat den heilsindividualistisch-verengten Horizont, – der anscheinend die Gedanken- und Interessenwelt der kontemplativen Brabantischen Prämonstratenser begrenzte – weit ausgedehnt. Für den Einzelmenschen ist die Rettung seiner Seele allein auf Grund eines kontemplativen Lebens nur insoweit sinnvoll, indem er auch die christologische, ekklesiologische und soziale Dimension seines Christ-sein berücksichtigt. Und der Autor faßt die vom Konzil neu herausgearbeitete Ansicht in diesem Satz zusammen: »Die Einheit von christlicher Kontemplation und Aktion wird aus der gelebten Einheit von Gottes- und Nächstenliebe geboren«[7].

Nachdem einige aus den letzten Generalkapiteln hervorgegangene Erneuerungen positiv gewürdigt wurden, wird der Beitrag mit der folgenden Feststellung abgeschlossen: »Hält man den gegenwärtigen und zukünftigen Orden nicht für geist-verlassen oder gar geist-los, dann ist auch die gegenwärtige Reform nach dem Zweiten Vatikanischen Konzil nicht die Endstation der Geschichte. Und doch hat die Traditionsbetonung angesichts »mancher Experimente« allen Grund für konservatives Mißbehagen. Losgelöst von jeder Traditionskenntnis und aus eigener Selbstherrlichkeit gesammelte Erfahrungen schlagen der eigenen Dummheit nicht selten schmerzhafte Wunden. Tradition ist zwar ein vielschichtiger und lebensspendender, aber kein beliebiger Vorgang: er bedarf der Kontinuität. Sie bliebt dort gewahrt, wo Tradition ihren Ursprung stets neu liebevoll vergegenwärtigt und sich dabei ihres dornigen Weges durch die Geschichte bewußt bleibt«[8].

Wir haben die Auszüge aus dem Beitrag von Dr. L. Horstkötter ausführlich und hoffentlich auch in dem richtigen Kontext zitiert, weil mehrere Punkte angerührt werden, die mit dem Thema unseres Referates verknüpft sind. An mehreren Stellen wären Unterlagen und Belege zwar erwünscht, besonders in diesen Gebieten der Ordensgeschichte, die kaum erforscht sind und wo Mythos und Wahrheit noch nicht von einander zu unterscheiden sind[9], aber wir haben nicht die Absicht uns zu den von unserem Mitbruder vertretenen Ansichten kritisch zu äußern. Die der Ordenstradition fremden und der Brabantischen Zirkarie eigene Spiritualität wurde m. E. etwas karrikiert dargestellt, und scheint die hervorragenden Leistungen zu verneinen, die von den Konventualen der Brabantischen Abteien auf dem Gebiet der Wissenschaft, der Liturgie, der Katechese, des sozialen und kulturellen Bemühens dargestellt wurden[10]. Man kann aber nicht leugnen, daß die »ungute und das Gewissen belastende Zweigleisigkeit« auch im Brabantischen Raum zu den Realitäten der Vergangenheit wie der Gegenwart gehört. Aber diese Zweigleisigkeit läßt sich weder im Westen noch im Osten, weder vor, noch nach dem Konzil innerhalb unseres kanonikalen Lebensstils *strukturell* völlig beseitigen. Sie konnte damals und kann auch jetzt nur überwunden werden, wenn die »contemplatio«, wie jede Spiritualität, vom Imperativ Gottes ausgehend in der Bejahung des Menschen den Brückenkopf findet, worauf eine wahr- und dauerhafte Lebensverbundenheit aufgebaut werden kann.

Die Frage nach der Priorität des »kontemplativen Lebens« gegenüber der apostolischen Tätigkeit trifft also nicht zu. Einst wie jetzt sind actio und contemplatio untrennbar. Das hat eine wenig beachtete Aussprache des II. Vatikanums deutlich gemacht, wo es heißt: »Quapropter cuiuslibet instituti sodales, Deum prae omnibus et unice quaerentes, contemplationem, *qua ei mente et corde adhaereant,* cum amore apostolico, quo operi redemptionis adsociari regnumque Dei dilatare nitantur, coniungant oportet.«[11]

»Contemplatio« soll also eine Geisteshaltung sein, die auch in der Unklarheit des Glaubens zur religiösen Hingabe wird.

»Contemplatio« und die Anfänge von Prémontré

Rückt man, in der Dynamik unserer Ordenstradition, die Jugendfrische des Ursprunges in den Vordergrund, – möglicherweise als Inspirationsquelle für die Geisteshaltung unserer Tage – so hat es seinen Wert, die zeitgenössischen Versuche um das Phänomen »Prémontré« zu deuten, genau zu betrachten.
Ich möchte mich in diesem Referat auf den bekannten *Libellus de diversis ordinibus qui sunt in Ecclesia* beschränken[12]. Dieser vermutlich vom Lütticher Chorherrn Rembaldus verfasste Traktat versucht Einsicht zu gewinnen in eine der vielen Begleiterscheinungen der von den »Gregorianern« hervorgerufenen Reformbewegung: die Vermehrung der von dem Mythos der *vita apostolica* ergriffenen religiösen Gemeinschaften[13]. Der Autor hat keine Streitschrift geschrieben: er urteilt nicht, er versucht lediglich die Verschiedenheit der Berufungen in heilsgeschichtlicher Hinsicht zu erläutern. So befaßt er sich auch mit der Einsiedlergruppe welche sich im Walde von Coucy zu Prémontré unter Führung von Norbert niedergelassen hat.
Die Einordnung Norberts und seiner Jünger in den *ordo canonicus* wurde am Anfang von der charismatischen Begeisterung und von dem Evangelismus völkischer Prägung überstimmt. Wie so manche, die gesellschaftskritische Wege gehen, bildeten Norbert und seine Gesellen sich einen Wunschraum, wobei eine Abgrenzung von der übrigen Gesellschaft, von der »Welt«, und der Rückzug in einen eigenen Raum, Grundprinzip und Voraussetzung für das »freiere Dienen Gottes« wurde[14]. In dem *Libellus* wird Prémontré in der Kategorie der »canonici distanciores« eingereiht, dieser Chorherren nämlich, welche weit von den bewohnten Zentren leben und durch Selbstarbeit sich von dem un-gregorianischen Kirchenbesitz befreien wollen.
Betont wird an erster Stelle, daß auch diese Kanoniker, wie alle sonstigen Mitglieder des *ordo canonicus* – wie die Leviten im Alten Bund – zur Anteilnahme an den Unterricht des Volkes und die Betreuung der Abgaben verpflichtet sind. Und er bemerkt dazu, daß einst wie jetzt, nur diejenigen zu kirchlichen Bedienungen Zutritt haben, welche »regulariter et honeste« leben[15]. Das heißt: sie sollen eine Lebensregel befolgen, die Verpflichtungen ihres Amtes persönlich erfüllen und sonst alles meiden was dem gottgeweihten Charakter ihrer Berufung nicht entspricht.

Weshalb, so befragt sich demnach der Verfasser, ziehen Norberts Jünger sich in die Einöde zurück? Die Antwort ist einfach und klar: damit sie dem Herrn in größerer Freiheit dienen.

Die »anachoreseos libertas« – der Zusammenhang zwischen stiller Abgeschlossenheit und Freiheit – ist längstens in der monastischen Literatur bekannt[16], aber der Verfasser des *Libellus* warnt, daß die geografische Entfernung von der bewohnten Welt nicht unbedingt die ersehnte Freiheit verbürgt. Nur eine »geistliche«, weltanschauliche Distanzierung von der Welt kann eine Hilfe sein auf dem Weg der Gottesbegegnung. Nachdrücklich wird der Unterschied zwischen materieller und geistlicher Distanz hervorgehoben: »...et actu et vita et conversatione quantum possunt ab eis longe se faciunt«[17].

Die »canonici distanciores« wurden den Söhnen Caaths angeglichen. Deren Aufgabe war es, die heiligen Gefäße aus der Hand des Hohenpriesters zu empfangen, um sie auf ihren eigenen Schultern weiter zu tragen. Deswegen wurde ihnen der Zutritt zum Hochheiligen bewilligt: »Filiis autem Caath non dedit plaustra et boves, quia in sanctuario serviunt et vasa propriis humeris portant ... Isti ergo filii Caath quanto propinquiores erant interiori sanctuario, tanto longe fiebant a populo. Unde non immerito his comparantur canonici illi, qui sicut levitae illi officia aecclesiastica suscipiunt, et longe ab hominibus secedentes, propinquius sanctuarii interioris vasa, id est contemplativae vitae gaudia, secum vehunt«[18].

Wer immer auch der Verfasser des *Libellus* war, er kannte ganz genau die Problematik des jungen Prémontré, und hat öfters vor Übermut gewarnt: die Freuden der Gottesbegegnung in der mystischen Contemplatio werden einem nicht ohne weiteres geschenkt. Man soll sich Schritt für Schritt die Tugenden Jesu erwerben. Und je nachdem man innerlich Fortschritte macht auf dem Weg der Nachfolge Jesu, soll der Canonicus die entsprechende Weihe empfangen, damit er der Kirche seinen Dienst leisten kann. Der Realismus des *Libellus* steht deshalb im schroffen Gegensatz zu dem hochgestimmten Mystizismus von wenigen Begnadeten, welcher außerdem von der Hysterie mehrerer weniger Begnadeter begleitet wurde[19]. Der Aufstieg zu der »Contemplatio« erfordert viel Geduld: man soll Jesus nachahmen, der nicht sofort zur Herrlichkeit der Verklärung kam[20]. Auf die Bedeutung des Namens Caath hinweisend erklärt der *Libellus*, daß der Kanoniker, der in der Einöde wohnt, sich ruhig die Zeit gibt, um Gottes Wort langsam »durchzukauen«, um es richtig zu verdauen und es sich durch Assimilation eigen zu machen[21].

Das ruhige, gleichmäßige Aufsteigen im Rhythmus der von Gott geschenkten Gnaden, ist ein Thema, das in zwei sonstigen Traktaten von Rembaldus von Lüttich stark betont wird. Der erste: *De vita canonica libellus graduum quem dicunt contemplatorum*[22] wurde für die Regularkanoniker von Klosterrath verfaßt. Nach einem monatelangen Aufenthalt in dieser Chorherrengemeinschaft, welche von einer Prémontré-ähnlichen Begeisterung ausgegangen war und auch der Observanz nach wie Prémontré den *ordo novus* befolgte, kam Rembaldus zur Konklusion, daß die Insassen der Gemeinschaft sich auf dem Weg ins »contemplatorium« befanden. Der Geschichtstheologe stützt seine Beurteilung auf der Theorie des Augustinus, der in *De quantitate animae*[23] sieben »Bewegungen« oder Wachstumsstufen der Seele unterscheidet. Der Prozeß des geistlichen Heranwachsens verläuft von der »animalitas« weg zur »spiritualitas« hin: »Si ergo spiritum contemplari volumus non id possumus nisi oculis spiritualibus, ait enim Apostolus, spiritualia spiritualibus comparanda sunt. Animalis homo non percipit e quae Dei sunt. Si igitur ea quae Dei sunt videre volumus, necesse est ut deponamus animalitatem et assumamus spiritualitatem. Non enim aliter Deus qui spiritus est videre poterimus.«[24]. Und auch hier ist der active Einsatz (actio) für die Tugenderwerbung die notwendige Vorbedingung für den Aufstieg in die Kenntnis Gottes: Glaube, Hoffnung und Liebe, die ineinander überfließen, sind die *gradus* auf dem Weg zur »contemplatio«: »Sine tribus hisce gradibus, ait Augustinus, anima nulla sanatur, ut possit Deum suum videre, id enim intellige, ut in eodem ›Deus est‹ inquit ›cui nos fides exitat, spes erigit, charitas iungit‹«[25].

Der zweite befaßt sich mit einer gleichartigen Thematik. In der literarischen Form eines Zwiegespräches zwischen Augustinus und der Kirche, befaßt Rembaldus sich mit der Beziehung zwischen der *vita activa* und der *vita contemplativa*. Anlaß dieses Traktates war der Fall des Ellenhardus, ein Utrechter Chorherr, der zu dem Regularkanoniker von Springiersbach übergetreten war, und später seine alte Stelle im Domstift zu Utrecht aufs neue einnehmen wollte. Eine Rückkehr muß allerdings ausgeschlossen werden, weil es moralisch nicht zu verantworten ist, ein vollkommeneres Leben aufzugeben, um der Unvollkommenheit erneut anzuhängen[26]. Und Rembaldus argumentiert namens Augustinus: »Duae dicebam, virtutes animae humanae propositae sunt, una activa, altera contemplativa. Illa quidem, id est activa, ea est qua itur; ista vero id est contemplativa, qua pervenitur; illa qua laboratur ut cor mundetur ad videndum Deum, ista qua vacatur et videtur Deus. Illa est in preceptis exercendae vitae huius temporalis ista in doctrina vitae illius sempiternae; ac per hoc illa operatur, ista requiescit, quia illa est in purgatione peccatorum, ista in lumine purgatorum; ac per hoc in hac vita mortali illa, id est activa, in opere est bonae conversationis, ista vero, id est contemplativa, magis in fide et apud perpaucos per speculum et in enigmate, ex parte in aliqua visione incommutabilis veritatis«[27].

Was lernt man aus diesen Gegebenheiten?
Kardinal Basil Hume, der Erzbischof von Westminster, hat damals, als er noch Abt der Benediktinerabtei Ampleforth war, »contemplatio« beschrieben als: Auf der Suche sein nach Gott (Looking for God), weil Gott sehen (Looking at God) nur wenigen Mystikern gegönnt ist[28]. Bemerkenswert ist weiter, daß der Abt seine Mönche aufmerksam macht auf die Notwendigkeit Gott zu suchen *als Gemeinschaft*. Allein kann man schon durch Studium und der *Lectio divina* Kenntnis über Gott erwerben, mit Gott leben kann man kaum allein. Hat nicht Augustinus schon in dem ersten Satz seiner Regel die Notwendigkeit des Miteinanderseins als Hauptbedingung für das Gottsuchen unterstrichen: *cor unum et anima una in Deum*, bei der Arbeit an der Einheit von Herz und Seele ist man auf der Suche nach Gott[29]?
Das ist der Hauptzweck des Zusammenseins in einer Brüdergemeinschaft. Aus dem Leben und der Lehre des »Gesetzgebers« unseres Ordens läßt sich schließen, daß es nie Augustinus' Zweck oder Absicht war, den Heilsindividualismus zu fördern, sondern in der Nächstenliebe und, wo möglich in der Freundschaft, die menschlichen einheitsbildenden Kräfte so zu entwickeln, daß die Liebe zu Gott ein Ereignis wird, die nicht nur auf der Ebene des Wissens stattfindet, wo sie sich ganz leicht der frommen Illusion annähern könnte.
Entdeckt man für unsere Zeit wieder die Notwendigkeit der belebten Einheit der Gottes- und Nächstenliebe, dann sind wir ohne weiteres auf dem richtigen Weg, auf dem richtigen Gleis sozusagen, um anzuerkennen, daß Zweigleisigkeit nie von der »contemplatio« aus hervorgerufen wird.

Contemplatio: Geist-erfüllte Geisteshaltung

Manchmal hat man, im Umgang mit religiösen Gemeinschaften den Eindruck, daß man ein Fabrikgelände betritt, wo kaum einer weiß, wozu die aufgestellten Geräte wohl dienen. Es sind die Strukturen vorhanden, aber die funktionieren nicht immer in einem zielgerichteten Prozeß. Manche fangen zu rosten an! Ist es Zweck, ja Hauptzweck unseres Zusammenseins als Ordensbrüder, »in der Einheit der Liebe« Gottes Gegenwart im Herzen unserer Existenz zu erfahren, nach Gott hin heranzuwachsen, so bedarf das strukturierte Gemeinschaftsleben immer wieder der Überprüfung.
Vorher wurde erwähnt, daß pastorale Tätigkeit sich heutzutage nicht mit den Übungen »des kontemplativen Lebens« vereinbaren läßt. Und als Konventual stellt man fest, daß schwer beschäftigte Mitbrüder ab

und zu auftauchen, wenn sie eben nicht durch den Imperativ ihrer Pastoratsaufgaben aufgefordert werden. Es ist nicht meine Aufgabe, innerhalb dieses Referats, mich mit der Grundfrage zu befassen, welche sich (an) uns aufdrängt, wenn religiöses Leben und Pastorat inkompatibel sind: »Wozu sollen wir noch bestehen?«. Halten wir fest an der Überzeugung, daß man nur in der Einheit der Liebe unter Menschen die notwendigen Vorbedingungen schafft für eine wahrhafte Gottesbegegnung im Glauben, in der Hoffnung und in der Liebe, so muß man doch gewisse Prioritäten abwägen: Nicht in diesem Sinne, daß man »kontemplative Übungen« gegenüber pastoralen Aktivitäten abschätzt, sondern daß man sich besinnt auf das Grundgesetz unserer kanonikalen Lebensweise: der Aufbau der Gemeinschaft im Dienste der »contemplatio«.

Warum scheint mir diese Aufgabe so wichtig?

Ist diese Betonung der »Einheit in der Liebe« im Einklang mit dem, was wir in unserem kleinen Exkurs in die Vergangenheit gefunden haben? Ich glaube es schon. Und ich lege besonders viel Wert auf die Wertewelt unserer Zeit oder gar auf das, was man besser als die »Verlust- und Verlorenheitsgefühle« unserer Zeitgenossen bezeichnet.

Ist es nicht so, daß die Menschen unseres Zeitalters sich durchwegs nicht als Subjekt eines Geschehens *erfahren*, das nicht von ihnen selbst gesteuert wird? Ein gesunder und zu dem Wesen des Menschseins gehörender Subjektivismus scheint vom Radarschirm des menschlichen Empfindens verschwunden zu sein. Und doch klaffen neben den sonnenbeleuchteten Gipfeln der Selbstverherrlichung die tiefen Abgründe der Selbstverneinung. Schrieb doch neuerdings Ursula Krechel in *Leeres Zimmer.* »... ein Blick nach innen in die menschenleere Weite der Dinge«. Wegen der Tendenz der Objektivierung, welche sich manchmal als falscher Subjektivismus präsentiert, ist Gott der große Abwesende, der große Unbekannte.

Doch gibt es eine Ich-Empfindung, wobei das Ego nicht der Mittelpunkt des Universums ist. Worin nicht die geschlossene Welt des persönlichen Ich, sondern die Hinwendung zum Andern die zentrale Stelle belegt.

Dieser Subjektivismus ist aufs innigste mit der »contemplatio« verbunden. Sagt doch Augustinus: »Wer in sich selbst einen Platz bereitet für die Liebe, bereitet auch einen Platz für Gott in dieser Welt«[30].

Verfehlt man aber nicht die Sicht auf den menschennahen Gott, das Empfinden des Begeistert-Werden, wenn in der Lebensgemeinschaft mit »Gleichgestimmten«, nicht die notwendigen Voraussetzungen geschaffen werden, um schon im gegenseitigen Vertrauen den Weg anzubahnen zur Freiheit, eine Freiheit die errungen wird im Augenblick, daß unser moralisches Bewußtsein zu religiöser Hingabe verwandelt wird?

Aufgeschlossenheit des Geistes einander gegenüber, öffnet dem heiligen Geist den Zutritt in die Gedankenwelt derjenigen, welche sich auf Lebensdauer dem Handeln des heiligen Geistes ausgesetzt haben. Nur von dieser Geist-Bestimmtheit aus ergibt sich auch ein Zugang zu den oft antinomisch auftretenden Gegensatzpaaren, die in der Geschichte der Spiritualität eine große Rolle spielten: Aszese und Mystik, Actio und Contemplatio, Tun und geschehen lassen, Leistung und Geschenk. Diese Gegensatzpaare behalten ihre Wichtigkeit, aber heute weiß man besser als je zuvor um ihre Vorläufigkeit gegenüber dem einen, was christliche Spiritualität besagt. Schon in der Schrift klingt an manchen Stellen das Geheimnis des Geistes auf, der Gottes und Gott selbst ist und doch dem Menschen als dessen eigensten selbst geschenkt wird. In der theologischen Reflexion schlägt sich diese Wahrheit, der nur dialektisch zu formulierenden Erkenntnis nieder, daß der Mensch ganz er selber Eigenbesitz ist – also Actio, Tun, Leistung – und daß er dennoch ebenso ganz Geschenk Gottes – also Contemplatio, Erleiden, Suchen – ist[31].

Ob die in der bisherigen Geschichte sichtbar gewordene Stellung der Ordens- oder Rätespiritualität als das Zeichen- und Vorbildhafte, zum Eigentlichen führenden Christentums, gegenüber der Laienspiritualität nicht mehr tragbar ist, hängt im letzten von der charismatisch von Gott geschenkten und personal gelebten christlichen Existenz, nicht von der theologischen Reflexion, von Jahrhunderte hindurch gepflegten Traditionen oder Propaganda ab. Deshalb läßt es sich fragen, ob doch nicht die personal gelebte »Contemplatio«, das geist-erfüllte Leben in Gottes Nähe, gerade in unserer Zeit, die tiefste Begründung unseres Weiterbestehens ist und gleichzeitig apostolisch bedingte Verkündigung.

---

[1] L. Horstkötter, Zur Reform der vita canonica im Prämonstratenserorden, in *Secundum Regulam vivere. Festschrift Norbert Backmund*, hrsg Gert Melville, Windberg, 1978, S. 419.
[2] Ebenda S. 420.
[3] Ebenda S. 414. Die Untersuchung von P. Frederix, *Frans Thomas Corselis, Apostolisch Visitator van de Regulieren in België*, und *De premonstratenzers en visitator Corselis*, in *Analecta Praemonstratensia*, XLVI, 1970, 61–71; 264–298; XLVII, 1971, 67–108; 244–261 darf nicht in diesem Sinne interpretiert werden. Die neuen Kandidaten für den Orden, die später die Leitung ihrer Gemeinschaften inne hatten wurden in Averbode ausgebildet wo der hochbejahrte Superior Norbertus Dierckx als Vorbild eines konservativen Restaurators galt. Alles sollte genau so gemacht werden

»wie es vor 100 Jahren war«. Siehe Brief Dierckx an Corselis 1842, 8 August (Bischöfliches Archiv Brügge, C, 561, 506) und Dierckx an Superior van Puttegem von Tongerlo, 1836, 25 Februar, (Stiftsarchiv Tongerlo, Register Van Puttegem, S. 20). L. C. Van Dijck, *Evermodus Backx, de tweede stichter van de abdij van Tongerlo. Bijdrage tot een levensschets (1835–1845)* in *De Lindeboom*, Jahrbuch V, 1981, S. 159–204.
Über die Bemühungen von E. Backx um die Belgischen Abteien der Leitung des päpstlichen Beauftragten Corselis zu entziehen muß die Korrespondenz aus dem Archiv der Congregatio für Bischöfe und Regulieren besonders n°17764 durchgearbeitet werden.
[4] Horstkötter, ebenda S. 420.
[5] Ebenda S. 420. [6] Ebenda S. 419. [7] Ebenda S. 420. [8] Ebenda S. 425.
[9] Das ist u. A. der Fall für die Restaurationsspiritualität der Brabantischen Prämonstratenser. Ein Ansatz dazu ist die Arbeit von J. R. de Cuyper, *Joannes Chrysostomus de Swert, vijftigste abt van Tongerlo (1867/68–1887). Een inleiding tot zijn leven*, Löwen, 1981.
[10] Siehe U. Geniets, R. Masure, B. Mesotten, *Aanwezigheid van de brabantse premonstratenzerabdijen in de twintigde eeuw*, in *Gedenkboek orde van Prémontré 1121–1971*, Averbode, 1971, S. 295–329.
[11] Dekret *Perfectae Caritatis*, Cone. Vat. II, sess. VII, n°5.
[12] G. Constable-B. Smith, *Libellus de diversis ordinibus et professionibus qui sunt in Aecclesia*, Oxford, 1972.
[13] Über die Prämonstratenser in dem Abschnitt: De canonicis qui longe se ab hominibus constituunt ut sunt Premonstratenses et Sancti Iudocenses« (Libellus, S. 56).
[14] Siehe O. G. Oexle, *Utopisches Denken im Mittelalter: Pierre Dubois*, in *Historische Zeitschrift*, 224, 1977, S. 318.
[15] Libellus, S. 56–58.
[16] Cassianus, *Collationes*, XIX, 6, in CSEL, 13, S. 540. Vergleiche: »Libertas largior nobis diffusione solitudinis vastitate largita est«. Ebenda 5, S. 538.
[17] *Libellus*, S. 58. Dazu L. C. van Dijck, *Norbert van Gennep en de »ordo canonicus«. Evangelisch leven tussen restauratie en vernieuwing*, in *Ons Geestelijk Erf*, XLVIII, 1974, S. 395 ff.
[18] *Libellus*, S. 62. In diesem Sinne auch die Stiftungsurkunde der Abtei Berne (1134): »Quo studio, quave sollicitudine sit invigilandum his qui sibi nihil reliquerunt, ut nudi sequerentur nudum Christum, pietas fidelium novit quae pelles animalium tamquam potestates sublimes, ad excipiendas tempestates, tabernaculo supposuit, quatenus intra tabernaculum purpura contemplativorum tranquilla pace respondeat et lumen honestae vitae circumquaque diffundat« (ed. C. L. Hugo, *Annales*, I, Probationes, col. cclxxxix).
[19] *Vita Norberti A*, MGH SS, XII, S. 679, 685, 686.
[20] »vis gradatim vel virtutes Jesu vel aecclesiastica sacramenta suscipere, ut ordo familiae canonicalis exposcit, imitare et intuere Iesum meum non subito summa petentem, sed gradatim ad summa tendentem.« (*Libellus* S. 64).
[21] »...Taliter etiam convenit tibi nomen Caath, qui alia interpretatione dicitur molares dentes vel patientia. Ruminans enim dentibus interioris hominis tui verbum Dei et confringens subtiliter ut possis illus gluttire et memoriae commendare, patientiam habens erga detractores et persequutores...« (*Libellus*, S. 64–66).
[22] ed. C. de Clercq, *Reimbaldi Leodiensis Opera omnia* (Corpus Christianorum, Continuatio Mediaevalis, IV), Turnhout, 1966, S. 6–35.
[23] *De quantitate animae*, xxxv, 79, PL, 32, 1079.
[24] *De vita canonica*, 11, 51–57, S. 28.
[25] Ebenda 12, 40–43, S. 28–29.

[26] *Stromata seu de voto reddendo* in *Opera omnia*, S. 36–92.
[27] *Stromata*, S. 84–85.
[28] Basil Hume, *Searching for God*, London, Hodder and Stoughton, 1977, S. 100–102.
[29] L. Verheyen, *La règle de Saint Augustin*, I, *Tradition manuscrite*, Paris, 1967, S. 417.
[30] *Sermo in Psalmum* 132, 3–6.
[31] J. Sudbrack, Art. *Spiritualität* in *Herders Theologisches Taschenlexicon*, T. 7, hrsg. Karl Rahner, Freiburg in Breisgau, 1973, S. 123–124.

Conversio als Gabe und Aufgabe

Prior Martin Felhofer O. Praem. – Gereon Strauch O. Praem.

»Ich, Frater NN, bringe mich selbst dar und übergebe mich der Kirche von N. Ich verspreche *Bekehrung meines Lebens* und Leben in Gemeinschaft, vor allem in Armut, gottgeweihter Ehelosigkeit und Gehorsam, gemäß dem Evangelium Christi, nach Weisung und Art der Apostel und nach der Regel des Hl. Augustinus; vor NN, dem Prälaten dieser Kirche, und vor den Mitbrüdern.« (Konstitutiones 36.)
Da wir ständig in Gefahr sind, uns von Gott und den Brüdern zu trennen, *bedürfen wir dauernd der Umkehr,* die wir gelobt haben. Dazu verhilft uns, wenn wir um Verzeihung bitten und sie dem anderen gewähren und wenn wir Buße üben. Liebe und demütiges Dienen seien der Ausweis unserer Bekehrung. »Wir wissen, daß wir aus dem Tod in das Leben hinübergegangen sind, weil wir die Brüder lieben« (1 Joh 3, 14) (Konstitutiones 38.)
Das Gemeinschaftsleben sei das erste Ziel unseres Zusammenseins. Da es uns aber dauernd von Gott und den Brüdern wegzieht, erfordert das Gemeinschaftsleben *dauernde Umkehr zu Gott und den Brüdern.* (Konst. 299.)
Gott, der in uns das Werk der Bekehrung und Gemeinschaft begonnen hat, er vollende es auch bis zum Tag Christi. (Konst. 354.)

I. Linien der Umkehr bei Paulus, Augustinus und Norbert

Offenkundig ist die Geschichte der Bekehrung des Heiligen Norbert der des Apostels Paulus nachgebildet worden. Dadurch soll das Ereignis von Vreden nicht als unhistorisch abqualifiziert werden, vielmehr wird Norbert damit in die biblische Linie der von Gott ergriffenen und bekehrten Menschen gestellt und von Anfang an so interpretiert. »Alter Paulus« nennt ihn deshalb der Norbertushymnus »Festa lux claro«.
Nun können wir schon bei Saulus-Paulus sehen, daß sich »Umkehr« und »Bekehrung« trotz der eindrucksvollen Fixierung auf das Phänomen »Damaskus« dynamisch vollzieht. Auch Paulus braucht eine gewisse Zeit, ja wahrscheinlich Jahre, um zu dem zu finden, was wir heute seine »Mission« nennen. Das beweist schon ein kurzer Blick in seine Biographie.
Drei Jahre geht er nach Arabien – so schreibt er es den Galatern – dann

erst geht er nach Damaskus zurück und trifft in Jerusalem Petrus (Galater 1, 17. 18). Ob sich hinter »Arabien« die Wüste, die Einsamkeit verbirgt? Oder eine erste, wahrscheinlich gescheiterte Mission?
Wir wissen es nicht. Auf jeden Fall sucht er erst im Anschluß an seine »Arabien«-Erfahrung Jerusalem auf und damit die Gemeinschaft der Apostel. Erst weitere 14 Jahre später findet Paulus seine volle Beglaubigung und Anerkennung für seinen apostolischen Dienst – nach Kämpfen, Auseinandersetzungen und Enttäuschungen.
Norbert kann als »alter et Paulus« wenigstens von Ferne auch auf dieser Linie gesehen werden, die mit einem eindeutigen Zeichen der Klarheit und Deutlichkeit anhebt, dann aber eine gewisse Zeit braucht, um zur vollen Entfaltung und Effizienz zu finden. Dies ist eine Linie, die schließlich auch in die Anerkennung durch die apostolische Kirche mündet, ohne aber ihre menschliche Individualität zu verlieren. Ich denke da an manche »Ecken und Kanten«, die schon manchen Betrachter bei Paulus und Norbert abgestoßen haben, indem sie ihre vermeintliche Arroganz hervorhoben.
Umkehr und Einsatz – beide sind aufeinander hingeordnet. Nur der Einsatz, der aus der Umkehr lebt, ist ein zutiefst bevollmächtigter und nur die Umkehr, die auch zum Einsatz führt, beglaubigt sich vor Gott und den Menschen. Und doch gibt es kein zeitliches Ineinanderfallen beider Säulen des christlichen Lebens, weder bei Paulus noch bei Norbert. Denn es dauert seine Zeit, ja es darf seine Zeit dauern, bis der Berufene seinen Einsatz voll endeckt und annimmt. Und immer bleibt der »Rest« des Menschlichen, des Unzulänglichen, der sich nicht einfach absorbieren läßt, weder bei Paulus noch bei Norbert.
Ähnliches sehe ich bei Augustinus. Auch er findet nicht sofort nach seiner Bekehrung zu seiner eigentlichen Bestimmung, auch er geht zunächst in die Einsamkeit, sucht in der ländlichen Abgeschiedenheit der Villa Cassiaciacum sein eigenes Ideal, ein kultiviertes, asketisches und vielleicht esoterisches Lebensprogramm, bis er durch die Akklamation des Volkes von Hippo Seelsorger wird.
»Eine neue, unerwartete Form der Askese wird von ihm verlangt, die einzige, die er nicht wünschte. Er muß auf seine geliebten Studien, auf die Freude eines kontemplativen Lebens verzichten, um ein drückendes Amt auf sich zu nehmen.« (Adalbert Hamman OFM).
Augustinus wurde durch diese »zweite Bekehrung« (Ratzinger) völlig aus der Bahn geworfen. Und doch besteht gerade darin seine Größe, daß er sich »im Gehorsam dieser neuen Wende seines Lebens ausgeliefert hat, die nun auf ihn zukam«.
Norbert, unser Ordensstifter, gehört in die Reihe der großen Konvertiten, die schon mit Paulus anhebt und im Ringen des Augustinus ihren dramatischen Höhepunkt erlebte. Auch Norbert sucht nach dem Erleb-

nis von Vreden seinen neuen geistlichen Standort, zunächst in der eremitischen Tradition (Ludolph/Fürstenberg), dann in der monastischen Lebensform (Kuno von Siegburg), bis er schließlich seinen Weg findet, das Leben in der Gemeinschaft und aus der Gemeinschaft von Prémontré. Aber auch hier ist ihm keine Ruhe vergönnt, er bleibt höchstens ein bis zwei Jahre in Prémontré und zieht dann weiter im Dienst der Predigt und der Klosterreform, bis er schließlich Bischof wird.
Nietzsche hat einmal gesagt, er könne den heiligen Augustinus nicht leiden, er komme ihm so pöbelhaft und gewöhnlich vor. Ähnliche Vorwürfe kennen wir auch gegen Norbert. Und doch – christliche Heiligkeit besteht nicht in der stillen und einsamen Größe des elfenbeinernen Turmes, nicht in irgendeiner »Übermenschlichkeit und in einer gewaltigen Begabung oder Größe, die ein anderer eben nicht hätte« (Ratzinger). Christliche Heiligkeit ist zunächst Gehorsam, der sich rufen läßt und der sich hinstellen läßt und senden läßt. Sie wird wachgehalten von einem unruhigen Herzen und einem leidenschaftlichen Drängen, wie wir es bei Paulus, bei Augustinus und bei Norbert finden – manchmal überraschend direkt und vielleicht banal – und doch von Gott angenommen und verwandelt. Christliche Umkehr findet ihren Weg im Erlebnis der Betroffenheit – wie wir es bei Paulus, Augustinus und Norbert sehen. Es folgt ein Stadium der Einsamkeit und Reflexion und vielleicht auch der »Eigenwilligkeit«, das hinübergeht in eine größere Verfügbarkeit in der Gemeinschaft, die ihren Dienst an Kirche und Welt ernst nimmt. Diese Linie können wir bei unseren »Vätern« erkennen. Nicht zuletzt deshalb kann und muß sie auch in unserem Leben irgendwie auffindbar sein. Gereon Strauch O. praem.

Literaturhinweise:

Bo Reicke, Neutestamentliche Zeitgeschichte, Berlin² 1968.
Gijs Bowman, Paulus und die anderen, Düsseldorf 1980.
Hans von Campenhausen, Lateinische Kirchenväter, Stuttgart ³1960.
Adalbert Hamman OFM, Die Kirchenväter, Freiburg 1967.
Joseph Ratzinger, Predigt am Fest des heiligen Augustinus: Dogma und Verkündigung, München 1973, 421–429.
Norbert Backmund, Gedanken zur Vita s. Norberti: gedenkboek ordre van Prémontré, Averbode 1971, 27–29.

II. Betroffene Menschen

Wenn wir zurückdenken, warum wir das Ordensleben gewählt haben, dann dürfen wir wohl sagen: Wir haben gespürt, »Gott meint mich ganz persönlich«, er ruft mich. Allmählich ist die Bereitschaft gewachsen, Gottes Anspruch durch die Übergabe meines Lebens zu beantworten. Was heißt es, »Betroffen« zu sein. Corona Bamberg sagt: Betroffen ist einer, der aus irgendeinem Grund den nächsten Schritt nicht tut, wo er ihn ursprünglich tun wollte. Etwas sticht ihm ins Herz, läßt ihn erschrecken, rüttelt ihn auf. Es überfällt einen. Und je nachdem, wie tief es betroffen macht, wirkt sich dieses Moment aus, was von einem jähen Sich-Umwenden reichen kann bis zur totalen Lebensumkehr[1].
Bin ich noch betroffen? Oder habe ich mich schon so sehr an mein Leben gewöhnt, das vielleicht in der Gefahr der Routine, Überraschungslosigkeit und Sattheit leer zu werden droht?
Die Hl Schrift und die Geschichte ist voll von Betroffenen: Abraham, Mose, Jeremia, Johannes d. Täufer, Maria, die Jünger, Zachäus, Maria v. Magdala, die pfingstliche Versammlung, die Heiligen – solange Gottes Geschichte mit den Menschen dauert, ist sie eine Geschichte von Betroffenen und Bekehrten. Immer wieder gibt es solche, denen »ein Stich durch das Herz« geht. »Was sollen wir tun?«, heißt dann die verwirrte Frage. Petrus antwortet: »Kehrt um«, d. h. stellt euch ganz und gar um! (Apg 2,37 f.). Also Metanoia als Konsequenz einer echten Betroffenheit.
Die Geschichte des Petrus ist geprägt von der Begegnung mit Jesus Christus. Die Evangelien erzählen uns diese Begegnungsgeschichte, die zugleich eine Geschichte der Umkehr und Nachfolge ist. Sie betrifft als solche jeden von uns. Jesus selber setzt die Chance der ersten Begegnung, die alle Dynamik einer ersten Liebe enthält. Wer sich auf diese grundlegende Begegnung einläßt, wird hineingenommen in das Lebensschicksal Jesu, aber auch in sein Vertrauen zum Vater und in seine Liebe zu den Menschen.
Die erste entscheidende Umkehr zu Jesus muß durch einen tiefgreifenden Läuterungsprozeß des ganzen Menschen, seiner Lebensgeschichte und der unbewußten Herzenstiefen, zu einer zweiten Umkehr aus dem Geist Jesu führen und je nach der persönlichen Führung Gottes in irgendeiner Form die selbstlose Hingabe Jesu an die Menschen verdeutlichen.

1. Der Weg der Jünger

Durch den prophetischen Hinweis des Täufers wurde Johannes und Andreas die Begegnung mit Jesus ermöglicht. Beide hören dann das einladende Wort Jesu: »Kommt und seht« (Joh 1,39). Sie gingen mit Jesus, »sahen, wo er wohnte und blieben jenen Tag bei ihm«. Diese allererste Begegnung mit dem Herrn berührte Andreas sehr. Er geht zu seinem Bruder und sagt: »Wir haben den Messias gefunden« (Jo 1,41). Gott gebraucht immer einzelne Menschen, um die entscheidende Begegnung mit Jesus zu ermöglichen.

Jetzt konnte Simon die liebende Zuwendung Jesu erfahren, denn »Jesus blickte ihn an und sagte: Du bist Simon, der Sohn des Johannes, du sollst Kephas heißen« (Jo 1,42).

Jesus nimmt den ganzen Menschen in seinen liebenden Blick. In der Zusage »du bist Simon« ist dieser bestimmte Mensch Simon mit seiner ganzen Lebensgeschichte angenommen und geliebt. Darüber hinaus ist eine ungeahnte Weite und Zukunft verheißen: Du sollst Fels sein. Jesu liebender Blick ist zugleich verwandelnde Kraft. Er fordert zur Antwort auf. Das Angenommensein und die Verheißung des neuen Namens eröffnen einen neuen Weg: den Weg der Umkehr zu Gott und den Menschen.

Die Jünger waren von Jesus ergriffen. Ihre Herzen hingen an dem Meister. Die erste Entscheidung für Jesus war eine beglückende Anfangserfahrung, die alle bisherigen Bindungen gleichsam außer Kraft setzte.

Aber sie sind ihm noch nicht ganz hingegeben. Sie haben ihre eigenen Pläne, sie haben eigene Pläne sogar mit dem Herrn. Sie haben Haus und Boot verlassen und wollten dafür Jesus für sich kassieren. Ihre Vorstellung war: ein neues Reich. Dann werden sie ihr Boot nicht mehr brauchen, nicht mehr ihr Netz und nicht mehr ihr Haus. Die Mutter der Zebedäussöhne spricht es offen aus: »Laß, wenn du der Herr Israels bist, meine zwei Söhne rechts und links von dir sitzen« (Mt 20,20). Die anderen waren wütend vor Eifersucht, weil sie ja auch diesen Platz wollten. Merken wir die Selbstsucht?

Sie lassen etwas zurück, weil sie auf besseres hoffen. Sie wollen Christus vor ihre Pläne spannen. Das ist sehr deutlich bei Mt 16,21 f., wo Petrus – nach der Leidensvoraussage – dem Herrn unverblümt sagt: »Das verhüte Gott! Das darf dir niemals widerfahren!« Jesus aber wandte sich um und sagte: »Weg da – Satan!«

Sogar im Namen Gottes sagt Petrus: »Das darf dir nicht geschehen!« Wie oft benutzen wir auch den Namen Gottes oder die Religion, um unsere eigenen, egoistischen Absichten fromm zu bemänteln, damit das kleine ICH nicht sichtbar wird!

Petrus begreift sich selbst nicht in seinen Widerständen und noch weniger begreift er den Meister. Aber er läßt sich führen. Jesus hatte seine inneren Widerstände gegen jede Form von Leiden und Sterben aufgedeckt. Es ist noch ein weiter, schmerzlicher Weg, bis diese Tiefen des Herzens freigegeben werden und er Jesu unbegreifliche Entäußerung annehmen kann.

Nach Jo 13,37 muß Jesus Petrus aus einer massiven Selbsttäuschung herausholen. Petrus meinte, seine Liebe zu Jesus, seine Nachfolge sei schon gefestigt, es sei schon alles geschehen und verändert in ihm. Er merkte nicht, daß er mehr von der ersten Umkehr und seiner Nachfolge, von »seinem Weg« mit Jesus, als von dem »Weg Jesu mit ihm« beeindruckt war. Er kannte die »Abgründe« seines Herzens noch nicht. Die Kluft zwischen dem bewußten Wollen und Streben und den verborgenen Antriebskräften in den Tiefen des Herzens war groß, und sie wird immer größer, je mehr Petrus aus eigener Willenskraft seine Treue zu Jesus beteuerte. Der aktive Widerstand gegen ein mögliches Versagen steigerte sich schließlich bis zur Lebenslüge: »Ich kenne diesen Menschen nicht!«

Dieses unerlöste Verlangen nach bleibender Sicherheit des eigenen ICH, nach umfassender Geborgenheit, löst sich durch den liebenden Blick Jesu. Der Durchbruch zur Erkenntnis der eigenen Abgründe wird geschenkt, die Tränen befreien. Petrus ist gleichsam umgekehrt aus der tödlichen Selbsttäuschung, weil er in dieser Notsituation die Liebe Jesu an sich geschehen ließ.

Petrus und die Jünger hatten noch keine Beziehung zum Kreuzestod Jesu. Sie flohen. Erst der Auferstandene ermöglicht ihnen den Zugang zum Tod und damit zum wahren Leben. Die Frage nach der Liebe ist zugleich erfüllt von heilender Vergebung und dem Ruf in eine neue Sendung.

Das unterscheidende Merkmal für diese »ZWEITE UMKEHR« zeigt Jesus in den Worten:

»Amen, amen, ich sage dir: Als du jung warst, hast du dich selbst gegürtet und konntest gehen, wohin du wolltest. Wenn du aber alt geworden bist, wirst du deine Hände ausstrecken, und ein anderer wird dich gürten und führen, wohin du nicht willst« (Jo 21,18).

Umkehr zur radikalen Empfangsbereitschaft bedeutet: Die Hände ausstrecken, dem Gekreuzigten und Auferstandenen alle Führungsrechte übergeben und Nachfolge an sich geschehen lassen.

Für Petrus und die Jünger geschah diese »ZWEITE UMKEHR« an Pfingsten. Nach dem langen Weg mit Jesus, nach der Erfahrung des eigenen grenzenlosen Versagens und der Liebeszusage des Auferstandenen wurde ihnen die Gabe des Heiligen Geistes geschenkt. Während sie beten, dringt der Geist Gottes in ihre Herzenstiefen ein. Er befreit die Jünger zum Lobpreis Gottes, zum Bekenntnis, zur Tat und zur Todesbereitschaft.

Und nun beginnt in vielen das, was an Petrus geschehen war: »Als sie das hörten, traf es sie ins Herz« (Apg 2,37). Petrus hatte den verwandelnden Blick Jesu empfangen. Er »blickte« deshalb auch so wie Jesus den Gelähmten an, spricht ihm aus der Kraft Jesu das heilende Wort zu und »richtete ihn auf in der Kraft des Namens Jesu«[2].

Aus der geschenkten Umkehr kann Petrus seine Brüder stärken: UMKEHR als GABE und AUFGABE!

2. Mein Weg

Wie ist das, was die Apostel erfahren haben, bei mir persönlich? Wir sind angesprochen worden vom Herrn, sind ihm nachgefolgt, haben unsere Lebenshingabe versprochen, vergessen aber oft, daß wir wesentliche geistliche Prozesse durchmachen müssen auf dem Weg zur Heiligkeit, zu dem laut Vaticanum II alle Getauften berufen sind. Und berufen sein heißt, auch dazu befähigt sein.
Der Dominikanerpater Tauler (14. Jh.) fragt einmal bei Exerzitien: »Warum seid ihr noch nicht heilig?«, d. h. warum seid ihr noch nicht am Ziel, da ihr doch täglich betet, jährlich Einkehrtage habt, oft den Gottesdienst feiert ... Und er antwortet: »Weil ihr noch nicht umgekehrt seid.«

III. Die Bedeutung einer Ersten und Zweiten Bekehrung

In der Tradition der Kirche, speziell im Anschluß an die französische Spiritualität des 17. Jh. wird diese gestufte Glaubenserfahrung »Erste und Zweite Bekehrung« genannt.

1. Erste Bekehrung

Hinter diesem Stichwort steht folgendes geistliches Geschehen: Zum ersten Mal wird sich der Mensch der Konsequenzen persönlich bewußt, die sich aus seiner Herkunft und Bestimmung, getauftes Geschöpf Gottes zu sein, ergeben. Nach und nach sieht er immer deutlicher ein und stimmt dem vor allem auch durch seine Lebensführung praktisch zu: aufgrund meines Ursprungs durch Gottes Schöpfermacht gehöre ich ja eigentlich nicht mir, sondern verdanke mich in meinem Dasein seiner schöpferischen Liebe. Das Leben eines solchen Menschen ist fortan von dem Ernst geprägt, der ihn dazu anhält, die Freundschaft mit Gott niemals durch eine absichtliche Vernachlässigung des göttlichen Willens wieder aufs Spiel zu setzen. Aus Verantwortung für das Geschenk, von Gott grundlegend schon geliebt worden zu sein, entschließt er sich, Gott in allen wesentlichen Fragen treu zu sein. Dem Menschen in der Phase der ersten Bekehrung wird auch schmerzlich bewußt, daß schon das bloße Festhalten am Zustand mangelnder Entschlossenheit das Ende der Liebe zu Gott sein könnte.
Vor der Ersten Umkehr liegt das ganze Feld der Gleichgültigkeit gegen

Gott, liegt das ganze Feld des gewohnheitsmäßigen Christentums. Alles ist gekennzeichnet durch Gleichgültigkeit: Man geht in die Kirche, man begeht keine Sünde... es fehlt einfach noch die Entscheidung für Christus.

Heinz Schürmann: Erste Umkehr ist Bereitschaft zum Dienst. – Ich will Gott anerkennen, ihm dienen. Diese erste Umkehr ist eine bewußte Entscheidung. Gott wird als der Herr meines Lebens angenommen. Aber dieser erste, entscheidende Schritt ist doch nicht tief genug, wie wir schon bei den Aposteln gesehen haben.

Sehr stark ist das ICH im Vordergrund – und da steckt wohl auch viel Eigenwilligkeit, viel selbstische Liebe, die zu unterscheiden ist von der selbstlosen Liebe. Es gehört wohl eine große Bereitschaft zur Selbsterkenntnis, um dieses mein enges, empfindliches, sich selbst behauptendes ICH vom großen ICH[3], das in seiner Tiefe in Gott wurzelt und wahre Selbstannahme bedeutet, zu unterscheiden.

In fast paradoxen Worten stößt Jesus diese Ich-Verkrampfung auf: »Wer sein Leben retten will, wird es verlieren. Wer es aber verliert, wird es retten« (Lk 17,33 u. a.).

Auf dieser Stufe kommt es, daß wir – emotional begeistert – auf einmal keine Lust mehr haben. Da werden Christen von Gott berührt, fangen Feuer, entscheiden sich, ihm zu dienen, beginnen sofort mit dem Apostolat und resignieren nach der ersten Enttäuschung; wie Paulus nach seiner Bekehrung in Damaskus (bis er merkt, daß es zu früh ist; daraufhin geht er ein paar Jahre in die Wüste).

Wichtig auf diesem Weg: Meine Ehrlichkeit zu mir selber und mein Wollen sind stark gefordert. Sie müssen in Treue trainiert werden. Ich habe Impulse, aber mein Herz geht oft nicht mit. Es ist wichtig, sich ehrlich einzugestehen: Ich will nicht! Sonst finden wir nämlich Ausreden – »der wollte nicht, ich wollte lieben« – oder wir stürzen uns in Auswege.

Es ist wichtig, diesen Weg der Selbsterkenntnis, der Ehrlichkeit und der Entscheidung in täglicher Treue weiterzugehen, die Nacht auszuhalten (s. bes. Johannes v. Kreuz – er spricht von der Nacht der Sinne und des Geistes)[4].

Wachstumsprozesse können schmerzvoll sein, sind aber notwendig, auch im geistlichen Leben – produktive Krisen!

Katharina v. Siena: »Wenn ein Kind nicht wächst, bleibt es kein Kind, sondern es wird ein Zwerg. Und wenn ein Anfänger nicht weiterkommt und zum Fortgeschrittenen wird (das ist die zweite Umkehr), dann bleibt er kein Anfänger, sondern er wird ein Zurückgebliebener.«

2. Zweite Bekehrung

Zu den wichtigsten Merkmalen dieses Vorganges, den Tauler, Katharina v. Siena u. a. »Zweite Bekehrung« nennen, gehören unter anderem folgende Beobachtungen: wie jede wahre Liebe bestimmungsmäßig darauf angelegt ist, »aufs Ganze zu gehen«, kann sich auch keine echte Liebe zu Gott auf die Dauer damit zufrieden geben oder gar abfinden, nur die Grenzen einzuhalten, die durch Gottes Gebot gezogen worden sind. Nein, auch die Liebe zu Gott, der keine Hindernisse mehr durch das absichtliche Schuldigwerden in den Weg gelegt werden, drängt zur vollen Entfaltung. Sie regt den Christen an, Gott nicht nur in den entscheidenden Bereichen treu zu sein, sondern ihm überall und immer den Vorzug zu geben. Das bekannte Wort »Gott allein genügt« (Theresa v. A.) nennt das Ziel einer konsequent gelebten Bekehrung bzw. des Umkehrweges.

Heinz Schürmann sagt: Zweite Umkehr ist Ganzhingabe, totale Verfügbarkeit. »Der große Gegner ist das eigene selbstsüchtige ICH. Es ist der Eindringling, der sich in der Wohnung unseres Herzens eingenistet hat; darum kann Gott nicht darin wohnen. Es ist unsere Ichsucht, die der Zweiten Bekehrung entgegensteht. Diese tritt jedoch nie in ihrer schamlosen Nacktheit auf, sondern immer in Verkleidung: eingehüllt in den Mantel der Habsucht, darunter dann das Gewand der Genuß- und Ehrsucht. In drei Erdlöchern hat die Ichsucht Stellung bezogen, hier verteidigt sie sich hartnäckig: hinter dem Erdwall unseres Besitzes, mehr aber noch verschanzt in der sinnlichen Nestwärme unserer behaglichen Bequemlichkeit oder in dem schwelgenden Glanz der eigenen Ehre. Es geht also bei der zweiten Bekehrung nicht ohne Opfer. Die aber werden immer irgendwie im Bereich dieser unserer dreifachen Süchtigkeit liegen. Wir merken, daß die Zweite Bekehrung etwas mit den drei Räten zu tun hat.«[5]

Für uns Ordensleute müßte also die Profeß der Beginn dieses Zweiten Umkehrweges sein. Wir wollen uns ganz Gott geben – wollen uns! Aber bald spüren wir, daß wir verschiedenes im Herzen nicht annehmen können und wollen. So wird diese Zweite Umkehr zur Lebensaufgabe, zum täglichen Ringen, damit Gott der Herr meines Lebens werden kann.

Vielleicht ist aber das noch zu aktiv formuliert, denn sichtbarer noch als die Erste Bekehrung ist die Zweite ein Bekehrtwerden von Gott her, ein Sich-bekehren-Lassen vom Menschen her gesehen.

Hier geschieht Umkehr von der Aktivität zur Passivität. Aber diese Passivität ist aktives, waches Geschehen-Lassen an sich.

Wie weit ich in dieser Umkehrung des Herzens bin, kann ich überprüfen, wenn ich ehrlichen Herzens – wenigstens als Ziel – Gebete der Hingabe sprechen kann: z. B. »Mein Herr und mein Gott, nimm alles von mir, was mich hindert zur ...« (Nikolaus v. Flüe)

»Nichts soll dich ängstigen...« (Teresa v. Avila)
»O Herr, ich gebe mich ganz in deine Hände...« (J. H. Newman)
»Mein Vater, ich überlasse mich dir...« (Charles de Foucauld)
»Nimm hin, o Herr...« (Ignatius v. Loyola)[6]
Es kann und wird uns nun die Frage kommen, ob wir die Zweite Bekehrung nun eigentlich schon hinter uns oder noch vor uns haben. Wir dürfen uns durch diese Frage nicht beunruhigen lassen.
Wir stehen im Vorgang des Bekehrtwerdens und können und brauchen auch nicht zu wissen, wie weit wir sind. Was aber von dem, der sich ganz Gott zuwenden möchte, grundlegend verlangt ist, das ist die entscheidende Auslieferung an Gott hier und jetzt – im Augenblick.
Ein derartiges Leben verlangt einen doppelten Verzicht: den auf die selbstgeplante Zukunft und den auf die festgehaltene Vergangenheit. Wir kommen oft nicht weiter im Leben der Liebe mit Gott, weil wir ständig den Rucksack der eigenen schweren Vergangenheit mit uns herumschleppen, wir hadern mit unserer Vergangenheit, hadern mit den Mitmenschen und können nicht verzeihen. Vergebung ist aber eine Form von Umkehr und zugleich ein Zeichen, daß der Prozeß der von Gott geschenkten »inneren Heilung« fortgeschritten ist. Diese zeigt sich ja daran, daß wir ohne begleitende Emotionen auf eine negative Lebenserfahrung zurückdenken können. Zugleich ist Vergebung ein innerer Befreiungsvorgang, durch den uns Gott einen neuen Zugang zu sich selbst und den Menschen eröffnet. Unvergebene Schuld, nicht aufgearbeitete negative Lebenserfahrungen sind eines der größten Hindernisse jeglicher Lebenserneuerungen[7].
Wichtig ist aber, daß wir eine demütige und realistische Haltung annehmen. Anstatt uns an das zu klammern, was sein sollte, müssen wir lernen, uns realistisch zu beurteilen, das heißt vor allem die Spannung zwischen Ideal und Wirklichkeit auf unserem Weg auszuhalten.

3. Bekehrung zur Nächstenliebe

Diese Herzensumkehr ist aber nicht einfach reine Innerlichkeit und gemütliches Fromm-Sein, sondern wesentlich Bekehrung zur Nächstenliebe[8]. Das Evangelium bestätigt diese Solidarität mit dem Menschen, indem es unsere Beziehung zu Gott mit der Beziehung zu unseren Brüdern gleichsetzt. Wer seinen Bruder liebt, liebt auch Gott; liebt er seinen Bruder nicht, so kann er Gott auch nicht lieben (1 Jo 4,20). In der Rede über das Jüngste Gericht identifiziert sich Gott ganz mit unserem Nächsten. Die mitmenschlichen Beziehungen können zu einem Thermometer unserer echten Gottesbeziehung werden. Und sie beeinflussen sehr wesentlich unser Gebet und Glaubensleben. Augustinus sagt in unserer Ordensregel: Wer seinen Bruder nicht vergeben will, darf keine Frucht aus seinem Gebet erhoffen (Regel 10). Umgekehrt dürfen wir sagen: wenn die Liebe zu Gott echt und wahr ist, wenn ich Gott mein Leben überantwortet habe, wird sicher meine Liebe zum Mitmenschen wachsen. Sie ist ja eine Teilnahme an der Liebe Gottes zu den Menschen und lebt aus ihr.

IV. Unsere Bekehrung als Prämonstratenser

Ohne diese Grundschritte der Bekehrung nach dem Evangelium ist die spezielle und besondere Umkehr in die Berufung als Prämonstratenser nicht möglich. Wir werden immer neu in unsere spezielle Spiritualität hineinfinden, wenn wir die Grundhaltung der Zweiten Umkehr angenommen haben und sie uns als wesentlich täglich neu zu verwirklichendes Lebensziel vor Augen steht.
Der heilige Norbert hat uns gezeigt, wohin wir konkret umkehren müssen:
– Umkehr in die Einsamkeit: in das Aushalten der eigenen Leere, das Hineingehen in das Schweigen vor Gott.
– Umkehr in die Gemeinschaft: sichtbar in der ganz konkreten Brüderlichkeit.
– Umkehr in die Diakonie an der Welt: durch – Verkündigung – Liturgie – Caritas.

Martin Felhofer, Prior des Stiftes Schlägl

---

[1] Corona Bamberg, Der betroffene Mensch, in: Was Menschsein kostet, Würzburg 1971, 13–29.
[2] Lucida Schmieder OSB, Petrus: Umkehr und Nachfolge, in: Erneuerung in Kirche und Gesellschaft, Heft 11, 1982, 5–7.
[3] Klemens Tilmann u. Hedvig-Theresia v. Peinen, Die Führung zur Meditation, Zürich-Einsiedeln-Köln 1978, 275–287.
Tilmann entwickelt in diesem Abschnitt die Stufen der Bekehrung und Wandlung.
[4] Johannes v. Kreuz, Im Dunkel das Licht. Eine Auswahl aus seinen Werken, in: Klassiker der Meditation, Zürich-Einsiedeln-Köln 1978.
[5] Heinz Schürmann, Geistliches Tun, Freiburg 1965, 18f.
[6] Gotteslob, Katholisches Gebet- und Gesangbuch, 5, 1–6.
[7] Manche Gedanken sind inspiriert durch einen Vortrag von P. Hans Buob SAC beim 5. Österreichtreffen der Charismatischen Gemeindeerneuerung vom 2.–5. Juni 1983 in Linz, »Stufen geistlichen Lebens«.
[8] Klemens Tilmann, s. Anm. 3, 286.
Kardinal Léon-Joseph Suenens u. Dom Helder Camara, Erneuerung im Geist und Dienst am Menschen, Salzburg 1981.

»Unsere Aufgabe ist es, Liturgie zu feiern«[1]

Wolfgang Vos O. Praem.

Bei meinem silbernen Priesterjubiläum hielt mein ehemaliger Heimatpfarrer F. v. d. Berk, ein Diözesanpriester, die Festpredigt. Er führte zunächst kurz aus, wie er als Außenstehender den Prämonstratenser sieht, nämlich als »liturgisch geprägt, sozial eingestellt«. In seinen Erläuterungen zu dieser Feststellung zeigte er dann auf, wie das eine das andere bedingt. Er meinte, aus der richtigen Einstellung zur Eucharistie heraus muß der Prämonstratenser sozial eingestellt sein, ist er gezwungen, auf die Menschen zuzugehen, sich ihnen mitzuteilen ohne Vorbehalt. Aber damit er nicht sich selbst verliert, sich nicht im Wirrwarr der täglichen Dinge der Menschen verläuft oder gar verzweifelt, braucht er die Eucharistie, muß er immer wieder zum Ausgangspunkt zurückkehren, darf er sein Vorbild Christus, der sich total opfert, nicht aus den Augen verlieren, muß er »die Verbindung nach oben« aufrechterhalten. Sonst würde sein Wirken nicht mehr das Verwirklichen des Reiches Gottes sein.

Stimmt man diesen Ausführungen zu, dann ist unser ganzes Leben gelebte Eucharistie, nicht in den Frömmigkeitsformen vor 50 Jahren, sondern in der Form der Urkirche:
»Tag für Tag verharrten sie einmütig im Tempel, das Brot aber brachen sie in ihren Häusern, nahmen die Speise mit Freude und Herzenseinfalt und lobten Gott«. Es bildete sich die Gewohnheit einer täglichen Versammlung in einzelnen Häusern, wo man mit einer Atmosphäre der Freude, des Gotteslobes und des Geistes die Eucharistie feierte. So wollten sie den Tod des Herrn verkünden bis zu seiner Wiederkunft in Herrlichkeit.

In ihren Versammlungen wußten sie um die Präsenz Christi nach dessen eigenen Worten: »Wo zwei oder drei in meinem Namen zusammen sind, bin ich mitten unter ihnen«. Allein schon das Zusammensein in seinem Namen schaffte Einheit unter ihnen.

Der Hl. Geist hatte dies an Pfingsten bestätigt. Zur neutestamentlichen Zeit feierten die Juden an diesem Tag das Gedenken an die Gesetzgebung am Berge Sinai. Die Septuaginta nennt diesen Tag einfach »Tag der Versammlung« und meint mit »Versammlung« das am Sinai versammelte Volk. Der Ausdruck dafür ist »ecclesia«. Aber eben diesen gleichen Terminus »ecclesia« verwendet sie für die Urgemeinde. Diese hat also das Erbe übernommen und ist das neue, heilige Volk Gottes. Die ersten Christen wissen sich als eschatologische Fortsetzung der Gemeinde in der Wüste. Sie sind die neue Gemeinde, die Gott am neuen

Sinai, dem Berge Sion zusammengerufen hat, damit sie dort das neue Gesetz empfange und in den Neuen Bund eintrete. Diesen im Gebet und in der Erwartung einmütig versammelten Menschen wird Gott sich kundtun, wird ihnen seine Gegenwart wahrnehmbar machen oder mehr noch: er wird die wirkende Gegenwart des verherrlichten, zum Spender des Geistes gewordenen Christus sinnlich erfahrbar machen (Apg 2,33). Derart erfüllt vom Hl. Geist beginnen alle zu sprechen »in anderen Zungen..., die der Geist ihnen zu sprechen eingab« (Apg 2,33), und dieses plötzliche Ausbrechen des Wortes hat zum Ziel, »die Großtaten Gottes zu verkünden« (Apg 2,12).

Das Kommen des Geistes leitet damit in der Gemeinde die Bewegung der Danksagung, der »Eucharistie« ein, die am Ausgangspunkt des christlichen Gottesdienstes steht und die Völker aller Sprachen vereinigt zur Verkündigung der Großtaten, die Gott in Jesus Christus vollbracht hat, den er von den Toten auferweckte, zu seiner Rechten erhöhte und zum Herrn (Kyrios) und Messias machte. Von der ersten Versammlung an nimmt die Verkündigung der Herrschaft des auferstandenen Christus den ersten Platz ein, und der Geist ist es, der sie eingibt.

Und wie die Zeichen Gottes das Volk in der Wüste begleiten, so hat auch das neue Volk Gottes seine Zeichen, nämlich die Schrift und das Brechen des Brotes. Es sind die Zeugen seines Todes und seiner Auferstehung, die immer wieder, immer neu und mit immer anderen Worten versuchen, das von ihnen Erlebte zu erzählen. So entstanden die Evangelien, die auch nach dem Tode der Apostel als »heilig« bewahrt, vorgelesen und angehört werden, weil man in ihnen mehr weiß als Worte von Menschen. Gott sprach durch seinen Sohn, dieser durch die Apostel, die Apostel durch das Evangelium. Da es so Gottes Wort ist, wissen die ersten Christen, daß er in diesen Zeugnissen wirklich unter ihnen gegenwärtig ist. In ihnen wird der Gemeinde das zentrale Anliegen in der Verkündigung Jesu, die Ansage der Gottesherrschaft, vermittelt.

Diese Zeugen des Todes und der Auferstehung Jesu können von nichts anderem mehr reden, weil sie alles mit Jesus Erlebte in diesem Lichte sehen, auch das letzte Mahl, das Jesus mit ihnen gehalten hatte. So wird das Brechen des Brotes zum Höhepunkt in ihrer Verkündigung als immer neue Darstellung des einst vollzogenen Geschehens.

In ihm ist der Tod zum vorletzten Ereignis geworden, die Auferstehung ist das endgültig Letzte. Der Übergang von einem zum anderen ist jenes Paradox, das sich dem Verständnis menschlicher Weisheit entzieht, ja ihr als unglaubliche Torheit erscheint. Aber gerade dieser Übergang (Passah) bildet den spezifischen Gehalt der Verkündigung (Kerygma) der Zeugen und der Gemeinde derer, die diese Verkündigung als erste annehmen.

Um ihre Verkündigung weiterzugeben, versammelten die ersten Zeugen die Gemeinde um den Tisch des Mahles. Indem sie nach Jesu Auftrag das Brot brachen, vollzogen sie das Gedächtnis des Todes des Herrn. So ist der sachliche Gehalt des Brotbrechens (fractio panis) und des Kerygmas ein und derselbe: Ihr werdet den Tod des Herrn verkünden bis er wiederkommt in Herrlichkeit!

Das (im Sakrament) vollzogene und (in der Verkündigung) gehörte Geschehen besitzt eine hohe heilsgeschichtliche Dichte: Es schließt in sich die gesamte Heilsgeschichte. Es reicht zurück bis zum Beschluß des Vaters vor Erschaffung der Welt, die Auserwählten seiner Herrschaft teilhaft zu machen, und führt bis zur endgültigen Verwirklichung seines Reiches am Ende der Zeiten.

So wird dann auch das Essen von dem Brot und das Trinken aus dem Kelch das gemeinsame Annehmen des Zeugnisses, das gemeinsame Bejahen der Verkündigung, das gemeinsame Eingehen in den Tod und in die Auferstehung, das gemeinsame Teilhaftigwerden an der Herrschaft Gottes. Das Reich Gottes ist in dieser Versammlung angebrochen und alle müssen, erfüllt vom Hl. Geist, es kundtun. Man kann nicht schweigen und dies, was für die Menschen aller Zeiten bestimmt ist, für sich behalten. Alle werden selber zu Zeugen und verkünden die Großtaten Gottes. Man kann nicht schweigen, trotz Verfolgung, Marter und Tod! Aber gerade darum überzeugen sie!

Im Vorwort zu den Konstitutionen heißt es: »Gott, der Allmächtige, verleihe uns, in unseren Tagen vollkommen jene Lebensweise nach Weisung und Art der Apostel zu verwirklichen, die unser Hl. Vater Augustinus geregelt, erneuert und deren Erfüllung er als Vollgestalt des Lebens für sich und die Seinen mit höchstem Eifer vorgelegt hat. Diese Lebensweise nach Weisung und Art der Apostel ist auch das Programm unseres hl Vaters Norbert und seiner Gefährten, wie auch unser eigenes Ziel: ›Unser Programm nämlich ist ..., kurz gesagt: Ich habe den Vorsatz, nach Maßgabe des richtigen Verständnisses, ein Leben rein nach dem Evangelium und nach Weisung und Art der Apostel zu führen.‹ Auch unser ganzes Bestreben sei es, ›den heiligen Schriften zu folgen und Christus zum Führer zu haben‹.«

Also muß sich das Leben des Prämonstratensers »nach Maßgabe des richtigen Verständnisses« nach dem Leben der Urgemeinde ausrichten. Die ganzen Konstitutionen sind davon durchdrungen und kommen immer wieder darauf zurück. Sie führen das ganze Leben in unseren Gemeinschaften zusammen und binden es als Ganzes ein in die Liturgie. Nur leiden wir immer noch darunter, daß man im Lauf der Jahrhunderte sogar in den Klöstern nur einen Teil des Lebens, nur den Kult und die Kulthandlung als Gottes-Dienst angesehen hat. Wir hatten Zeiten für den Gottes-Dienst und Zeiten für die Arbeit und übersahen, daß unser ganzes Leben Gottes-Dienst ist. Wir sind zum Beten in die Kirche gegangen und wenn das »erledigt« war, konnten wir »an die Arbeit« gehen. Aber Gottes-Dienst ist uns ermöglicht und aufgegeben in der Ganzheit unseres Lebens, in der Totalität unseres Daseins. Das zeigt uns Paulus zu Beginn des 12. Kapitels im Römerbrief. Liturgie ist in vielfältiger Weise so etwas wie die Konzentration und Verdichtung des Gottes-Dienstes. Gottes-Dienst in der Welt und Gottes-Dienst in der Liturgie – das sind keine Gegensätze, die sich ausschließen; das ist kein Entweder-Oder-Verhältnis. Beides gehört zusammen, besser: das eine ist in das andere »eingefaßt«, wird vom anderen gehalten, bestätigt, ja erst ermöglicht. Man kann nicht das eine durch das andere ersetzen wollen. Man kann sinnvollerweise nicht einmal fragen, was nun wichtiger sei.

Also müssen wir versuchen, die Liturgie der Urgemeinde aufzunehmen und unser Leben und das der Kommunität in dieses Licht zu stellen. Das bedeutet nach dem oben Gesagten und den Konstitutionen, die Elemente der Verkündigung neu zu überdenken und in unser Leben umzusetzen: Die »Versammlung« aufbauen, die Großtaten Gottes erzählen, im Opfer den Tod des Herrn verkünden bis er kommt und im Mahl Gottes Herrschaft und sein Reich ansagen und verkünden. Selbstverständlich wissen wir, daß die Herrschaft Gottes erst am Ende der Zeiten in ihrer Vollkommenheit sichtbar werden wird. Das bedeutet aber nicht, daß wir nicht jetzt schon einiges verwirklichen können. Da ist uns ja aufgegeben. Und wir haben uns in besonderer Weise dieser Aufgabe verschrieben, wir wollen Zeugen Christi sein – und das nicht nur in Worten, sondern mit unserer ganzen Persönlichkeit, mit unserem ganzen Leben, wie wir es bei der Profess übergeben haben. Die Konstitutionen fassen dies in einer dreifachen Aufgabe zusammen: eine königliche, eine priesterliche und eine prophetische Aufgabe.

Die königliche Aufgabe: Sie gebietet uns, eine Gemeinschaft, eine eucharistische Versammlung aufzubauen. Vom Vater durch den Hl. Geist in Christus Gerufene kommen zusammen (conventus), um teilzunehmen an der »koinonia«, der Festversammlung, der eucharistischen Versammlung; um also teilzunehmen an der Verkündigung des Wortes, der Konsekration (= Opfer Christi) und dem Mahl, d. h. an der Vergangenheit, Gegenwart und Zukunft der Heilsgeschichte. Und die nicht als Zuschauer, sondern als Aufgeforderte, um sich als Begeisterte auf den Dienst am Heil, der Totalhingabe einschließt, immer wieder einzulassen.

Gemeinschaft ist so gesehen ein Synonym für Einheit, Brüderlichkeit, gegenseitige Achtung, Zusammenarbeit, usw. Aber ebenso ist Gemeinschaft in diesem Sinne ein Synonym für »Leib Christi«. Alle, die in der eucharistischen Gemeinschaft eins geworden sind, sind eins geworden in Christus, bilden seinen Leib. Daher auch die Verbindung aller in allem; daher auch keine Unterschiede zwischen innerhalb und außerhalb der Abtei, zwischen denen, die öfter oder weniger oft bei Konzelebration und Chorgebet dabei sein können, zwischen höheren und niederen, schweren oder leichten Aufgaben, zwischen Amtsträgern und »Untertanen«. Durch die feierliche Profess sind wir in die Festversammlung aufgenommen worden, also in den hier realisierten Leib Christi. Alles, was wir tun, ist das Handeln einzelner Glieder im Dienste des ganzen Leibes.

Aus diesen Gründen sind unsere Abteien nicht zufällig hier versammelte Eucharistiegemeinschaften, sondern bilden »Ortskirchen«, weil in ihnen »ecclesia«, die ganze Heilsgeschichte ständig gegenwärtig ist. Mögen die Unterschiede zwischen den Häusern in Volksart, Gewohnheiten, Lebensgestaltung, Arbeitsaufgaben, Auffassungen, in kontemplativer oder aktiver Richtung noch so groß sein, sie sind alle zusammen als Summe nur die eine Kirche Jesu Christi. Denn im Gegensatz zu unserem empirischen Bewußtsein, daß eins und eins zwei sind, können wir im Bereich der Ekklesiologie ruhig Ortskirchen addieren: wir haben immer ein Ganzes, das nicht größer ist als jedes Glied der Addition. In der Ekklesiologie macht eins und eins wiederum eins! Denn jede Ortskirche zeigt die ganze Fülle Gottes und seinen Heilswerkes. Damit verwerfen wir nicht die Universalität der Kirche, sondern machen nur einen Unterschied zwischen der äußeren Universalität, die erst am Ende der Zeiten verwirklicht sein wird und die das Ziel der Kirche ist, und der inneren Universalität, die stets und unter allen Umständen sich selbst gleich bleibt, da sie bedeutet, daß die Kirche sich überall darstellt, immer in ihrer ganzen Fülle und ihrer vollen Einheit.

Die priesterliche Aufgabe: »Das priesterliche Amt hat einen ganz besonderen Charakter, dessen radikale Neuheit, ganz und gar von Christus dem Herrn abhängig, darin sichtbar wird, daß es ein Dienst des Geistes ist. Durch dieses Amt erbaut das Wort Gottes im Geist wirksam die christliche Gemeinde und erfüllt sie mit Geist, damit das ganze menschliche Leben vom Geist erleuchtet und durch die Feier der Eucharistie im Geist vollendet und so in christlicher Freiheit vollkommen erneuert wird ...

Heute muß der Priester immer tiefer aus dem Wirken des Heiligen Geistes leben, um die Menschen in die Gemeinschaft mit Gott, zur Erkenntnis seiner Geheimnisse im Geist und zum wahren christlichen Kult zuführen. Wenn man also den Amtsträger als geistlichen Menschen bezeichnet, der sich immer das Bild Christi des Knechtes und Hirten vor Augen halten soll, dann können alle Aufgaben des Priesters nur im Licht des Geistes geprüft und beurteilt werden. Sein Amt ... gründet in der Einzigartigkeit des eschatologischen Amtes Christi. Kurz zusammengefaßt läßt sich sagen: dieses Amt ist ein Dienst aus der eschatologischen Kraft des menschgewordenen Wortes Jesus Christus, der gestorben ist und auferweckt wurde, dessen sichtbare Zeichen unter verschiedenen Formen die Verkündigung des Evangeliums und die sakramentalen Handlungen sind; oder: es ist die aktive Repräsentation Christi des Hauptes und Hirten zur Auferbauung seines ganzen Leibes, der Kirche. Die spezifische Mission des priesterlichen Amtes besteht darin, mit eschatologischer Kraft Christus, den Erlöser der Welt, zu verkünden, um die christliche Bruderschaft zu sammeln, sie in Christi Opfer zu einen und durch Christus im Geist zu Gott dem Vater zu führen.

Deshalb gehört zum Wesen des priesterlichen Amtes als spezifisches Element das Erlösungsopfer, das zwar verschieden, aber doch in einer Einheit in der öffentlichen Verkündigung des Evangeliums, in der eucharistischen Feier und in der Leitung der Gemeinde wirksam gegenwärtig ist ...

Dieses österliche Geheimnis, von der Kirche verkündet und in der Feier der Sakramente, vor allem der Eucharistie, immer gegenwärtig und wirksam, ist das Prinzip der »Indentität« der Kirche und des priesterlichen Amtes. Die ganze Kirche, und für sie von Amts wegen und öffentlich das priesterliche Amt, verkündet, daß Christus der Urgrund des neuen Lebens in seiner Fülle ist; er führt uns in die Gemeinschaft des Vaters und des Sohnes und des Heiligen Geistes und macht, daß wir in ihr bleiben. Das kommt einzigartig in der Eucharistie zum Ausdruck.

Dieses im Geist geschehende, dem Bereich des göttlichen Lebens zugehörende Heilswirken übersteigt alle irdische Tätigkeit ...

Nichts ist notwendiger für die Kirche von heute, als diese ursprüngliche und streng eschatologische Struktur des priesterlichen Amtes zu sehen...Hirte ist der, der von Gott Auftrag und Vollmacht erhalten hat, sein Leben für die Schafe hinzugeben ...

Der Priester muß also durch sein ganzes Leben das Prinzip der »Identität« und Einheit der Kirche sichtbar machen, das Christus als Knecht Gottes und Hirte der Erlöser aller Menschen ist.«

Diesen Ausführungen aus der Vorlage zur Diskussion in der allgemeinen Bischofssynode über das priesterliche Dienstamt ist nach den bisherigen Erklärungen wenig hinzuzufügen. Allerdings weisen die Konstitutionen auch auf das allgemeine Priesteramt hin, das wir mit allen Gläubigen gemeinsam besitzen.

Die prophetische Aufgabe: Die Konstitutionen umschreiben sie als Verkündigung: das Wort Gottes hören und weitergeben in Predigt, Erziehung und Unterweisung. Wir müssen diese Verkündigung unter zwei Aspekten sehen: Verkündigung führt hin zum Opfer Christi und über das Opfer zum Mahl, das uns zwingt, die Großtaten Gottes zu verkünden.

Es gibt eine nüchterne, vom Verstand her bestimmte Apologetik. Diese kann, wie das Wort selber schon andeutet, nur Voraussetzungen schaffen, nur hinführen zum Glauben. Der Verstand allein wird aber nie die »Torheit« voll erklären können. Dazu muß die Gnade dazukommen, die in die Herzen ausgegossen werden muß, damit der so Erfaßte mit anderen Augen die geistige Wirklichkeit sieht.

Nur wenn wir in das Geschehen selber, in das Ereignis von Tod und Auferstehung hineingenommen worden sind, werden wir zu Zeugen, zu Begeisterten, die nicht mehr schweigen können. Hier findet die Conversion unserer Profess statt: sie bedeutet nicht so sehr, von moralisch schlechten Menschen zu guten zu werden, sondern uns vorbehaltlos dem Plan zur Verfügung stellen, den Gott in Christus durch den Geist verwirklicht. So werden wir immer mehr hineinleben in die Herrschaft Gottes und Glieder der »ecclesia universalis«, der Kirche aller Zeiten werden.

Die eucharistische Handlung ist eine prophetische Verkündigung, ja die prophetische Verkündigung schlechthin. Denn in der Zeit vom Zeugnis der Apostel angefangen bis zum Ende der Geschichte wird der Kirche nichts Neues gesagt im Verhältnis zu dem, was ihr bereits gesagt worden ist. Was ihr gesagt worden ist, ist die Auferstehung, d. h. die »neue Schöpfung« die am Ende der Zeiten offenbar wird. So fallen Vergangenheit und Zukunft zusammen: Das Gedächtnis ist zugleich prophetisch angesagte Zukunft.

Vielleicht dürfen wir sagen, daß auch Tradition im eigentlichen Sinne auf dieses Wesentliche zurückgeführt werden kann, wie Paulus es im Korinterbrief umschreibt (1 Kor 11,23–26). Dies ist die einzige Tradition, an der nicht zu deuten ist, die von allen zu allen Zeiten übernommen, erhalten und weitergegeben werden muß, weil in ihr alles im Kern enthalten ist. In welchen Ausdrucksformen und -weisen man auch immer versucht, die Menschen der jeweiligen Zeit zur Herrschaft Gottes zu führen, dieses Eine wird gleich bleiben.

Durch unsere Teilnahme am Mahl sprechen wir unser »Amen« dazu. Es ist nicht die Antwort eines Schülers, der seinem Lehrer sagt: »Ich habe verstanden!«; es ist das unwiderrufliche »Ja« der Braut, dem Bräutigam gegeben: es ist das Eingehen in den Bund, in das Reich, in die Herrschaft Gottes, in priesterlicher und königlicher Freiheit. Wie die ersten Christen werden wir anfangen zu sprechen »in anderen Zungen..., die der Geist uns zu sprechen eingibt« mit dem Ziel, »die Großtaten Gottes zu verkünden«.

Dies ist der Gund, den ganzen Tag das Lob Gottes zu singen im Chorgesang. »Mit Freuden singen die Gerechten in neuen Liedern überall!« Aus der Sicht der Heilsgeschichte sind alle Lieder neu, ob Psalmen, Hymnen, Lieder, Dank- und Lobgesänge, ob in lateinischer, deutscher oder welcher Sprache auch immer! Wichtig ist nur, daß sie die »Ergriffenheit« durchscheinen lassen.

Wer von dieser Vielfalt der Ereignisse und Erlebnisse erfüllt ist, dem ist es – wie Paulus sagt – eine Pflicht, die Frohe Botschaft hinauszutragen fast wie im Rausch, wie man am ersten Pfingstfest meinte. Er *muß* anderen Zeugnis geben, ihnen das Evangelium kundtun, sie überzeugen, ihnen den Weg zum gleichen Glück zeigen, damit auch diese teilhaben an der Herrschaft Gottes, am Endziel der ganzen Schöpfung, an der Heilsgeschichte.

Dies alles ist die göttliche Fülle, ja Überfülle, aus der der Prämonstratenser schöpfen und zu der er stets zurückkehren kann: die Liturgie als Quelle und Gipfel unseres Handelns, des Evangeliums, der Heilsgeschichte.

Wie ein »Alter«-Christus, gesandt vom Vater, geleitet vom Hl.Geist, steht er mitten im Volk seiner Zeit, kann reden, handeln und auftreten wie einer, der Macht hat; kann nicht blind sein für sozial Schwache, für Not, Elend, Unterdrückung, usw., weil auch ER, dessen Gesandter er ist, es nicht war. Aber weil er selber ein mit Fehlern behafteter Mensch ist, dessen Geist willig, aber dessen Fleisch auch schwach sein kann, braucht er die Zeit und den Ort, wo er ausruhen kann. Er muß wieder dorthin zurück, von wo er ausgegangen ist: zur Mitte des Lebens und des Gemeinschaftslebens, zum Professaltar, zur Eucharistie, von wo alles ausgeht und wohin alles zurückkehrt, was in unserem Orden *echt* leben will.

Der hl. Norbert ist ein eucharistischer Heiliger nach den Lehren der Apostel, also nur mit Christus als Führer. IHM sind auch wir verpflichtet; nichts anderes hat Norbert uns als wichtiger hingestellt.

Der hl. Norbert hat sich auf Augustinus berufen und ihn zum Vorbild genommen, der dies alles in einem Satz zusammengefaßt hat; einem Satz, der auch das Geheimnis unseres Prämonstratenser-Lebens ist:

»Wenn ihr also Christi Leib und seine Glieder seid, dann liegt euer Geheimnis auf dem Tisch des Herrn und ihr empfangt euer eigenes Geheimnis!« (Sermo 272)

Als Literatur wurde verwendet:
Josef Lécuyer, Die liturgische Versammlung, Concilium 1966, Jhrg. 2, Heft 2, S. 79–87.
Ernesto Balducci, Die Kirche als Eucharistie, Pattloch 1974.
Odilo Kaiser, Mensch und Gottes-Dienst, Pattloch 1971.

Formen geistlichen Lebens in einer Chorherrengemeinschaft

Klemens Halder O. Praem., Stift Wilten

In unserer Zeit haben manche Gläubige eine Reserve gegenüber Frömmigkeitsformen und vorgesehenen geistlichen Übungen. Daran ist richtig, daß eine bloß äußere Verrichtung oder zahlenmäßige Anhäufung falsch wären.
Die einzelnen Vollzüge müssen getragen sein von einer tieferen Haltung, die am Beginn unserer Regel folgendermaßen ausgedrückt wird: »Vor allem, liebe Brüder, soll Gott geliebt werden, sodann der Nächste; denn das sind die Hauptgebote, die uns gegeben sind.«[1]
Unsere Glaubenshoffnung muß aber sichtbar und hörbar zum Ausdruck kommen, wenn sie eine Wirklichkeit sein will, die etwas gilt; sie muß sich eine »Öffentlichkeit« schaffen. Unser Ordensleben kann man als eine »Sonder- bzw. Gegenöffentlichkeit« sehen, sowie es auch die Sonderöffentlichkeit eines Dorfes, einer Region, der Wissenschaftler oder die der Popmusik gibt. Als Gegenöffentlichkeit sind die Orden entstanden. Heutzutage ist gegenüber der großen allgemeinen Öffentlichkeit der Massenmedien, die immer mehr Bereiche des Lebens aufzusaugen droht, eine eigene Öffentlichkeit, eine eigene Gestaltung unseres Lebens besonders notwendig. Unsere Gestaltung von Wohnen, Essen und Kleidung sind das Außen unserer Gegenöffentlichkeit; das Innen wird von verschiedenen Formen des geistlichen Lebens gebildet[2].
Damit unser geistliches Leben dem Selbstverständnis als Chorherren entspricht, müssen wir meiner Meinung nach versuchen, folgende *zwei Verwirklichungsweisen* anzustreben:
Erstens soll unser geistliches Leben immer wieder vom gemeinsamen Tun geprägt sein,
zweitens soll es offen sein auf das ganze Volk Gottes hin, das heißt, daß schon unser geistliches Tun dem Apostolat dient und daß wir versuchen sollten, die Gläubigen in manches geistliche Tun einzubeziehen.
Die Communio, die Verwirklichung von Gemeinschaft, verstehen wir als eine zentrale Aufgabe unseres Lebens.
Schon beim Entstehen des Ordenslebens suchten sich die Eremiten einen geistlichen Vater, z. B. Antonius, oder begannen ein Leben in Gemeinschaft, z. B. unter der Führung von Pachomius.
Augustinus griff das Ideal der Gemeinschaft auf für solche, die in der

Seelsorge standen; er orientierte sich dabei am Beispiel der Urgemeinde, von der es heißt: »Sie hielten an der Lehre der Apostel fest und an der Gemeinschaft, am Brechen des Brotes und an den Gebeten« (Apg 2, 42).
Der von uns verwendete kritische Text der Regel des hl. Augustinus enthält kaum genauere Vorschriften über das Gebet; im Ordo Monasterii sind demgegenüber genauere Angaben enthalten. Immerhin gibt es ein eigenes Kapitel über das Gebet[3]. Augustinus hebt darin den Wert des Gebetes hervor, für das es eine feste Ordnung gibt: »Dem Gebet obliegt mit Eifer zu den festgesetzten Stunden und Zeiten.« Der Heilige kennt einen Gesang beim Gebet und verlangt den innerlich echten Vollzug des Gebetes: »Wenn ihr in Psalmen und Hymnen zu Gott betet, soll das im Herzen leben, was der Mund ausspricht.« Es ist interessant, daß neben dem gemeinschaftlichen Gebet auch das private als wertvoll angesehen wird; Augustinus spricht von jenen, »die vielleicht außerhalb der festgesetzten Stunden in ihrer freien Zeit beten wollen.« Im Kapitel über das Verzeihen wird schließlich die Wiederherstellung der Gemeinschaft mit der Fruchtbarkeit des Gebetes in Zusammenhang gebracht: »Haben sie sich aber gegenseitig beleidigt, so müssen sie einander ihre Schuld vergeben im Hinblick auf euer Beten, das um so besser sein soll, je häufiger es ist.«[4]
Über Norbert und seine Übernahme der Regel des hl. Augustinus heißt es in der Lebensbeschreibung: »Das apostolische Leben nämlich, das er mit seiner Predigttätigkeit angenommen hatte, wünschte er jetzt möglichst genau so zu leben, wie es seines Wissens dieser heilige Mann in der nachapostolischen Zeit geordnet und erneuert hatte.«[5] Der hl. Norbert führte ein Leben des Apostolates. In diesem Sinn wird auch in den Konstitutionen ständig die Beziehung unseres Lebens zum Apostolat und zur Gemeinschaftsstiftung herausgestellt, z. B. in Nr. 56: »Diese Einheit in Christus nach innen und außen zu fördern, sei das höchste apostolische Ziel unserer Ortskirchen«. In Nr. 55 wird festgestellt, daß das liturgische Tun selber schon apostolisch, auf Gemeinschaftsstiftung hingeordnet ist: »Die Frucht von Wort und Sakrament ist die sichtbare und unsichtbare Vereinigung der Kinder Gottes«.
Die »Allgemeine Einführung in das Stundengebet« kommt in Nr. 9 auf den Gemeinschaftscharakter des Gebetes zu sprechen: »Allezeit inständig zu beten... betrifft das Wesen der Kirche selbst, die eine Gemeinschaft ist und ihren Gemeinschaftscharakter auch im Gebet ausdrükken muß... Gleichwohl kommt dem Gebet der Gemeinschaft eine ganz besondere Würde zu, weil Christus selber gesagt hat: ›Wo zwei oder drei in meinem Namen versammelt sind, da bin ich mitten unter ihnen.‹ (Mt 18, 20)«[6]

Welche *Formen Geistlichen Lebens* gibt es nun oder sollte es geben?
Die Eucharistiefeier bildet sicherlich den Mittelpunkt. Sie »setzt Eintracht unter den Menschen voraus« (Konst. 48); sie soll »inmitten des Volkes Gottes« gefeiert werden (Konst. 327). Weil wir in ihr »Gemeinschaft halten mit Christus und den Brüdern« (Konst. 48), soll sie in unseren Häusern womöglich in Konzelebration gefeiert werden. An der Konventmesse sollten möglichst alle Mitbrüder im Haus teilnehmen. Damit die regelmäßige Feier der Eucharistie lebendig bleibt, müssen wir uns um eine gute, abwechslungsreiche Gestaltung bemühen. Eine persönliche Art der Feier soll die innere Gemeinschaft zum Ausdruck bringen.

Das Chorgebet ist die zweitwichtigste Verpflichtung unseres geistlichen Lebens (vgl. Konst. 50). Es ist neben der Eucharistie die Feier des Chorgebetes »so zu gestalten, daß alle Mitglieder der Kommunität und die anwesenden Gläubigen aktiv daran teilnehmen können« (Konst. 51). Es müssen die Gebetszeiten so festgesetzt werden, daß die meisten im Haus lebenden Mitbrüder anwesend sein können. »Der liturgische Gesang wird sehr empfohlen, da er der Art dieses Betens besser entspricht« (Konst. 331). Die »Allgemeine Einführung in das Stundengebet« macht Vorschläge, wie das Stundengebet z. B. durch Stille oder Abwechslung im Gesang verlebendigt werden kann (vgl. 2. u. 3. Kapitel). In unseren Kommunitäten werden auch Wege gesucht, wie mit verschiedenen Gruppen von Gläubigen, z. B. mit Jugendlichen, gelegentlich Gebetszeiten gestaltet werden können.

Das persönliche Gebet, die persönliche Glaubenserfahrung:

»Zum Gemeinschaftsgebet gerufen, sollen wir nichtsdestoweniger auch im Verborgenen zum Vater beten« (Konst. 52). »Das Hören auf das Wort Gottes, sei es einzeln, gemeinsam oder gesprächsweise, soll getragen sein von Lauterkeit, Beharrlichkeit, Gelehrigkeit und Sammlung. Unsere Häuser sollen deshalb so eingerichtet sein, daß sie auch Orte gern gehaltenen Schweigens, der Betrachtung, eifrigen Studiums und brüderlichen Gesprächs seien (Konst. 45). Soweit unsere Konstitutionen. Ohne persönliche Glaubensvertiefung und ohne persönliches Gebet können tatsächlich das gemeinsame Gebet und unser Arbeiten an Fruchtbarkeit verlieren (vgl. Konst. 323). Die tägliche Betrachtung war eine allgemein gepflegte Übung; heutzutage gibt es dafür nicht mehr in vielen Gemeinschaften ausgesparte Zeiten; anstelle dessen muß sich der einzelne dafür Zeiten freihalten[7]. Da unser Leben in Gemeinschaft gelebt wird, müßten wir sicher versuchen, gelegentlich auch in Gemeinschaft zu meditieren und frei zu beten. Bibelgespräch oder allgemeines geistliches Gespräch sind Möglichkeiten, uns gegenseitig im Glauben zu bestärken (vgl. Konst. 324). In der Seelsorge wird es immer wichtiger, daß wir in einer persönlichen Art und Weise unseren Glauben mitteilen können. Schon in der Ausbildung muß die Fähigkeit dazu herangebildet werden[8].

In diesem Zusammenhang sei darauf hingewiesen, daß für das geistliche Leben von neuen spirituellen Bewegungen, wie charismatische Erneuerung, Taizébewegung, Fokolare, Bewegung für eine bessere Welt, manche Impulse ausgehen. Diese Bewegungen greifen Glaubensbedürfnisse unserer Zeit auf und können durch die Anregung des Hl. Geistes aktuelle Wege weisen. Es kann dabei sicher eine Spannung zwischen der Zugehörigkeit zur eigenen Ordensgemeinschaft und der Teilnahme an einer solchen Geistigkeit auftauchen. Wichtig dürfte dabei sein, daß man einerseits die Anfragen von der betreffenden Spiritualität an das eigene Leben ernst nimmt, daß aber andererseits niemand zu einer Teilnahme bei einer solchen Bewegung gedrängt wird und nicht eine Überbetonung der neuen Erfahrung gegenüber der eigenen Geistigkeit geschieht.

Die Bekehrung unseres Lebens haben wir bei der Profeß gelobt. Sie soll eine ständige Haltung sein (Konst. 38); sie sollen wir bei der Eucharistiefeier vollziehen (Konst. 49). Zur Lebenserneuerung ist der regelmäßige Empfang des Bußsakramentes wichtig (Konst. 49, 333); unser inneres Voranschreiten kann zielvoller geschehen, wenn wir einen ständigen Seelenführer haben. »Gemeinsame Bußfeiern bringen den sozialen Aspekt von Sünde und Versöhnung passend zum Ausdruck und sind deshalb zu fördern« (Konst. 334). Es wäre vielleicht zu überlegen, ob wir nicht im Rahmen des Chorgebetes oder auch mit dem Volk in gewissen Zeitabständen, wenigstens aber in der Advents- und Fastenzeit solche Bußfeiern halten könnten. Bei wachsendem Vertrauen zueinander wäre eine Überprüfung unseres Lebens und unserer Arbeit eine Möglichkeit, um in unserem Leben und Arbeiten voranzukommen (vgl. Konst. 314, 78g); dafür ist wohl ein Kreis von Mitbrüdern, mit denen man sich besser versteht, geeigneter als die ganze Gemeinschaft.

Besondere Zeiten der Erneuerung:

Wir brauchen immer wieder besondere Zeiten, um zu innerer Einkehr und Lebenserneuerung zu finden. Mehrmals im Jahr, wenigstens aber zweimal, sind Einkehrtage angebracht; sie dürfen wohl nicht zu kurz sein, damit wir in unserer hektischen Welt wirklich zu uns selber kommen. Exerzitien sollen jedes Jahr gemacht werden, womöglich in unseren Gemeinschaften (vgl. Konst. 325). Das Stillschweigen spielt in solchen Zeiten der Erneuerung eine große Rolle, damit wir zu einer echten Überprüfung unseres Lebens und zu wirklichem Kontakt mit Gott finden. Ich halte aber eine zeitlich begrenzte und geordnete Möglichkeit zum Glaubensgespräch in diesen Tagen für wertvoll.

Die theologische Bildung steht in einer engen Beziehung zum geistlichen Leben. Schon in der Ausbildungszeit soll durch das Studium der Glaube gereinigt und vertieft werden. Eine ständige Fortbildung (Konst. 141–143) soll immer wieder den Glauben bestärken und helfen, daß die heutigen Fragen und Probleme in der richtigen Weise angegangen werden (vgl. Konst. 326). Es ist sicher nicht leicht, sich dafür Zeiten freizuhalten; dieses Bemühen gehört aber zu unseren wesentlichen Aufgaben[9]. Gemeinschaftlich kann die Fortbildung bei Seelsorgskonferenzen oder Studientagen der Kommunität geschehen; dabei kann vieles auch im Gespräch geklärt und mit den Erfahrungen des Lebens konfrontiert werden.

Gewisse traditionelle Formen geistlichen Lebens:

Rosenkranzgebet, Kreuzwegandacht, eucharistische Anbetung sind erprobte Formen; sie müßten manchmal verlebendigt, an unsere Zeitsituation angepaßt werden. Novizen und Kleriker sollten diese Formen kennenlernen und wenigstens eine gewisse Wertschätzung dafür aufbringen, auch deshalb, weil diese Formen im Volk oft noch ziemlich verankert sind.

An traditionellen Hilfen für unser geistliches Leben zählen die Konstitutionen Stillschweigen und Klausur (Konst. 310), Tagesordnung (Konst. 316), Fasten und Abstinenz (Konst. 319) auf. Wir dürfen Erfahrungen vieler Jahrhunderte in ihrer Bedeutung nicht unterschätzen; gewiß sind diese Hilfen des geistlichen Lebens »jedoch immer im Rahmen einer Kommunität von Chorherren, nicht von Mönchen, zu interpretieren« (Konst. 30).

Beispiele von Formen geistlichen Lebens (vor allem von der Praxis in Wilten her):

Im Noviziat:
Geistliche Unterweisung im Noviziatsunterricht, Kennenlernen der Bibel in fortlaufender Lesung, Lesung aus Schriften geistlicher Autoren, Meditation und persönliches Gebet in freigewählten Formen.

Im Klerikat:
Während des Schuljahres wöchentlich spiritueller Abend mit Vortrag oder Gespräch oder Meditation über ein geistliches Thema; am Samstagabend eine halbe Stunde von den Klerikern selbst gestaltete Meditation oder persönliches Gebet in Gemeinschaft.

Die Mitbrüder im Stift:
Tägliche Feier der Konventmesse in Konzelebration, ca. 3 bis 4mal wöchentlich mit Gesang, einmal davon mit dem Heim »Norbertinum«; Stundengebet auf 3 Tagzeiten aufgeteilt, immer gesungen; bei Mittagshore einmal wöchentlich und monatlich bei der Hl. Stunde Gebet um geistliche Berufe; einzelne Mitbrüder halten gelegentlich zu zweit eine Abendbesinnung.

Die Mitbrüder in den Pfarren:
Bei Dekanatskonferenzen kurze Besinnung oder Feier der Vesper oder Gespräch zum Evangelium des kommenden Sonntags.

Die gesamte Stiftsgemeinschaft:
Einkehrnachmittage in Advent- und Fastenzeit, alle zwei Jahre gemeinsame Exerzitien im Stift, in den Jahren dazwischen Verpflichtung zum Besuch freigewählter Exerzitien oder zur Teilnahme an Zusammenkünften spiritueller Bewegungen.
Feier der Pontifikalvesper an Fronleichnam, der Trauermetten am Karfreitag und Karsamstag; einzelne Mitbrüder kommen von den Pfarren zur Sonntagsvesper.
Feier der Feste des hl. Norbert, des hl. Augustinus, des Kirchenpatrons mit einer Eucharistiefeier.
Einmal jährlich Wallfahrt der Mitbrüder um geistliche Berufe, einmal jährlich feierlicher Gottesdienst mit den Gläubigen aller Pfarren in diesem Anliegen in der Stiftskirche.
Ein- bis zweimal jährlich Fortbildungstag (halb- oder ganztägig) über ein theologisches bzw. pastorales Thema.

Zusammenfassung:

Jeder Mensch ist auf den anderen hingeordnet; Christus hat seine Jünger in eine Gemeinschaft gerufen und wollte auf diese Weise die Verwirklichung des Reiches Gottes. Wir sollen auf dem Weg zu Gott aneinander eine Stütze finden. In diesem Sinn bekommt das geistliche Leben in unserer Chorherrengemeinschaft die besondere Prägung vom gemeinsamen Tun, von der gemeinschaftlichen Ordnung des Betens. Wir sollten dabei nie vergessen, daß wir im Vergleich zu den Weltpriestern nicht nur gemeinsam leben und arbeiten können, sondern daß uns auch im geistlichen Leben durch die Gemeinschaft Hilfen gegeben sind.

Es gilt schon für alle Gläubigen, daß sie sich verantwortlich fühlen sollen für das Heil der Mitmenschen und Mitchristen; für uns als Angehörige eines apostolisch tätigen Ordens hat das Gebet noch besonders zu tun mit der Sorge um das Heil der Menschen. So drückt es auch Konst. 53 aus: »Für alle Mitglieder, Brüder und Schwestern, bilden das Hören auf das Wort Gottes, die Liturgie der Sakramente, das Chorgebet und das private Beten, in denen der kontemplative Aspekt unserer Lebensweise besteht, die wichtigste Form, ja die Seele des Apostolates.«

Das Vorbereitungspapier auf das Generalkapitel von 1982 »Gesandt wie er« weist unserem Orden als Chorherrenorden auf dem Gebiet des Gebetes eine besondere Aufgabe zu: »Finsternis und Blindheit ringsum, Unfähigkeit, Gott zu entdecken und zu sehen. Vor allem dieser Not sollen sich unsere Kirchen in Zukunft zuwenden...Unser Beten soll die Menschen zum Mitbeten einladen, was bedeutet, daß die Form und der Inhalt für die Teilnehmer ansprechend sein sollen...Ob wir hier nicht den Rückzug angetreten haben? ...Und doch werden unsere Ortskirchen auf dem Gebiet des Gebetes und der Liturgie bahnbrechende Arbeit leisten und in der Suche nach einer neuen Gebetskultur und mehr zeitgenössischen Gebetsformen eine Vorreiterrolle übernehmen müssen, ohne die Vergangenheit dabei total aufzugeben und dadurch eine Anzahl von Menschen unzufrieden zurückzulassen.«

---

[1] Konstitutionen des Ordens der Prämonstratenserchorherren, hrsg. v. Ulrich G. Leinsle, OÖ Landesverlag Linz, S. 11.
[2] Vgl. dazu Norbert Lohfink SJ »Hoffen ja – aber worauf und wie?« Referat beim österr. Ordenstag 1982; in Ordensnachrichten 1983, Heft 1, S. 8–33.
[3] Konstitutionen des Ordens der Prämonstratenserchorherren, S. 12.
[4] Konstitutionen des Ordens der Prämonstratenserchorherren, S. 17.
[5] Ausgewählte Quellen zur dt. Geschichte d. MA 22, »Lebensbeschreibungen einiger Bischöfe des 10.– 12. Jhds«, übersetzt von Hatto Kallfelz, 1973, Wissenschaftl. Buchgesellschaft Darmstadt, S. 489.
[6] »Stundenbuch f. die kath. Bistümer d. dt. Sprachgebietes« Erster Band, Benziger-Herder-Pustet, 1978.
[7] Vgl. Josef Sudbrack »Leben in geistlicher Gemeinschaft«, Echter S. 187 f.
[8] Vgl. Martin Kopp »Seelsorgeteam – Sammlung in der Sendung«, Benziger S. 465–470.
[9] Vgl. Gisbert Greshake »Priestersein«, Herder S. 171–173.

ACTIO

*Das Leben nach Weisung und Art der Apostel
besteht darin, Zeugnis abzulegen für die
Auferstehung unseres Herrn Jesus Christus
in Predigt, durch ein vorbildliches Leben
und alle Formen des Apostolates.*   Konst. I/27

Unsere Aufgabe ist es, eine menschliche und kirchliche Kommunität in Liebe aufzubauen. Gibt es eine prämonstratensisch geprägte Pastoral?

Amandus Bruyninckx O. Praem.

Die Aufgabe *jeglicher* Pastoral ist es, eine menschliche und kirchliche Kommunität in Liebe aufzubauen. Denn jede Gemeinde von Christus lebt unter dem Wort des Herrn, um den Tisch des Herrn und als Gemeinschaft, in der die Liebe des Herrn im Dienst an den Menschen nachvollzogen wird. Haben wir Prämonstratenser aber in besonderer Weise etwas zur Pastoral beizutragen, das wesentlich, oder charakteristisch, oder charismatisch sein kann? Setzen wir Prämonstratenser aus unserer Spiritualität heraus eigene Akzente in der pastoralen Aufgabe, eine menschliche und kirchliche Kommunität in Liebe aufzubauen?
Unsere Konstitutionen sind eindeutig: das, was in unserer Ordensgemeinschaft sichtbar vorgelebt wird, sollte sich in der Pastoral kenntlich auswirken. Denn so heißt es numero 17: »Unsere Kommunitäten sind besonders darauf ausgerichtet, durch Gemeinschaftsleben und apostolische Sendung die Gemeinschaft der Kirche Christi in den Kommunitäten selbst, aber auch *nach außen* zu verwirklichen: *im Volk* auf Gott hin und *unter den Menschen.*« In numero 18 heißt es: »Der Geist Christi vereinigt dort in Liebe die verschiedenen Menschen und beruft sie zur Einheit im Glauben und in der Liebe. Diese Menschen, Kleriker, Religiosen und Laien bilden als Versammlung der Kirche das Volk Gottes an einem bestimmten Ort, z.B. einer Pfarre, einer Missionsstation, einer Schule, einem Krankenhaus. Diese Vereinigung ist von Christus dazu bestimmt, eine Gemeinschaft des Lebens, der Liebe und der Wahrheit zu sein. Sie wird von ihm auch als Werkzeug der Erlösung gebraucht, ist auf Gott hin ausgerichtet und findet in dieser Ausrichtung auf ihn ihre Vollendung.« Und in numero 19 lesen wir: »Die Übergabe durch unsere ewige Profeß verbindet uns voll mit der Kommunität unserer Mitbrüder. Aus dieser festen Verbindung erwächst unsere Kommunität als ein lebendiges und autonomes Gebilde, das manchmal schon seit Jahrhunderten tief in einem Gebiet verwurzelt ist.«
»Täglich müssen wir diese Übergabe unserer selbst innerhalb des Gottesvolkes verwirklichen, sei es im Haupthaus (der Abtei), in abhängigen Häusern oder in anderen Vereinigungen von Mitbrüdern. Dort ergänzen wir uns gegenseitig und haben alles gemeinsam; dadurch sollen wir

in Freud und Leid immer mehr ein Herz und eine Seele und so schließlich zum Tempel Gottes werden.«
»Unsere Kommunität sei der Boden, die Schule und das tägliche Training zur Verwirklichung der Gemeinschaft der Kirche Christi, nicht nur innerhalb der Kommunität, sondern auch *nach außen*, d. h. im Hinblick auf die übrigen Glieder des Gottesvolkes, auf die Welt.«
Die prämonstratensische Klostergemeinschaft ist also keine Gemeinschaft, die in sich geschlossen bleibt, denn sie hat eine Funktion innerhalb der Kirche und für die Kirche im Ganzen. Das ist Augustinus' Klosterideal. Er schrieb eine Regel für das gemeinsame Leben der Seelsorger.

Grundlagen für eine Prämonstratenserpastoral

Grundlagen für eine Prämonstratenserpastoral bietet die eigene Ordensspiritualität, bzw. das eigene Selbstverständnis des Ordens. Es geht mir jetzt allerdings nicht um eine abstrakte Darstellung aller einzelnen Aspekte der prämonstratensischen Spiritualität, sondern um deren konkrete Verwirklichung, eben um »gelebte« prämonstratensische Spiritualität in der Pastoral. »Die konkreten Formen der Ausdehnung dieser Spiritualität nach außen haben naturgemäß verschiedene Stufen« (Konst. 19).
Die Grundlagen für eine Prämonstratenserpastoral finden wir approbiert und promulgiert im 3. Kapitel unserer Konstitution: »Der ständige Aufbau von Gemeinschaft in unseren Ortskirchen.« »In unseren Ortskirchen muß die Gemeinschaft der Kirche Christi Gestalt annehmen. Diese Gemeinschaft ist zwar ein Geschenk der Gnade; doch müssen alle Glieder unserer Ortskirchen entsprechend den ihnen verliehenen Gaben an ihrer täglichen Verwirklichung mitarbeiten; denn trotz der Vielfalt der Dienste besteht unter ihnen eine einheitliche Sendung. Alle, die sich durch Ordensgelübde unseren Ortskirchen übergeben, sind aufgerufen, in ihrem Gemeinschaftsleben die apostolische Sendung zu erfüllen und so Gemeinschaft nach innen und außen zu verwirklichen« (nr 32).
Im Rahmen dieses Referates beschränken wir uns auf die apostolische Sendung nach außen: die Verwirklichung von *Gemeinschaft* durch unsere Sendung. Diese Sendung vollzieht sich in drei komplementären Aufgaben. So heißt es in in unseren Konstitutionen: »Unsere Selbsthingabe müssen wir täglich verwirklichen in Teilnahme am Leben der Kirche und den apostolischen Aufgaben: der Aufgabe, das Wort Gottes zu hören und zu verkünden (prophetische Aufgabe), der Aufgabe, die Liturgie zu feiern und die Welt zu heiligen (priesterliche Aufgabe), der

Aufgabe, die Kommunität in Liebe aufzubauen (königliche Aufgabe)...
Diese drei Aufgaben bilden auch das Apostolat unserer Ortskirchen«
(nr. 44). In unseren Konstitutionen werden diese Aufgaben eins nach
dem anderen ausgearbeitet. Es sind allerdings auch wieder Aufgaben,
die für jegliche Pastoral gelten.

Gibt es eine prämonstratensisch geprägte Pastoral?

Wesentlich für unsere Frage: »Gibt es eine prämonstratensisch geprägte
Pastoral?«, ist: aus welcher Grundhaltung, aus welcher Inspiration, aus
welcher Spiritualität versuchem wir Prämonstratenser, diese Grundlagen und apostolischen Aufgaben zu verwirklichen? Unsere Ordensspiritualität, das eigene Selbstverständnis des Ordens kennzeichnet sich
durch das Leben nach dem Evangelium Christi, *nach Weisung und Art
der Apostel in der Urkirche*. Im Vorwort unserer Konstitutionen lesen
wir: »Gott, der Allmächtige, verleihe uns, in unseren Tagen vollkommen jene Lebensweise nach Weisung und Art der Apostel zu verwirklichen.« Aus der Apostelgeschichte wissen wir, wie die Lebensweise der
Jünger Christi in der Urkirche aussah und gestaltet wurde. *Gemeinschaft* ist da Zentralbegriff. »Und alle, die gläubig geworden waren, bildeten eine *Gemeinschaft* und hatten alles *gemeinsam*...Tag für Tag
verharrten sie *einmütig* im Tempel, brachen in ihren Häusern das
Brot...Sie lobten Gott und waren beim ganzen Volk beliebt« (Apg.
2, 44, 46, 47). »Die Gemeinde der Gläubigen war *ein Herz und eine
Seele*. Keiner nannte etwas von dem, was er hatte, sein Eigentum, sondern sie hatten alles *gemeinsam*.« (Apg. 4, 32).
Gerade diese Verse der Apostelgeschichte hat unser hl. Vater Augustinus sehr geschätzt. Er hat sie geregelt, erneuert und deren Erfüllung als
Vollgestalt des Lebens für sich und die Seinen mit höchstem Eifer vorgelebt. Diese Lebensweise, Leben in Gemeinschaft nach Art und Weisung der Apostel ist auch das Programm unseres hl. Vaters Norbert
und seiner Gefährten. In Vita A 12 (683) lesen wir: »Unser Programm
nämlich ist..., kurz gesagt: Ich habe den Vorsatz, nach Maßgabe des
richtigen Verständnisses, ein Leben rein nach dem Evangelium und
nach Weisung und Art der Apostel zu führen.«
Weil wir also berufen sind nach Weisung und Art der Apostel *Gemeinschaft* zu verwirklichen, ist unser besonderer Schwerpunkt in der Pastoral die Verwirklichung von Lebens- und Arbeitsgemeinschaft zum
Aufbau des Leibes Christi, der Kirche. Im Neuen Testament gibt es
deutlich spirituelle Gesichts- und Ansatzpunkte zu dieser doppelten
Gemeinschaft. Typisch ist da die Aussendung zu zweit. Die Urkirche
sendet ihre Boten zu zweien aus. »Und er bestellte zwölf...!« d. h. der

Herr bestellte eine Gemeinschaft, eine geheiligte Gemeinschaft und er »sandte sie *zu zwei und zwei* ...« (Mk. 6,7). »Danach bestimmte der Herr noch andere siebzig Jünger ...!« Wiederum bestimmte der Herr zuerst eine Gemeinschaft »und sandte sie *zu zwei und zwei* vor sich her in alle Städte und Ortschaften, in der er selbst kommen wollte« (Lk. 10,1). »Als die Apostel (die geheiligte Gemeinschaft) in Jerusalem hörten, Samaria habe das Wort Gottes angenommen, sandten sie *Petrus und Johannes* zu ihnen« (Apg. 8,14). »Wir (die Gemeinschaft der Apostel und Ältesten) haben beschlossen, auserlesene Männer mit unseren geliebten *Barnabas und Paulus* zu euch zu senden, *zwei Menschen,* die ihr Leben für den Namen unseres Herrn Jesus Christus eingesetzt haben. Wir haben also *Judas und Silas* abgesandt, die euch auch mündlich das nämlich melden sollen« (Apg. 15,25–26). »Er sandte *zwei von seinen Gehilfen,* den Timotheus und Erastus, nach Mazedonien« (Apg. 19,22). Im Philipperbref (4,3) nennt Paulus den »bewährten Syzygos«, d. h. »Jochgenosse«; der Mann, mit dem man *gemeinsam* das Joch trägt! Das Joch der Tora, das Joch der Frohbotschaft, das Joch, von dem Jesus sagt, daß es »sanft« ist (Mt. 11,30).

Zu diesen Schriftstellen kann man mit Johannes Bours erörtern, daß die Jünger Christi das Kommen der Königsherrschaft Gottes zu zweien verkünden sollten. Der Bote hat den Gefährten zur Bestätigung seines Glaubens und seiner Botschaft bei sich. Erst die Übereinstimmung des Glaubenslebens und der Aussage von zwei Zeugen machte das Glaubensleben und die Aussage glaubwürdig. Die Synhodia, die Weggenossenschaft, die Gefährtenschaft, brauchen wir zunächst für uns selbst, um glauben zu können. Unser Glaube lebt ja vom Glaubenszeugnis des anderen. Und diese Gefährtenschaft ist ein Moment der Glaubwürdigkeit unserer Botschaft! Die Gemeinsamkeit des Lebens und des Tuns stärkt das Glaubenszeugnis zur Gemeinde hin.

Weil wir Prämonstratenser, aus *Gemeinsamkeit,* aus Verbundenheit kommen und dazu berufen sind, ist unser besonderer Schwerpunkt in der Pastoral, mit der Kraft der Botschaft Koinonia zu schaffen, d. h. Gemeinschaft zu bilden und Anteil am Werk Gottes in Jesus Christus zu vermitteln, also Gemeinschaft, Gemeinde zu bauen und zu erbauen. Das ist prämonstratensisch geprägte Pastoral!

Wir Prämonstratenser haben für die Grundlagen unserer Pastoral kein anderes Evangelium als alle anderen auch. Das ist klar. Aus unserer Ordensspiritualität heraus haben wir jedoch mehr als sonst jemand, die Strukturen, die Mittel und die Voraussetzungen nach dem Evangelium Christi und nach Weisung und Art der Apostel, eine menschliche und kirchliche Kommunität in Liebe *in Gemeinsamkeit* zu realisieren. Sollen wir vielleicht deshalb durch das wahrhaft gemeinsame Leben, das wir erwählt haben, Sauerteig für die Gemeinschaft unter den Priestern der Diözese sein? Also unsere Konstitutionen in numero 22.

Unsere Kommunitäten

»Inmitten der Pfarren und Institutionen sollen unsere Kommunitäten dienend präsent sein entsprechend den menschlichen und kirchlichen Erfordernissen des Ortes und Gebietes« (Konst. 20). Wir Prämonstratenser sollen unsere Kommunitäten (Abtei oder Priorat) als Drehpunkt haben. Unsere Kommunitäten sollen Mittelpunkt unserer Pastoral sein. Unsere Mitbrüder in der Seelsorge draußen sollten daher regelmäßig in diese Gemeinschaft heimkehren und da den Raum finden zum lebendigen Austausch. Denn Gemeinschaft bedeutet ja nicht einfach nur einem gemeinsamen Ideal verpflichtet sein, sonst aber für sich dieses Ideal zu verwirklichen, sondern im lebendigen Austausch miteinander zu stehen, sich gegenseitig zu helfen und zu raten, die Lasten gemeinsam zu tragen und so in einem Netz lebendiger Beziehungen zu stehen, weil alle »ein Herz und eine Seele«, alle eines Sinnes sind. So gibt es nicht zwei geteilte Gemeinschaften, die der Konventualen und die der Extrakonventualen, sondern nur *eine* wesentlich brüderliche Gemeinschaft.

Weil »unsere Kommunitäten dienend präsent sein sollten«, sollen unsere Pfarreien vorzugsweise um unserer Kommunitäten herum gruppiert sein. Weil wir unsere Kommunitäten als Schwerpunkt, als Kraftwerk haben sollten, sollen wir sie weder quantitativ noch qualitativ entkräften. Wenn man begreift, was ich meine!

Zeichen der Zeit

Die priesterliche, pastorale Gemeinsamkeit ist in der Zukunft eine dringende Notwendigkeit; auch, aber nicht nur des Priestermangels wegen. Die Ansprüche einer Gemeinde, deren Differenziertheit und Vielschichtigkeit immer größer wird, können von einem einzigen Priester kaum noch erfüllt werden; keiner hat – ganz abgesehen von der Zeit – die Fähigkeiten und Kräfte, dieser Vielfalt der Ansprüche Genüge zu leisten. Schon daher legt sich die Notwendigkeit eines Austausches und der Zusammenarbeit nahe, damit den Gemeinden ein vielfältigerer Dienst entgegengebracht werden kann, damit aber auch andererseits bei den Priestern die jeweiligen Begabungen stärker zur Entfaltung kommen können. »Der Geist teilt jedem nach seiner Eigenart zu, wie er will« (1 Kor. 12,11).

Während man seit Beginn dieses Jahrhunderts von der Vorstellung ausging, daß die ideale Größe einer Stadtpfarrei etwa 5000 Katholiken umfaßt, zeichnen sich heute bereits andere Tendenzen ab. Man geht dabei von der Vorstellung aus, daß in der Stadt eine Pfarrei substrukturiert ist durch verschiedene kirchliche Gemeinden. Unter dieser Voraussetzung kann eine Pfarrei 10 000 oder mehr Katholiken umfassen. Die in der Pfarrei tätigen Priester, Diakone, Pastoralreferenten und Laien der verschiedenen Gemeinden innerhalb der Pfarrei müssen als Team wirksam zusammenarbeiten.

Auf dem Lande wird es Pfarrverbände, Bezirke oder Dekanate eines neuen Typs geben müssen, an deren Spitze ein Leitungsteam, zusammengesetzt aus Priestern und Nichtpriestern, steht, die gemeinsam die notwendigen verschiedenen Dienste wahrnehmen. Diese Formen der »Großraum-Seelsorge« in der Stadt und auf dem Lande werden vermutlich für die Kirche der Zukunft eine große Bedeutung haben. Bei dieser »Großraum-Seelsorge« in Gemeinsamkeit kann auch leichter eine Spezialisierung der Seelsorger zur Geltung kommen und eine größere Verfügbarkeit freisetzen.

Wege in unsere Zukunft

In einem Vortrag »Geistliche Gemeinschaften von heute und für morgen« sagte Corona Bamberg OSB: »Wir leben in einer Welt, die im Bereich des Zwischenmenschlichen und Kollektiven Möglichkeiten der Gemeinsamkeit vielfältig sichtet, diese Möglichkeiten verwirklichen will und darunter leidet, daß ihr dies nicht gelingt. Gemeinschaft ist dennoch für uns schon vom Menschlichen her zu einer erstrangigen Aufgabe geworden, die aber aus Eigenem allein nicht zu bewältigen ist. Da bekommt nun die Feststellung ihr volles Gewicht, daß sich uns diese Aufgabe stellt in einer Epoche ganz neuen Durchstoßens zum Evangelium ... Christusgemeinschaft ist notwendig zugleich Christengemeinschaft. Notwendig deshalb, weil der Geist immer zur Gemeinde spricht. Nicht der isolierte Einzelne ist sein Partner, sondern die Gemeinschaft derer, die an Christus frei, wach und bereit geworden sind.«
Beim Suchen nach Wegen in unsere unbekannte Zukunft kann man nicht, wie Karl Rahner einmal sagt, mit klaren Generalstabskarten ziehen, auf denen alle Straßen schon genau verzeichnet sind. So wird auch der im folgenden gemachte Vorschlag nicht mit der Sicherheit vorgetragen: »So und nicht anders«, sondern er ist ein bescheidenes Stück des Suchens nach Wegen in unsere Zukunft. Es gibt in unserem Orden bereits Seelsorgkommunitäten in der Großstadt und auf dem Lande. Bei all unserem Sinnen und Trachten, eine prämonstratensisch

geprägte Pastoral – wie ich diese zu deuten versucht habe – zu verwirklichen, könnte man m. E. diese Kommunitäten immer mehr und weiter in diesem Sinne ausbauen: eine Gemeinschaft von denen, die im kirchlichen Dienst tätig sind: Priester, Schwestern, Pastoralreferent, Diakon, Religionslehrer, Sozialarbeiter, Kindergärtnerin usw., Verheiratete und Unverheiratete. Die Familien und auch die Ehelosen haben ihren eigenen Lebensraum, wenn auch die Wohnungen möglichst nahe beieinander liegen sollten. Sie verstehen sich als Gemeinschaft, die im gemeinsamen Arbeitsfeld (der Stadt, des Pfarrverbandes) diese Solidarität als Lebensform wählt. In dieser Gemeinschaft wird es etwa geben: das gemeinsame Beten (Stundengebet); gemeinsame Meditation; regelmäßige Planungstreffen; gelegentlich gemeinsame Mahlzeiten; gelegentlich gemeinsames Feiern, gemeinsames Erleben. Jedenfalls wird das spirituelle Bemühen die Voraussetzung sein für das gemeinsame Leben. Eine Sichtbarmachung des Zusammenlebens und Arbeitens von Christen, die in kirchlichen Berufen stehen. Sie könnten – vor den Augen der Öffentlichkeit – den Versuch machen, im gegenseitigen Sich-Annehmen und Sich-aufeinander-Einlassen den Dienst an der Gemeinde zu tun. Das entspricht völlig dem, was Heinrich Schlier so ausdrückt: »Glaubende, vom Geist erfüllt, sind Gemeinschaft« und entspricht zugleich auch unserer prämonstratensischen Ordensspiritualität als Grundlage für unsere Pastoral. Gewiß, das alles ist eher und reeller zu verwirklichen in einer Großstadtpfarrei, in Pfarrverbänden, in geschlossenen Seelsorgsgebieten. Wir sollen deshalb im Hinblick auf unsere Ordensspiritualität und auf die Impulse unserer Konstitutionen gerade diese Großraum-Seelsorge vorzugsweise anstreben.

Gemeinschaft mit der Diözese und ihrem Bischof

»Das Bild einer menschlichen und christlichen Gemeinschaft ... muß auch unsere Beziehungen mit dem Ortsbischof, dem Klerus und den Laien beherrschen, wo immer wir uns aufhalten« (Konst. 21). »Fest ihrer kollegialen und zugleich pastoralen Sendung verschrieben, seien die Priester unserer Ortskirchen in Brüderlichkeit aufgrund desselben Weihesakramentes mit den übrigen Mitgliedern des Klerus und dem Bischof verbunden. Durch das Weihesakrament und die vom Bischof empfangene apostolische Sendung, aber auch durch die kanonische Profeß, die sie einer bestimmten Ortskirche eingliedert, sind sie in einem engeren und eigentümlichen Sinne Glieder des Presbyteriums des Bischofes« (Konst. 22).
Nicht umsonst, sondern zurecht betonen und erklären unsere Konstitutionen an mehreren Stellen unsere Beziehungen und unsere Verbun-

denheit mit der Diözese und dem Ortsbischof. Aber das bedeutet m. E. noch nicht, daß wir ohne weiteres und in jeder Hinsicht dem Pastoralplan und der Pastoralplanung der Diözese unterworfen sind. Wenn wir z.B. in eine Ortskirche gesandt werden, müssen wir uns zuerst bemühen, in Übereinstimmung mit dem eigenen Ordenscharisma in dieser Ortskirche zu leben und zu arbeiten und so Wurzeln zu schlagen. Dazu gibt es doch die rechtliche Exemption. Sie ist gerade als Schutz unseres eigenen Ordenscharismas gemeint. Wir sollen uns nicht unbedingt mit irgendeiner pastoralen Aufgabe durch einen Bischof begnügen, wenn dadurch unsere eigene Spiritualität preisgegeben werden muß, oder nicht zur Entfaltung oder zur Geltung kommen kann. Ich weiß, das kann Spannungen geben. Hören wir aber was Johann Baptist Metz dazu sagt: »Wird heute die rechtliche Exemption der Orden (gegenüber den Bischofskirchen) überhaupt noch im Sinne eines (für die Gesamtkirche) fruchtbaren Spannungsverhältnisses eingesetzt? Sind inzwischen viele Orden oder eine große Anzahl einzelner Ordenshäuser – zumindest bei uns – nicht schon viel zu fest ›verplant‹ von Pastoralplänen, an deren Zustandekommen sie selbst kaum Anteil hatten...? Man möge mir solche Fragen nicht verübeln... Durch diese Fragen sollen auch keineswegs innerkirchliche Gegensätze künstlich produziert oder dramatisiert werden. Doch die groß-kirchliche Einebnung der Orden kann nicht im gesamtkirchlichen Interesse sein. Sie kann auch nicht im Interesse der Orden sein; sie vor allem werden es mit wachsendem Sinnverlust bezahlen und dafür immer mehr die Quittung von denen erhalten, die nachkommen – oder eben nicht nachkommen.«
Die Charismen der Großkirche und der Orden können in der Kirche aufeinanderstoßen, aber sie widersprechen ihrem eigenen Wesen, wenn sie sich nicht als Teile eines Ganzen diesem unterordnen. Und dieses Ganze erscheint je im anderen, im »Bruder, für den Christus starb« (Röm. 14,15). Das Wort Jesu: »Ihr alle aber seid Brüder« (Mt. 23,8), gilt zuerst denen, die er in den Jüngerdienst hineingenommen hat. Solange wir aber in der Kirche und im Dienst Jesu miteinander überlegen und sprechen – über das eine, was am meisten der Rede wert ist: über das mit Jesus von Nazareth, gilt: »Und es begab sich, während sie miteinander sprachen und überlegten, nahte sich Jesus selbst und ging mit ihnen« (Lk. 24,15).

Zum Abschluß

In meinem Beitrag habe ich anzudeuten versucht, wie wir, Prämonstratenser, zum pastoralen Dienst in der Kirche etwas beizutragen haben, das charakteristisch oder charismatisch sein könnte, weil wir aus unserer Ordensspiritualität heraus eigene Akzente setzen in der pastoralen Aufgabe, eine menschliche und kirchliche Kommunität in Liebe aufzubauen. Darf ich nun sagen, daß der Herr auch jetzt noch mit uns Prämonstratensern gehen will und uns ergänzen wird: »Danach bestimmte der Herr noch andere siebzig Jünger und sandte sie *zu zwei und zwei vor sich her in alle Städte und Ortschaften, in die er selbst kommen wollte*« (Lk. 10, 1): Er selber geht uns nach; Er selber schafft *zuletzt* das Werk der Königsherrschaft Gottes!

Quellenverzeichnis

»Konstitutionen des Ordens der Prämonstratenserchorherren«
»Pastorale« – Handreichung für den pastoralen Dienst – Die Gemeinde – Herausgegeben im Auftrag der Deutschen Bischofskonferenz von der Konferenz der deutschsprachigen Pastoraltheologen. Matthias-Grünewald-Verlag · Mainz 1970
»Gelebte Spiritualität« – Erfahrungen und Hinweise. Franz Kamphaus und Johannes Bours; Herder 1979
»Paarweise Sendung im NT.«, Joachim Jeremias, in: Abba, Göttingen 1966
»Zeit der Orden?« – Zur Mystik und Politik der Nachfolge – Johann Baptist Netz; Herder 1977

»Das Versprechen der Stabilitas« – Die Abtei als »Strahlungszentrum«

Gilbert Kraus O. Praem.

Wenn wir im Nachdenken über Spiritualität und Selbstverständnis unseres Ordens verschiedene Schwerpunkte und Begriffe beleuchtet haben, dann dürfen wir, so meine ich, an einem Punkt nicht vorübergehen – der uns zwar als selbstverständlich erscheint, weil er uns aus der Tradition so vorgegeben ist, gerade als »alter Orden« – der mir aber als vorgegebener Wert wichtig erscheint bedacht zu werden, gerade auch der Chancen und Möglichkeiten wegen, die er beinhaltet: das Versprechen der Stabilitas.

Um dies verständlich zu machen, möchte ich Roman Bleistein zitieren[1]. Auf S. 40 schreibt er, was uns anzugehen scheint: »Die eigentlichen Chancen eines konkreten Ordenslebens werden doch oft so eingeebnet, daß sich etwa ein Ordenspriester in seinem Dienst nicht mehr von einem sogenannten Weltgeistlichen und der Dienst einer Ordensfrau kaum von dem einer engagierten »Weltchristin« unterscheidet. Der Ordenschrist taucht um so mehr in der Gesellschaft unter, als er als einzelner (gar als Individualist) seinen Dienst tut. Im Gegensatz dazu bestünde doch eine der Chancen einer Lebensform im Orden darin, einen Dienst im Team und in Kontinuität zu leisten (dadurch könnten nicht nur Erfahrungen gemeinsam gemacht, sondern auch gemeinsam weitergegeben werden). Nicht da und dort der interessante Einsatz eines einzelnen, sondern miteinander etwas auf Dauer schaffen, im Dienst am Menschen – das wäre eine Chance.«

Weiter schreibt er auf S. 41 seines Büchleins: »Besser ... wäre jene Rückkehr zu den Ursprüngen, deren verpflichtendes Charisma sich heute so entfalten könnte, daß es junge Menschen in ihrer Radikalität leichter anspricht, immer unterstellt, daß der konkrete Dienst sich provozierend von anderen Angeboten abhebt, und dadurch spirituell jene Antriebskraft mit sich bringt, die früher der erwartete soziale Aufstieg in manchen Gemeinschaften versprach.«

Wen, wenn nicht uns, geht diese Aussage von Roman Bleistein an? Ist es nicht gerade eine Aussage, die auf unser Abtei-System abzielt und damit auf die Möglichkeit und Kraft, die in der Stabilitas steckt, deren wir uns wieder bewußt werden müssen: »Dienst im Team und in der Kontinuität, etwas auf Dauer miteinander schaffen, im Dienst am Menschen!«

Das Wort »*Stabilitas*« wird in der deutschen Übersetzung unserer Konstitutionen nur einmal gebraucht in Art. 297. Sonst wird gesprochen von »einer bestimmten Ortskirche«, von »Kommunität«, »Volk Gottes an einem bestimmten Ort«, als »ein lebendiges und autonomes Gebilde«, von einer »bestimmten Kirche unseres Ordens, die an einem bestimmten Ort errichtet ist«. Aber aus den Zusammenhängen, in denen diese Formulierungen stehen, wird deutlich, wie charakteristisch und welches Wesenselement dieses Versprechen der Stabilitas für unsere Gemeinschaft ist.

Ich möchte nun versuchen aufzuzeigen und deutlich zu machen, welche Folgerungen, Konsequenzen oder auch Thesen sich aus der Stabilitas für unser Gemeinschaftsleben, aber auch für unsere Art der Pastoral ergeben können, die, im Sinne Roman Bleisteins, deutlich machen, inwiefern sich unser Dienst, vielleicht auch provozierend, von anderen Angeboten abhebt und wie sich daraus wohl auch spirituell eine Antriebskraft ergeben kann, die es möglich macht, uns selbst, aber auch jungen Menschen, die auf der Suche nach einer Lebensform sind, aufzuzeigen, welche Chancen in unserer Form des gemeinsamen Lebens und des Dienstes enthalten sind.

Was besagt »Stabilitas loci«?

»Ich, Frater NN., bringe mich selbst dar und übergebe mich der Kirche von N.« – so beginnt die Profeßformel[2] in unserem Orden. Die Konstitutionen meinen dazu in Art. 297: »Dadurch, daß wir uns einer bestimmten Kirche unseres Ordens übergeben, die an einem bestimmten Ort errichtet ist, nimmt unsere Hingabe an Gott die konkrete Form des Dienstes an dieser Kirche an. Im Namen der Kanonie aufgenommen, werden wir ihr eingegliedert. Daraus erwächst die Stabilität, die eine feste Eingliederung in die Kanonie und Beharrlichkeit im Vorhaben besagt.«

Auf Stichworte zusammengefaßt, kann man sagen: Stabilitas bedeutet eine lebenslange Bindung an eine Gemeinschaft, die Bindung an den Ort, an dem die Gemeinschaft lebt und an die Lebensweise dieser Gemeinschaft.

Wichtig erscheinen mir dabei zwei Aussagen im Hinblick auf die weitere Entfaltung:

– Die *Gemeinschaft:* es ist eine konkrete, überschaubare und fest umschriebene Gemeinschaft. Gemeinschaft ist der Zentralbegriff in unserem Orden, wie aus den verschiedenen Referaten und aus den Konstitutionen einschließlich der Augustinus-Regel unschwer herauszuhören ist. Die erste Sendung unseres Ordens bedeutet: Gemeinschaft am Ort konkret verwirklichen (Art. 336)[3]. Wir sind zur Einheit im Glauben und in der Liebe an einem bestimmten Ort berufen (Art. 18). Die Kirche Christi soll sich in der Kommunität verwirklichen (Art. 17). Damit ist gesagt, daß es um den Weg zu Gott geht: des Einzelnen, in Gemeinschaft und der Gemeinschaft insgesamt. Die Gemeinschaft ermutigt und hilft, in ernsthaftem Ringen auf dieses eine Ziel ausgerichtet zu bleiben. Die Bindung an die Gemeinschaft ist zugleich Verwirklichung des Bleibens in der Liebe Christi (Art. 297), die der einzelne schon jetzt findet, indem er in der Liebe der Brüder zueinander bleibt. Die Ordenskonstitutionen sagen das in Art 18 so: »Der Geist Christi vereinigt dort in Liebe die verschiedenen Menschen und beruft sie zur Einheit im Glauben und in der Liebe. – Diese Vereinigung ist von Christus dazu bestimmt, eine Gemeinschaft des Lebens, der Liebe und der Wahrheit zu sein. Sie wird von ihm auch als Werkzeug der Erlösung gebraucht, ist auf Gott hin ausgerichtet und findet in dieser Ausrichtung auf ihn hin ihre Vollendung.«

Die Beständigkeit in der Gemeinschaft der Liebe ist daher eine andauernde Aufgabe. Gerade das »Ausharren« in der Gemeinschaft wird damit zu einer »Werkstatt« im übertragenen Sinne[4], in der man der Aufgabe nicht ausweichen kann, stetig an sich selber zu arbeiten, wenn man zum Ziel und zu echter Christus-Nachfolge kommen will. »Die natürlichen Formen menschlichen Zusammenlebens sind immer begrenzt. Sie haben ihre eigene menschliche Form, ihre Freude, ihre Sünde, ihre Kultur, ihren Durst und Hunger« (Art. 18). Ich denke, es wird deutlich, daß Stabilitas aussagt, wie sehr unsere Lebensform auch exemplarisch ist für das Leben der Kirche[5], die ebenso Zeichen menschlicher Unzulänglichkeit an sich trägt, und wie sehr unsere Gemeinschaft im miteinander Ausharren bemüht sein muß, exemplarisch aufzuzeigen, wie die Liebe Christi konkret verwirklicht werden kann, ja, wie Christen, die ihrem Herrn ernsthaft nachfolgen, bemüht sind, im Gelingen und Mißlingen der Liebe, miteinander in seinem Geist zu leben und Leben gelingen zu lassen.

Weiteres: *Unser Dienst.* Stabilitas verbindet den einzelnen mit einer Gemeinschaft. Aber nicht allein um der Gemeinschaft willen (das spielt sicher auch eine Rolle), sondern auch um ihr in ihrem Dienst am Menschen zu helfen, da unsere Gemeinschaften eine apostolische Sendung zu erfüllen haben. Dafür wurde sie vom hl. Norbert ins Leben gerufen und blieb seither dieser Sendung treu. Norbert selbst war Seelsorger: Wanderprediger, Friedensstifter, Missionar, Bischof. Er berief seine Söhne in sein erzbischöfliches Gebiet, gründete Klöster im deutschen Osten als Pflanzstätten des Christentums unter den Slawen. Von Anfang an war unserem Orden Apostolat eigen, »nach Weisung und Art der Apostel« und dem Vorbild des hl. Augustinus.

Diese Sendung zu aktualisieren wurde in den Konstitutionen versucht. Im Zusammenhang mit Stabilitas heißt daher das Postulat, das sich in den Artikeln 22, 57, 336 und 337 unserer Ordenskonstitutionen besonders ausdrückt: die Abtei als Strahlungszentrum des gesamten Apostolates der ganzen örtlichen Kommunität des Volkes Gottes.

Die Abtei als Strahlungszentrum

Wenn es darum geht, die Wesensart unseres Ordens näher zu bestimmen, dann wird wohl jeder von uns bereit sein zu sagen: wir sind eine Gemeinschaft für den Dienst am Volk Gottes. Fragt ein Laie aber näher nach: ja, was »macht« ihr denn eigentlich? – dann werden wir sofort darauf verweisen, was wir alles »tun«! Jedes Haus unseres Ordens hat dabei seine Eigenart, was die »Hausbräuche« und was die Seelsorge angeht. Bei der Pfarrseelsorge treffen sich wohl alle. Danebem stehen verschiedenste Apostolate: Jugend- und Erwachsenenbildung, Wissenschaft, kulturelles Schaffen, kategoriale Seelsorge. Und, so wird der Laie weiter fragen: Worin unterscheidet ihr euch dann von den Weltpriestern?

Dieser Frage sollten wir ernsthaft nachgehen, nicht nur im Hinblick auf die schon zitierte Anfrage von Roman Bleistein, wohl auch im Hinblick auf die konkrete Situation, sowohl in der Abtei, wie bei den Mitbrüdern außerhalb des Klosters.

Ein wesentliches Charakteristikum unserer Klöster ist das gemeinsame Leben. Das habe ich schon betont und das wurde vielfach betont. Unsere Gemeinschaft ist aber nicht Selbstzweck, sondern eines ihrer herausragenden Ziele ist eben der Dienst, Gottesdienst und Menschendienst. Wir sind nicht einfach eine Gruppe von Gleichgesinnten zur eigenen Selbstheiligung. Umgekehrt verlangt aber gerade heute dieser Dienst, der u. a. ja auch in der Pfarrgemeinde geleistet wird, zu seiner besseren Wirksamkeit nach der Gemeinschaft, aus deren Kraft heraus der einzelne besser wirken kann. So gesehen sind Gemeinschaft und Dienst nicht zwei voneinander zu trennende Merkmale, sondern beide bedingen sich gegenseitig und ergänzen sich.

Nun sieht die Realität oft anders aus, gerade mit den Mitbrüdern, die außerhalb der Abtei wohnen müssen, bedingt durch ihren Dienst. Ich denke nicht, daß wir den Zustand eines Hauses als günstig ansehen dürfen, gerade nach den Erneuerungskapiteln nach dem Konzil, als deren Frucht die Konstitutionen unseres Ordens hervorgegangen sind, wenn in einem Haus unseres Ordens nur mehr der Abt, oder der Prior, einige Offizialen, die alten Mitbrüder und Novizen, bzw. in den Ferien auch die Kleriker, leben. Ebenso kommt uns wohl Unbehagen auf, wenn wir an die Mitbrüder außerhalb denken. Sie sind ins Kloster eingetreten, haben also eine Gemeinschaft, eine gemeinsame Lebensform für sich als wichtig oder notwendig erkannt, und leben nun ein Leben, das sich von dem eines Weltpriesters, wenn wir ehrlich sind, kaum unterscheidet. Sicher kommen die auswärtigen Mitbrüder immer wieder ins Haus, haben einen Rückhalt und lieben das Haus. Von einer klösterlichen Gemeinschaft mit diesen Mitbrüdern kann jedoch kaum die Rede sein.

Das Problem liegt aber nicht darin, daß die Mitbrüder in der Seelsorge tätig sind, also außerhalb des Klosters leben müssen, sondern darin, daß es ihnen mit der Zeit durch ihre Lebensweise menschlich verunmöglicht wird, in einer Gemeinschaft zu leben. Und eine Gemeinschaft haben sie gesucht, sonst wären sie nicht in das Kloster eingetreten. Ebenso kann dies in der Abtei selbst geschehen: Wo jeder den individualistischen Weg verfolgt, jeder »sein eigener Weg ist«, wo nur ein Minimum an gemeinsamen Richtlinien besteht, da geschieht der gleiche Vorgang. Die lautlose Auflösung der Gemeinschaft. Dies ist eine Folgeerscheinung von Isolation. Man gewöhnt sich an die Vereinzelung, an das für sich und vor sich hinarbeiten so sehr, daß man allmählich unfähig wird, wieder in einer Gemeinschaft und als Gemeinschaft zu leben.

Ich denke, es ist einsichtig genug, jetzt nach Leitlinien zu suchen, die der Geistigkeit unserer prämonstratensischen Gemeinschaft entsprechen und einer von ihr geprägten Pastoral.

1. Die Abtei als Mittelpunkt der Seelsorgsaktion

Wir brauchen uns pastorale Überlegungen nicht aus den Fingern zu saugen. Die Konstitutionen können uns dabei ein bewährter Helfer sein.

In Art. 22 heißt es: »In der Ausübung des Apostolates sollen Priester und Laien unserer Ortskirchen, Religiosen und Weltleute, einander ergänzen. Unser Apostolat besteht noch vor aller individueller Tätigkeit in einer strahlenförmig geordneten Aktion der ganzen örtlichen Kommunität.«

In dieser Aussage stecken schon eine Menge Impulse. Gemeinsames Wirken ist offensichtlich von der Geistigkeit unserer Gemeinschaft her gefordert. Nehmen wir das Wort »*ergänzen*«. Für mich hat das verschiedene Konsequenzen, gerade auch, wenn ich an den Artikel 337 der Konstitutionen denke: »In unseren Ortskirchen, wo Priester und Laien eine klösterliche Familie bilden, herrscht Einheit in der Sendung bei Verschiedenheit im Dienst. In der Erfüllung dieser Sendung sollen Priester und Laien, ob im Kloster oder in der Welt, einander ergänzen. Bei der Ausübung der vielfältigen Formen des Apostolates soll deshalb eine enge Zusammenarbeit herrschen zwischen den Priestern unserer Ortskirchen...«

Team-Arbeit ist das moderne Wort, das wir dafür einsetzen können. Team-Arbeit also ist ein wichtiger Teil der Identität unserer Gemeinschaft und der von ihr getragenen Pastoral.

Für mich hat das zwei Aspekte:

1. Sehen – urteilen – handeln. Dieses mittlerweile schon klassisch zu nennende Prinzip gemeinsamen Arbeitens findet wohl auch hier seine Anwendung: gemeinsam sehen, was ist und planen – gemeinsame Arbeit reflektieren, neue Ziele abstecken, Gemeinsamkeiten vereinbaren und gemeinsames Arbeiten nicht nur miteinander, auch füreinander. Füreinander meint, daß Praxis und Theorie einander befruchten können, daß die gemeinsame Planung und Reflexion auch theologischer Art für andere fruchtbar gemacht wird: für die übrigen Mitbrüder, die Kleriker, die »übrigen Priester und Laien« (Art. 337). Denn ich denke, wir sollten uns nicht scheuen, unsere Teamarbeit auch anderen zugänglich zu machen, gerade auch für die mit uns zusammenarbeitenden Weltpriester und Laien; es ist unser Auftrag, »Sauerteig für die Gemeinschaft unter den Priestern der Diözese« (Art 22) zu sein. Sinnvoll sind hier wohl auch kleine Einheiten, »Equipes«, seien es die Priester und Laien, die in der Pfarrseelsorge tätig sind, oder die in der Schule Tätigen einer Abtei usw.

2. Artikel 57: »Unsere pastorale Aktivität soll *kollegial* sein.« Kollegialität hebt ab auf den Umgang mit dem Mitbruder, berührt die Qualität der Beziehungen, gerade auch der »Arbeitsbeziehungen«. Aber auch mehr: Der Gemeinsamkeit des Auftrags entspricht die Gemeinsamkeit der Verantwortung. Jeder Mitbruder darf nicht nur seinen Arbeitsbereich sehen, sondern muß – bei Achtung der Aufgabenbereiche der anderen – sich ständig für das Ganze der Gemeinschaft interessieren und verantwortlich wissen. Eben: vor aller individuellen Tätigkeit besteht unser Apostolat in einer strahlenförmig geordneten Aktion.

Nehmen wir nun den Ausdruck *»strahlenförmig geordnete Aktion«*. Auch darin finden sich verschiedene Aspekte, die bedacht werden wollen.

Zuerst hat jede Strahlenform einen Mittelpunkt, von dem etwas ausstrahlt. Der Mittelpunkt ist die Abtei. Hier findet der Austausch statt. Von ihr geht die Seelsorgsaktion aus. Der Mitbruder kommt nicht nur in die Abtei, um sein »Handgeld« abzuholen und ein wenig zu ratschen.

Austausch meint eben mehr.

Gebets- und Glaubensgemeinschaft

Zeiten dafür müssen bewußt frei gehalten werden: seien es die Teilnahme am Gemeinschaftsgebet (Chorgebet), seien es Exerzitien, Recollectionen, seien es gemeinschaftliche Glaubensgespräche, wöchentliche Meditationen z. B. über das Sonntagsevangelium, oder der Austausch von Begabungen, z. B. in der gemeinsamen Predigtvorbereitung. Auch die eigene Fortbildung spiritueller und theologischer Art gehört dazu (vgl. Art. 326).

Austausch meint *seelsorgerliche Zusammenarbeit* in der gemeinsamen wöchentlichen Seelsorgskonferenz, in der Erarbeitung und Besprechung einer gemeinsamen pastoralen Generallinie, im Austausch von Begabungen in Spezialbereichen wie Jugend-, Familien-, Altenseelsorge, oder der Austausch von Materialien, Methoden, Hilfen usw. Die Abtei kann hier ihre Pastoralbibliothek beisteuern, Mediensammlungen usw.
– Auch die Teilnahme und Einbeziehung der älteren Seelsorger und ihrer Erfahrung aufgrund der Kontinuität ihres Wirkens gehört hierher.

Und Austausch meint nicht zuletzt die *Gemeinschaft des häufigen gemeinsamen Tisches und der Recreation*.

Prämonstratensische Seelsorge hat also die Abtei zum Mittelpunkt, auf sie bezogen leben die Mitglieder der Gemeinschaft, gerade dann, wenn sie außerhalb wohnen müssen.

So fördert das Versprechen der Stabilitas unser Anliegen, Gemeinschaft zu sein und die Abtei als Mittelpunkt und Drehpunkt unserer Pastoral zu sehen. Hier kann dann auch jener lebendige Austausch stattfinden, der die Seelsorger und die Menschen, die uns anvertraut sind, miteinander und untereinander verbindet und zur wahren Einheit des Leibes Christi führt. Einheit bedeutet ja nicht einfach nur diesem gemeinsamen Ideal verpflichtet sein, sondern konkretisiert sich eben im lebendigen Austausch miteinander, weil alle eines Sinnes sein wollen. Es konkretisiert sich im gegenseitigen Helfen und Raten, die Lasten gemeinsam tragen und so in einem Netz lebendiger Beziehungen zu stehen. Die Abtei als geistliches Seelsorgezentrum kann dazu einzigartig beitragen, da von ihr kreisförmig die Impulse ausgehen, da sie eine Plattform des Austausches anbietet (z. B. durch Bildungszentrum und Equipes), vor allem aber durch die gemeinsame Ausbildung und Herzensbildung ihrer Seelsorger und trägt so in besonderer Weise, auch durch das gemeinsame Gotteslob, zum Aufbau einer Gemeinschaft der Kirche bei.

Mittelpunkt, von dem eine strahlenförmige geordnete Aktion ausgeht, bedeutet aber für mich auch, daß sich die *Leitung* klar um ein *Seelsorgskonzept* bemüht und danach trachtet, daß Teamarbeit und Austausch zustande kommen und lebendig bleiben. Die Vorstellung der Kapitelväter bei der Erarbeitung der Konstitutionen zu diesen Punkten bestand sicherlich darin, daß auch tatsächlich Impulse vom Mittelpunkt ausgehen. Ein Oberer, der alles nur der »jeder-sein-eigener-Weg«-Initiative bzw. der Laxheit überläßt und nur pastorale Löcher stopft, entspricht sicher nicht dem, was die Konstitutionen erwarten. Eine Gemeinschaft, die zur Team-Arbeit fähig werden soll, bedarf einer dynamischen, wie auch kollegialen Leitung. Oft genug wird es die *Aufgabe des Oberen sein, selber voranzugehen* und die ersten Schritte zu tun.

2. Die Abtei als Mittelpunkt eines geschlossenen Seelsorgsgebietes

Es war nun bisher viel von Teamarbeit die Rede und vom Austausch. Um sie zu verwirklichen, bedarf es aber gewisser Voraussetzungen: Nicht nur dem Anstoß, Bemühen und Auftrag zur Zusammenarbeit, nicht nur der Befähigung zur Team-Arbeit, es bedarf auch geeigneter Arbeitsgebiete. Teils sind sie schon gegeben, teils müssen sie wohl erst noch erschlossen werden. Die Konstitutionen meinen hierzu (Art. 336):

»Unter Berücksichtigung der örtlichen und regionalen Erfordernisse, sollen solche Formen des Apostolates gewählt werden, die es gestatten, kreisförmig von einer Abtei, einem Priorat oder Haus aus zu arbeiten. So können wir uns dem Dienst derer, die uns am nächsten sind, intensiver widmen.«
Um unseren Dienst in Gemeinschaft besser ausfüllen zu können, sind von daher geschlossene Seelsorgsgebiete anzustreben. Pastorale Gesichtspunkte und ordenseigene Zielsetzungen (gemeinsames Leben und arbeiten auf der Pfarrei) müssen hier wegweisend sein. Dadurch wäre die Spezialisierung einiger auf besondere seelsorgerliche Aufgaben, die ja heute erforderlich ist, wie auch anderweitige Aufgabenteilung, z. B. in der Bildung (Tischmütter, Firmhelfer, PGR...) leichter ermöglicht. Jedes Haus hat hier natürlich seine eigenen Möglichkeiten, die zugleich seine Chancen in der gegenwärtigen Erneuerung sind. Wir müßten also gerade für unsere Pfarrseelsorge eine Form finden, die unserem Gemeinschaftscharakter entspricht, d. h. ein gemeinsames Leben bis zu einem gewissen Grad ermöglicht[6]. Die Konzentration von Pfarreien um das Kloster scheint da zunächst eine Lösung zu sein, die Konstitutionen geben dafür jedenfalls den Hinweis. So könnte der Strahlungsgürtel des Klosters erweitert werden, die Mitbrüder könnten öfters ins Haus kommen, bzw. auf das Haus bezogen leben (Austausch!), der Kontakt der Mitbrüder untereinander wäre besser möglich. Manches kann

überhaupt vom Kloster aus betreut werden, die Mitbrüder rücken enger zusammen.

P. Ludger von Hamborn[7] geht hier eins mit mir, wenn er schreibt:
»Die Prämonstratenser haben über den Todesstoß der Säkularisation als spezifisches Ordenserbe zu bewahren versucht:
– Ein Seelsorgsteam innerhalb einer bestimmten Region zu sein,
– alle Aufgaben der Pfarrseelsorge und der außerordentlichen Seelsorge *einheitlich* zu übernehmen.
In diesem Zusammenhang möchte ich noch kurz die Möglichkeit des *Pfarrverbandes* ansprechen. Auch hier handelt es sich um ein geschlossenes Seelsorgsgebiet. Von einem Zentrum aus, und sei es die Abtei, könnten die einzelnen Gemeinden betreut werden. Die Mitbrüder könnten dort, wenn sie schon nicht zusammen wohnen, ein Minimum an Gemeinschaft verwirklichen: Gebetsgemeinschaft, Tischgemeinschaft, Aussprachemöglichkeit, vernünftige Aufteilung der Pfarrarbeit, je nach Charismen: nicht jeder braucht alles tun und alles können, viele Wege der Arbeitsteilung und Arbeitserleichterung lassen sich finden, wenn man will. Dazu eben wiederum:
die Suche nach einer Generallinie für die Seelsorge und die Planung für einen überschaubaren Zeitraum, entsprechend dem Wort: »In wichtigen Dingen Einheit – in allem anderen Freiheit – über allem aber: Brüderlichkeit!« Die Vorteile eines solchen Seelsorgeteams, wenn es dazu auch noch menschlich harmoniert, sind unbestreitbar. Die Zusammenlegung politischer Gemeinden, die diözesanen Pfarrverbände oder einfach räumlich beieinander liegende Pfarreien weisen hier den Weg zum Pfarrverband.
Dieser einheitlichen Übernahme der gesamten Seelsorge eines geschlossenen Seelsorgsgebietes, sollten wir uns auch durch die Übernahme der dort notwendigen kategorialen Aufgaben öffnen: die speziellen Funktionen eines Dekanates, einer Region: Jugendseelsorge, Betriebsseelsorge, Kranken- und Altenpastoral, Erwachsenenbildung und was sonst an Aufgaben in einem Gebiet möglich ist: Berücksichtigung der örtlichen und regionalen Erfordernisse!
Zudem sollten wir uns nicht scheuen, einen Mitbruder besonders für die Jugendseelsorge freizustellen, vielleicht sogar ohne die offizielle Anstellung (finanzielle Mittel). Im Blick auf den Ordensnachwuchs müßte uns das etwas wert sein. Sei es, daß er die verbandliche Jugendarbeit, oder den Dekanatsjugendseelsorger voll ausfüllt, obwohl die Aufgabe nur nebenamtlich abgegolten werden kann; sei es, daß wir ihn ganz freistellen für die Arbeit der Nachwuchswerbung im Zusammenhang mit einem nebenamtlichen Apostolat (Schule, Referententätigkeit). Die Abtei De Pere (USA) hat hier ja ein Konzept als Modell beim

letzten Generalkapitel veröffentlicht. Finanzielle Leistung oder Einträglichkeit allein dürfen für uns keine grundsätzlichen Kriterien sein.

3. Die Abtei als geistlicher Mittelpunkt des Seelsorgsgebietes

Die Kirche braucht verstreut über das Land geistliche Zentren, Oasen der Glaubensvertiefung und Glaubenserfahrung. Wenn wir die Verleiblichung des gegenwärtigen Christus sein wollen (Art. 32) und sein sollen, dann müssen wir uns öffnen für die Menschen, »die uns am nächsten sind« (Art. 336), und sicher darüber hinaus, damit wir unserer Sendung »ad extra« gerecht werden können (Art. 17, 23).
Unsere Gemeinschaft lebt gerade von der Stabilitas her bezogen auf eine bestimmte Umwelt in einer bestimmten Region. Dies bedeutet, daß die Menschen, die unserer Seelsorge anvertraut sind, in das Gebet, in den Austausch und die Einheit ihrer Seelsorger hineingenommen sind. Durch unsere Arbeit kommen die Menschen in einen lebendigen Kontakt mit uns, der Gemeinschaft. Eigentlich sollte es so sein, daß im Einzelnen die ganze Gemeinschaft präsent ist, so wie Christus in ihm präsent ist, d. h. »dieser Priester gehört zu der uns bekannten Gemeinschaft, und das spürt man. Wir sind dieser Gemeinschaft anvertraut, gehören ihr geistig zu«. So wird die Abtei ein lebendiges Haus, das Vielen menschliche Begegnung, religiöse Vertiefung, Bildung und Entspannung in brüderlichem Zusammensein schenkt. Sie sollen leibhaft die Abtei als Seelsorgszentrum und Drehscheibe pastoraler Aktivitäten erleben.
Konkret denke ich hier an häufige Begegnungen zwischen Kloster und Pfarrei, zwischen Kloster und den Menschen der Apostolate (z. B. Schule), sei es in Feiern und Festen, Einkehrtagen, Fortbildung der PGR und dgl.: also *geistliches Zentrum der Begegnung, des Austausches, der Bildung.*
Ein weiterer wichtiger Punkt, durch den die Abtei als geistlicher Mittelpunkt erscheint, ist die *Liturgie.*
Ludger Horstkötter[8] hat es so formuliert:
»sich besonders um die Liturgie in der Abteikirche zu bemühen als Ausstrahlungszentrum für den ganzen Seelsorgsbezirk.«
Die Konstitutionen geben uns auch da wieder einen Hinweis, wenn sie davon sprechen (51), daß wir alle anwesenden Gläubigen am liturgischen Leben, Eucharistiefeier und Chorgebet, aktiv teilnehmen lassen. Als »betende Gemeinschaft« muß unser Gebet auch »offen« sein für die Gemeinde.
Eine schön und gut gestaltete Liturgie von Eucharistiefeier und Chorgebet scheinen mir zum Wesen einer kanonikalen Gemeinschaft zu ge-

hören und bedürfen von daher immer unserer besonderen Aufmerksamkeit, einmal ganz abgesehen vom inneren geistlichen Bezug einer Chorherrengemeinschaft der Liturgie gegenüber. Hier werden immer pastorale Aspekte mitberührt, auch zu verstehen als Vorbildfunktion für die Gemeinden. Wenn Chorherren Liturgie als nebensächlich betrachten, dann ist etwas schief im Gebälk dieser Gemeinschaft. Ich erinnere: »Unsere Aufgabe ist es Liturgie zu feiern!«
In diesem Zusammenhang möchte ich etwas sagen zum Verhältnis Kloster – Klosterpfarrei. Eigentlich widerspricht es dem Geist unseres Ordens, wenn es zu einer Doppelgleisigkeit zwischen dem liturgischen Leben der Pfarrei und des Klosters kommt. Die gemeinsame Liturgie der Chorherren sollte für die Klosterpfarrei Höhepunkt und nicht Hindernis sein; gerade auch aus einer herzlichen Beziehung zum Kloster heraus. Das liturgische Leben der Abtei, die sich mit der Pfarrgemeinde die Kirche teilt, sollte gut aufeinander abgestimmt sein, wobei es sowohl um die Gestaltung der Liturgie als auch um eine lebendige Beteiligung der Gläubigen gehen muß.
Wenn Kloster und Pfarrei die Methode »jeder sein eigener Weg« praktizieren, müßten alle Alarmglocken prämonstratensischen Selbstverständnisses laut schrillen. Zudem: Ist Liturgie sinnvoll, wenn sie sich versteckt? – Wobei ich hier nicht in Abrede stelle, daß es nicht sinnvoll sei, Gottesdienste auch für die Gemeinschaft unter sich zu halten.

Abtei und Diözesanklerus

Kanoniker sind von ihrem Ursprung her Klerus des Bischofs. Die Beziehung zur Ortskirche, das Eingefügtsein in die Struktur der Diözese gehört wesentlich zu uns. Dem tragen die Konstitutionen Rechnung! Wenn sie uns in Art. 341 sagen: »Die Priester ... sollen der Gemeinschaft unter den Mitgliedern des Presbyteriums auch auf andere Weise dienen: sie sollen brüderliche Gastfreundschaft üben, ein vorbildliches Leben führen, auf alle menschlichen und geistlichen Nöte bedacht sein ...«, dann heißt das auf unsere Frage übersetzt: Unsere Häuser sollten Zentren der seelsorgerlichen Arbeit und des Kontaktes der Priester untereinander werden, Häuser, die den Weltpriestern offenstehen. Wenn wir diesen Artikel ernst nehmen und dazu Art. 22, wo es heißt: »Sie sollen deshalb durch das wahrhaft gemeinsame Leben, das sie erwählt haben, Sauerteig für die Gemeinschaft unter den Priestern der Diözese sein«. – dann meint dies, wir sollen ein Kloster sein, das zum Vorbild für die Priester der ganzen Umgebung wird, wo auch Priester hinkommen können, um sich wieder geistig und geistlich zu erneuern. Geistlicher Mittelpunkt sein, hat für mich immer auch zu tun mit *Offenheit für die Jugend*. Ich denke, hier gibt es viele Möglichkeiten.

Seien es die Gastfreundschaft und ein offenes Ohr für die Probleme der Jugendlichen, seien es religiöse Angebote der Glaubensbildung und Vertiefung, liturgische Feiern wie Jugendvesper, Karliturgie usw., es werden sich viele Möglichkeiten finden lassen. Eine geistliche Gemeinschaft sollte auf junge Leute anziehend wirken, zuvor aber müssen wir uns öffnen und Begegnungsmöglichkeiten bieten.

Es gäbe nun noch eine ganze Reihe zum Thema »geistliches Zentrum« zu sagen, etwa zum Thema Gastfreundschaft, unser Sorge um jene am Rande der Kirche, für die wir eine Integrationsfunktion übernehmen könnten, Menschen, die auf der Suche sind und geistliche Heimat möchten. Auch die Frage der 3. Ordensgemeinschaften könnte hier noch angegangen werden, aber ich denke, dies führt in diesem Rahmen zu weit.

4. Die Abtei als kultureller Mittelpunkt

Unsere Klöster waren zu allen Zeiten kulturelle Zentren. Jedes Haus hat seine eigene Geschichte und seine eigene Verwobenheit mit der Geschichte des Raumes, in den es eingebunden ist. Diesen Auftrag dürfen wir auch heutzutage nicht vernachlässigen und nicht unterschätzen. Die ganzheitliche Sicht des Menschen muß auch hier zur Geltung kommen. Brauchtum lebendig erhalten, Initiative zu kulturellen Veranstaltungen ergreifen, offen sein für den Mitbruder, der in diesem Bereich Begabung hat, das muß in unseren Gemeinschaften möglich sein. Stabilitas loci heißt hier Geschichte, Kultur-Geschichte mit den Menschen dieses Lebensraumes und damit wohl auch Kulturauftrag.

Zum Schluß

Um die aufgezählten Anregungen zu verwirklichen, brauchen wir gut ausgebildete Priester, besser: Mitbrüder. Noviziat und Klerikat sollten gut vorbereiten und Einübungsfelder von Team-Arbeit und Mitbrüderlichkeit, noch mehr Freundschaftsfähigkeit sein. Die Ausbildung darf nicht enggeführt, sondern sie muß offen sein für Begabungen, gerade auf dem Gebiet der Pastoral und in den damit zusammenhängenden Fächern wie Liturgie, Katechese, Predigt, Jugendführung, Soziologie usw. Der junge Mensch, der sich heute für den Priesterberuf entscheidet, fragt sich sehr wohl, wohin er gehen soll und hat dabei ganz konkrete Erwartungen. Gerade bei ihm finden wir sehr oft ein tiefes Verlangen nach einer echten Gemeinschaft, in der er sich daheim fühlt und geborgen weiß. Wenn er sich für einen Orden entscheidet, dann möchte er zuerst das Wesen, die Aufgabe und das Ziel des Ordens kennen. Doch wie wenige wissen überhaupt, daß es Prämonstratenser gibt, oder gar, was deren Aufgabe ist. Sagen wir daher den suchenden jungen Menschen, was wir sind und was wir wollen. In den Klosterpfarreien muß das Kloster und seine Aufgabe bekannt sein. Betonen wir das Ideal das heute auf junge Menschen, die Priester werden wollen, so anziehend wirkt: zu einer Gemeinschaft gehören und Seelsorger sein.

Literaturangaben:

Konstitutionen des Ordens der Prämonstratenserchorherren, approbierte deutsche Übersetzung, hrsgg. v. Ulrich G. Leinsle, Linz 1976.
Bleistein Roman, Jugend und Orden, Analysen der Situation – Wege neuer Begegnung, Würzburg 1980.
Horstkötter P. Dr. Ludger, Der Hl. Norbert und die Prämonstratenser, Duisburg–Hamborn 1981.
Viele Anregungen zu diesem Referat verdanke ich »in unum congregati«, Mitteilungsblatt der Österreichischen Augustiner-Chorherren-Kongregation, in dem eine lebhafte Auseinandersetzung mit ähnlichen gleichgelagerten Fragen und Problemen der Erneuerung zu verfolgen war.

[1] Roman Bleistein, Jugend und Orden, Analysen der Situation – Wege neuer Begegnung, S. 40–41, Würzburg 1980.
[2] Der vollständige Wortlaut der Profeßformel findet sich in den Konstitutionen des Prämonstratenser-Ordens in Artikel 36.
[3] Die in Klammern angegebenen Zahlen sind die entsprechenden Artikel der Konstitutionen des Prämonstratenser-Ordens.
[4] Konst. Art. 19.
[5] Konst. Art. 39.
[6] Vgl. dazu das Referat von E. Manders, Das Pfarrpriorat Tilburg.
[7] Horstkötter Ludger, Der Hl. Norbert und die Prämonstratenser, Hamborn–Duisburg 1981, S. 14.
[8] Horstkötter Ludger, a.a.O. S. 14.

Beispiele prämonstratensischer Seelsorge

Edmund Manders O. Praem.

In der Abtei Berne (Holland) hatten wir in der Nachkriegszeit kaum eine auf konkrete Pastoraltätigkeit ausgerichtete Ausbildung bekommen. Fast keiner erhielt eine Aufgabe, die er sich wünschte. Man sollte eigentlich zu allem bereit sein: für die Missionsarbeit nach Indien geschickt zu werden; Lehrer im Knabenseminar zu werden; in einer der vielen Formen kategorialer Seelsorge zu arbeiten; Kaplan oder Pfarrer in einer eigenen Pfarrei zu werden. In der Abtei, in der ich ausgebildet wurde, schätzten wir die Prämonstratenserpfarrer nicht sonderlich. Ihre Lebensführung war zu luxuriös. Sie kannten das gemeinsame Gebet nicht. Und wie kann – so sprachen und dachten wir – religiöses Leben aufrecht erhalten werden, wenn einen nur ein geistiges Band miteinander verbindet. Zwischen der Ausbildungszeit von damals und dem brüderlichen Zusammensein hier in Windberg liegt ein Vierteljahrhundert. Für die Hälfte dieser Periode durfte ich – zusammen mit Mitbrüdern – im Auftrag der Berner Kanonie Mitarbeiter und Diener des Bischofs von Herzogenbusch sein.
In dieser Periode hat man tausend und eine Erfahrungen gemacht, Einsichten haben sich erneuert und Ansichten geändert. Was sich nicht geändert hat: das Gefühl Prämonstratenser zu sein und konkreter noch: Mitglied der Berner Gemeinschaft. Mit diesem Prämonstratenserherzen lebt und arbeitet man. Dadurch werden alle pastoralen Aktivitäten auch Prämonstratenser-Aktivitäten. Und dadurch hat man für sich selbst auch schon eine bestimmte Vorstellung, wenn nach Beispielen prämonstratensischer Seelsorge gefragt wird.
Jeder andere Prämonstratenser mag seine eigene Erfahrung und auch seine eigene Geschichte zu diesem Thema haben. Die Pfarrseelsorge ist so alt wie der Orden.
Es ist die Aufgabe, welche durch die Jahrhunderte hindurch und auch in der heutigen Zeit von Prämonstratensern am häufigsten getan wird. Die Pfarreien – einst in unsere Abtei inkorporiert – waren das ausgesprochene Arbeitsgebiet unserer Vorfahren. Jahrhundertelang war das Pfarrhaus auch der einzige Ort von prämonstratensischem Leben der Abtei Berne in Holland. In der modernen Zeit sind die Abteien selbst viel mehr als nur Ausbildungshäuser für Pfarrer geworden. Die Gemeinschaft dort versucht ein Typus von originellem Prämonstratenserleben zu sein; die Abtei selbst ist auch ein Ort von Seelsorge und Apostolat. Prämonstratenser-Pfarrer sind jetzt Menschen, die »draußen« ar-

beiten und die nach Möglichkeiten suchen, um in einem vitalen Kontakt mit dem Zentrum zu stehen. Dazu kommen »neue« Bewegungen in der Pastoral und im religiösen Leben:
– im Bezug auf Pfarreien:
Pfarrer verlieren ihren erhabenen Sessel und werden Mitglied eines pastoralen Teams oder einer Arbeitsgemeinschaft. Pfarrer sind nicht länger die mächtigen Hirten der schweigenden und folgsamen Herde, sondern »Reisegefährten« des Gottesvolkes.
– was das religiöse Leben anbelangt:
Ordensleute verlassen die mehr personalistische Spiritualität der Selbstheiligung und ihr Gefühl für das kollektive, das familiale Denken wächst; in unserem Orden spricht man dann von »Communiogedanken«. Indem man auf die Quellen zurückgreift, werden Ordensleute aufmerksamer auf Radikalität und ihre kritische Aufgabe in Kirche und Gesellschaft.
Bei vielen Mitbrüdern, die Pfarrer sind, war das Errgebnis obengenannter Bewegungen: das Bedürfnis, Verantwortung zu teilen, das Bedürfnis mit Kollegen zusammenzuarbeiten und sehr ausdrücklich mit den Konfratres im sogenannten Regionalverband.
Es ist ein Versuch, neben arbeitsbedingtem Kontakt auch brüderlichen Kontakt zu haben; so wird es versucht, den Communiogedanken zu gestalten. Dieser brüderliche Kontakt soll ein lebendiges Zeugnis davon sein, wie Christen sich die Zukunft denken. Wenn Pfarrer nicht nur zusammenarbeiten, sondern auch zusammenleben, dann hat man – so scheint mir – ideale Bedingungen für echte Communio.
Aus einer fast zwanzigjährigen Erfahrung dieser Bedingungen möchte ich hier Zeugnis geben:
Für ein neues Viertel der Stadt Tilburg, das als Stadtviertel einmal 30 000 Einwohner zählen sollte – es ist ein Neubaugebiet mit zugezogenen Bewohnern um einen alten dorfähnlichen Kern herum – wurden Seelsorger gesucht. Der Bischof von Herzogenbusch fand sie bei Ordensleuten, die immer schon in seiner Diözese arbeiteten: den Prämonstratensern.
Sie sollten in dieser neuen Zeit eine sechs Jahrhunderte alte Tradition prämonstratensischer Seelsorge (der Abtei Tongerlo) in Tilburg weiterführen können.
Sie wären vielleicht – auch von Haus aus – veranlagt oder bereit zu »Pastoral d'equipe« oder »Teamwork«.
In den sechziger Jahren hatte das Reformkapitel der Abtei Berne übrigens dazu angeregt, der Seelsorge in der Großstadt als modernem Notgebiet Vorrang zu geben.

Der Bericht und die Träume dieser Prämonstratenser:
– Das Leben in der Gruppe wird als vollwertiges Prämonstratenser-Leben verstanden. Alle Elemente, die das Leben der Abteigemeinschaft bestimmen, sollen auch in der kleinen Gruppe da sein. Wir möchten uns als eine Art Mini-Abtei sehen.

– Mit der Gemeinschaft der Mutterabtei gibt es brüderliche Kontakte durch Teilnahme an Ausschüssen, dem Rat der Kanonie, durch Beratung über die Ausbildung der jungen Mitbrüder usw.
Man versucht diesen brüderlichen Kontakt auch mit anderen Gruppen innerhalb der Kanonie und mit Gruppen der Kanonie von Indien auszubauen. Wir bevorzugen dabei prämonstratensische Gruppen, die in ähnlicher Lage sind wie wir: die Stadtpriorate von Hamburg, Antwerpen und Paris zum Beispiel.

– Unsere eigene Lebensart haben wir dabei nicht verleugnet. Wenn die Mutterabtei eine Gemeinschaft ist, die die Züge von Gemütlichkeit, einer »geselligen«, vielleicht etwas unordentlichen, aber dennoch herzlichen Atmosphäre hat, wenn jeder dazugehört und wenn eine große Bereitschaft einander zu helfen da ist, dann finden wir diese Züge auch in unserer kleinen Gemeinschaft und glauben an deren zeugende Kraft.

– Wenn Besinnlichkeit und Betrachtung so wesentlich für »echtes Leben und gute Pastoral« sind, dann haben wir auch das organisiert:
a. in der besinnlichen Arbeitsberatung,
b. in der gemeinsamen Predigtvorbereitung,
c. in den Vespergottesdiensten in der Kirche, wobei auch immer – zu unserer Freude – Pfarrangehörige daran teilnehmen,
d. im Besinnungs- und Rekreationsabend am Freitag und im halbjährlichen Besinnungstag irgendwo außerhalb unseres Hauses.

– Man hat uns gelehrt, daß die Feier der Liturgie und die Verkündigung wichtige Äußerungen der Bruderschaft in Jesu Namen sind. Darin erreicht das Leben in Gemeinschaft einen Höhepunkt; darin werden neue Ansätze zum Aufbau der Gemeinschaft gegeben. In den Feiern und in der Art der Feiern versuchen wir das zu erleben. Darum wollen wir das Leben auch mit unseren Pfarrkindern teilen und sie auf diese Weise lehren miteinander das Leben zu teilen, daß man sich anstrengt aufeinander zu hören, daß man die Stille sucht, worin der heilige und lebendige Gott sich zu erkennen gibt, daß man singt und betet über die Freude des kommenden Reiches.

– Im Geiste des Zweiten Vatikanischen Konzils und der Reformbewegungen innerhalb des Ordens versuchen wir bei der Organisation der Pastoral keine »Herrscher« zu sein, sondern Diener des Gottesvolkes. Bei der pastoralen Arbeit und Organisation wird die Verantwortung mit möglichst vielen Gemeindemitgliedern geteilt.
Die Gesinnung und die Brüderlichkeit der kleinen Gruppe steht Mo-

dell für den Aufbau der Pfarrgemeinde. Gekannt und geliebt werden in der kleinen Gruppe; wenn das in der großen Pfarrgemeinschaft von achtzehntausend Menschen nicht zu erreichen ist, dann soll diese große »Gemeinschaft« aufgeteilt werden. Anonymität soll durchbrochen werden, zu großer Umfang soll zu menschlichen Ausmaßen zurückgebracht werden. Nur so kann »Communio« erlebt, empfunden und gefeiert werden.

In der Struktur der Pfarrgemeinde zeigt sich dieser Versuch: mehrere Begegnungsräume, mit örtlichen Kirchenräten, mit Beziehungen zu den Menschen im Umkreis und dennoch die eine Pfarrgemeinde.

– Vom Armutshaus von Prémontré wird uns erzählt, daß die Brüder dort reich wurden um den Armen der Welt entgegenzutreten. Und viele teilten die ärmliche Existenz der Brüder. Es wurde zu einer Bewegung. Dies soll auch das Kennzeichen unserer Gruppe sein.

Eine Gruppe mit offenem Charakter.

Wer von Herzen will, darf mitspielen, mitarbeiten, mitleben, teilhaben.

Für diese offene und sparsame Existenz wollen wir in unserer Pfarrei werben. Dann wächst Gemeinschaft, dann kommt es zum Dialog, dann gibt es Begegnung. Von dieser Gemeinschaft ist keiner ausgeschlossen, die Ärmsten und Fremdesten haben die ersten Rechte.

Diese schon von Augustinus überlieferte Gesinnung, bildet auch die Grundlage aller unserer Aktionsgruppen: die Sorge für junge und alte Menschen, für Kranke und Behinderte; die Begrüßung neuer Bewohner (Fremde, um sie zu Freunden zu machen); der Kampf gegen den Aufrüstungswettkampf und die Solidarität mit der zweiten und dritten Welt; der Einsatz um die Erde – von unseren Vorfahren urbar gemacht, jetzt verschmutzt – wieder sauber zu machen.

– In der kleinen Gruppe – um Christi willen – ist das große WIR, die herzliche Beziehung, die Aufgabe nach innen. Diese Aufgabe ist da, damit die Sendung nach außen echt sei. Norbert lehrte uns schon mit der Tat zu zeigen, was wir mit dem Mund bekennen:

Die Gruppe an sich kann also Verkündigung sein.

Die Gruppe kann uns selbst und anderen etwas von der Vision der großen Gemeinschaft des Gottesreiches offenbaren.

Ohne die Geborgenheit und die Unterstützung der Gruppe wäre pastorale Betätigung in einer Menschenstadt wie hier kaum längere Zeit auszuhalten.

Vielleicht kann uns die zu neuem Leben gebrachte augustinische Gemeinschaftsauffassung den kritischen Auftrag der Ordensleute zurückgeben und der Pastoral neuen Schwung geben.

Es geschah damals zur Zeit des heiligen Norbert; warum dann nicht in der jetzigen Zeit – sind wir doch dieselbe Bewegung.

Gesandt wie Er

Petrus M. Broeckx O. Praem.

Es geschah an jenem ersten Abend der ersten Woche. Seine Jünger fürchteten sich. Sie saßen hinter verschlossenen Türen. Sie trauten sich nicht hinauszugehen. Da kam Jesus selbst zu ihnen, trat in ihre Mitte und sagte: »Friede sei mit euch!« Er zeigte ihnen in den Wundmalen seiner Hände und seiner Seite sein Leiden aus Gehorsam und sandte sie aus: »Wie der Vater mich gesandt hat, so sende ich euch ... Empfanget den Heiligen Geist.« (Joh 20, 21–22)
Sind wir, seit den Generalkapiteln von 1968–70 und 1976, nicht auch hinter verschlossenen Türen sitzen geblieben, ängstlich und bange? Einen Augenblick haben wir die Türen und Fenster geöffnet. Aber dann spürten wir sofort, wie notwendig es wäre, zunächst einmal über uns selbst und über unser eigenes Leben nachzudenken. Das war gut so und es geschah mit Recht. Aber wir blieben damit beschäftigt bis einschließlich zum letzten Generalkapitel. Wir handelten so wie die anderen Ordensleute. Keine Gruppe in der Gesellschaft und in der Kirche hat soviel Zeit für sich selbst verwendet, hat sich so lange und so intensiv mit sich selbst beschäftigt wie wir, die Ordensleute.
War Christus denn nur in unseren Häusern da? War er nicht ebenso außerhalb anwesend? Ist er nicht zu uns hereingekommen? Wenn ja, dann vielleicht doch auch um zu sagen: »Friede sei mit euch. Wie der Vater mich gesandt hat ... Empfanget den Heiligen Geist.«
Können und dürfen wir den Brief des Sekretariates des Generalkapitels von 1982 nicht als Werk des Heiligen Geistes betrachten? »Im Kapitel von 1982 hoffen wir konkreter zu werden, und mehr Tiefe zu gewinnen in unserer Nachfolge des hl. Norbert, der sowohl ein Erneuerer des kanonikalen Lebens war als auch ein Mann, der sich um die Not der ganzen Kirche kümmerte.«
Diese Besorgnis, dieses Bekümmert-Sein nicht nur um uns selbst, nicht nur um unsere eigene Gruppe, sondern vor allem um die konkrete Not vieler Menschen innerhalb und außerhalb der Kirche, möchte das nächste Generalkapitel gerne erwecken und dort fördern, wo es diese Besorgnis schon gibt.
Soweit Texte der Konstitutionen Berücksichtigung finden sollen, werden vor allem die Nummern 44–61 für Meditation, für Besprechung und für »Schlußfolgerungen« in Frage kommen. Haben wir uns bis jetzt hauptsächlich, aber ein bißchen einseitig mit der communio ad intra

beschäftigt, so möchte das nachste Kapitel der communio ad extra mehr Aufmerksamkeit schenken.
Es ist gut, daß dies geschieht. Folgende Gründe sprechen dafür:
1. Unsere Arbeit im Weinberg des Herrn ist und bleibt für die meisten Mitbrüder ein sehr wichtiger Aspekt in ihrem Leben. Dazu fühlen und fühlten sie sich berufen. Dazu wurden sie auch zum Priester geweiht. Diese Arbeit macht ihr Leben sinnvoll. Für viele ist sie die wichtigste Quelle, woraus sie ihre persönliche communio mit dem Herrn Jesus nähren und woraufhin ihr Apostolat abzielt. Die communio mit ihren eigenen Mitbrüdern hat sie dazu angespornt. Sie fühlen sich wie der Hausvater, der aus dem Schatz der gelebten communio mit dem Herrn und den Mitbrüdern Altes und Neues hervorholt, um es all denen mitzuteilen, die ihnen zur Seelsorge anvertraut worden sind.
2. Dieses Bekümmert-Sein um die Not der Kirche ist eine Folge unseres Gehorsamsgelübdes. Wie für Jesus, bestimmt für uns dieses Gelübde, wo, wem, wie lange und wie wir unsere Liebe zu Gott und zueinander zeigen werden. Aber mehr noch, insoweit dieses Gelübde im wesentlichen das Gelübde des Hinhörens ist, also auch das Hören auf das Evangelium verbunden mit der Bereitschaft verfügbar zu sein, werden das Weinen und Klagen der Rahel in Rama Gehör finden müssen; das Weinen und Klagen der Rahel über ihre Kinder, die nicht mehr sind. In unserer Zeit sind diese Kinder die Männer und Frauen, Jugendlichen und Kinder, welche Söhne und Töchter Gottes, ihres Vaters, bleiben; in der Kirche aber, die ihre Mutter sein sollte, fühlen sie sich allein gelassen und verwaist. Sie haben sie schon verlassen oder haben sie nie gekannt.
3. Wir leben in einer Kirche, die von einer schweren Glaubenskrise heimgesucht wird; wir leben in einer Gesellschaft, die von einer schweren sozial-ökonomischen Krise geschüttelt wird, die im Westen zwar erst anfängt, aber dennoch schon deutlich spürbar ist, ja, die schon jetzt angsterregende Formen annimmt. Eine Krise muß aber nicht unbedingt negativ ausgehen; sie kann auch durch die Infragestellung von Strukturen oder Denkweisen die Geburt einer besseren Zukunft ankündigen, da sie den Anstoß zu einer Wiederentdeckung der tiefsten menschlichen und christlichen Werte geben kann. Dennoch könnte jede Krise auch zu einer Verstärkung der Ichsucht und des Gruppenegoismus führen. Gerade um diese Gefahr zu bannen, um dieser Versuchung zu widerstehen, ist es gut, wenn wir nicht länger als notwendig mit uns selbst beschäftigt bleiben, sondern uns bewußt nach außen wenden, zu den anderen hin, um mit ihnen den Dialog zu beginnen, den Dialog über Gott, über die Welt und die Menschen.
4. Wir wollen die Anziehungskraft einer lebendigen Gemeinschaft um den Herrn und sein Wort nicht herabsetzen. Sie bleibt die erste und

wichtigste Aufgabe unserer Kommunitäten. Und doch dürfen wir weder eine ›Kirche um der Kirche noch eine Kirche um unser selbst willen‹ bilden. Unsere Kanonien sind immer Kirchen konkreter Menschen, die aus einer bestimmten Kultur heraus leben, in einer bestimmten Zeit und an einem bestimmten Ort. Die bewußt gewollte und ausdrückliche Bindung an all diese Gegebenheiten, hat immer die Lebenskraft unserer Gemeinschaften erhöht. Die Menschen draußen brauchen uns, aber wir brauchen ebensosehr junge Menschen, um leben und bestehen zu können.

Und um diese Menschen handelt es sich. Nicht um Texte, nicht um eine lebensfremde Botschaft, nicht um diese oder jene Kanonie, um dieses oder jenes Haus, sondern um Menschen innerhalb und außerhalb, um ihre Nöte und Bedürfnisse.

Unsere Botschaft wird nur für sie eine Botschaft sein, insoweit sie darin eine Antwort auf ihre Fragen und Probleme finden können. Unsere Kirche wird nur eine Kirche für sie werden, insoweit sie hier mit ihrer tiefsten Glaubensnot und mit all ihrer anderen menschlichen Not angenommen werden. Unsere Häuser werden für sie nur sinnvoll sein, insoweit sie Häuser sind, worin Christus wohnt und wo darum auch sie wohnen, essen und trinken wollen und dürfen. Wo sie ihren Hunger nach Brot und ihren Hunger nach Gerechtigkeit stillen können.

Und wer sind diese Menschen?

Lukas schreibt: »Er kam nach Nazareth, wo er aufgewachsen war, und ging nach seiner Gewohnheit am Sabbat in die Synagoge. Als er aufstand, um aus der Schrift vorzulesen, reichte man ihm das Buch des Propheten Jesaja. Er schlug das Buch auf und fand die Stelle, wo es heißt:

›Der Geist des Herrn ruht auf mir;
denn der Herr hat mich gesalbt.
Er hat mich gesandt,
damit ich den Armen eine gute Nachricht bringe;
damit ich den Gefangenen die Entlassung verkünde
und den Blinden das Augenlicht;
damit ich die Zerschlagenen in Freiheit setze
und ein Gnadenjahr des Herrn ausrufe!‹« (Lk 4, 16–19)

Zu diesen Menschen werden auch wir gesandt, denn wir sind gesandt wie er. Für diese Menschen müssen wir unsere Türen öffnen. Aufs neue? Noch mehr? Die Türen unseres Herzens und unserer Häuser. Die Armen, die Gefangenen, die Bedrängten, die Blinden, wer sind Sie in unseren Tagen? Diese grundlegende Frage können wir nicht übergehen, wenn wir über die communio ad extra miteinander nachdenken und sprechen wollen.

I. Sie

1. Die Armen

Wir alle kennen sie. Manche von uns sogar durch persönliche Kontakte. Andere nur in indirekter Weise. Ihre weitgeöffneten Augen schauen uns an aus dem Fernsehschirm in jedem Programm über eine Hilfsaktion für die dritte Welt. Ihre Arme und Beine sind zerbrechlich wie Streichhölzer. Ihre Bäuche sind hohl vor Hungerödem. Wir sind immun geworden gegen diese Bilder. Bis ein Mitbruder oder eine Missionsschwester uns über sie berichtet. Ein Mitbruder, der mit ihnen seine letzte Nahrung teilte, oder eine Missionsschwester, die mitansehen mußte, wie sie geboren wurden, nur für Krankheit und Tod. Sie irren noch millionenfach in unserer Welt umher. Bin ich denn der Hüter meines Bruders?

Aber es gibt auch ganz andere Arme, viel näher bei uns, neben uns.

Da ist vor allem die große, oft namenlose Masse der sogenannten traditionellen Katholiken, die sich seit dem Zweiten Vatikanischen Konzil oft alleingelassen fühlen. Sie wissen in der Kirche selbst nicht mehr weiter, weil die Kirche und die Gesellschaft sich so geändert haben. Da sind die Verheirateten, die einander treu bleiben in guten und bösen Tagen, trotz allem.

Da sind auch jene, die wegen dieser bösen Tage auseinandergingen und vielleicht mit einem anderen einen neuen Anfang machten.

Da sind die Eltern, die keinen Einfluß mehr auf ihre Kinder haben. Die Männer und Frauen, die durch die neuen Auffassungen über Sexualmoral, eheliche Treue und Abtreibung verunsichert worden sind. Sie haben Fragen, auf die sie nur die alten Antworten kennen. Vor allem die Frage: »Ist denn früher alles falsch gewesen?« Daß die Priester sie verließen und ihr Priesteramt aufgaben, können sie nur als Untreue verstehen: Sie haben uns alleingelassen.

Da sind all diejenigen, die an den Unzulänglichkeiten der Kirche leiden, aber dennoch ausharren. Sie hören die harten Worte über die Kirche und leiden darunter, wenn diese Worte ihrer Meinung nach ganz oder teilweise zutreffen. Aber sie wollen in der Kirche bleiben und hoffen, sie gerade durch ihr Bleiben besser machen zu können.[1]

Da sind die Jugendlichen, die die eigenen Familien verließen und hernach nirgendwo mehr eine Zuflucht, eine Antwort oder einen Halt finden konnten, weder in der Schule noch in der Kirche, noch auf der Straße, noch bei ihren Eltern.

Zu dieser Gruppe gehören auch jene, die wahrhaft sagen können, daß sie sich ihren Wohlstand nicht durch Ausbeutung der Armen, sondern als Lohn für viele und harte Opfer und Anstrengungen, oftmals viele Generationen hindurch erworben haben. Sie haben das Gefühl, daß ihnen dieser Wohlstand verübelt wird, oftmals auch von seiten der Kirche. Sie trauen sich nicht mehr, ihren Reichtum wirklich zu genießen. Sie können dies auch nicht mehr, zu groß sind die Sorgen und die ihnen eingeredeten Schuldgefühle. Bei ihnen allen drängt sich die Not auf ihre Lippen.

Zweitens gibt es die große Gruppe von Mitmenschen, »die aus anderen Gründen als Arbeitslosigkeit durch die Arbeit keine volle oder keine ausreichende Existenzsicherheit finden können. Wir denken hier vor allem an die Kranken, die Behinderten, die Witwen und Waisen, die Alten. Werden wir als Kirche und Gesellschaft verhindern, daß ihre Schwierigkeiten noch größer werden?«[2]

Da ist drittens der »Stadtmensch«.[3]

Er ist ein neuartiger Armer, der von der Kirche und auch von unserem Orden zum Teil erst noch entdeckt werden muß. Die Stadt ist der Stolz des Menschen: viele Menschen arbeiten an ihrem Aufbau und unternehmen Anstrengungen, sie menschlicher zu gestalten. Aber bis heute mit wenig Erfolg. Doch ist sie der Ort, wo Hunderte von Millionen Menschen ihr ganzes Leben verbringen, und noch Hunderte von Millionen zieht es dorthin. Aber auch hier ist nicht alles Gold, was glänzt. Die Erwartungen der Stadtbewohner erscheinen widersprüchlich: Sie fühlen sich vom kollektiven und normativen Druck der Dorfgemeinschaft befreit, zugleich aber sind sie bestrebt, diese Gemeinschaft wiederaufzubauen, um von den ziemlich festen Beziehungen zu profitieren, die ihnen ansonsten fehlen würden.

Neben materieller Not in den Armutsvierteln gibt es auch viel menschliche Not. Studien beweisen, daß das Sozialgefüge der Stadt zerbröckelt und zersplittert ist. Es gibt zwar vorübergehende und oberflächliche Kontakte, aber dauerhafte, tiefgehende und intensive Begegnungen finden nur sehr wenige statt. Wegen des schwachen kollektiven Druckes kann man seine Freiheit auf vielfache Weise gebrauchen, auf gute und schlechte. Hier liegt eine neue Herausforderung für die Kirche und vielleicht auch für den Orden.

2. Die Gefangenen und die Bedrängten

Wir denken zunächst an die politischen Gefangenen überall auf der Welt. Menschen, die einzig und allein wegen ihrer religiösen oder politischen Auffassungen gefangengenommen und oft auch gemartert werden. Ihre Namen finden wir aufgezeichnet als Inhalt eines modernen Martyrologiums in den Berichten und Rapporten u. a. von Amnesty International. Unser Bekümmert-Sein und Gerührt-Sein um sie soll mehr sein als ein Wehrufen über ihre Peiniger und ein Seligpreisen der Märtyrer. In ihnen werden wir mit einer extremen und grausamen Verletzung der elementarsten Menschenrechte konfrontiert.

Aber unsere ganze Welt und Gesellschaft ist voll von Unrecht und Ungerechtigkeit. Auch in unserer Kirche, in unserem Orden, in unserer eigenen Kanonie und sogar in unserem eigenen Leben ist diese Sünde sichtbar und deutlich anwesend. Andererseits fühlen wir uns selbst oft als Opfer von Ungerechtigkeit und Unterdrückung.
Eine große Gruppe von Opfern der Ungerechtigkeit in unserer westlichen Industriegesellschaft bilden die Zwangsarbeitslosen. Sie werden in ihren berechtigten Erwartungen enttäuscht.
»Der Zwangsarbeitslose klagt an, weil er sich als Opfer von Unrecht betrachtet. Er erblickt dieses Unrecht in der Tatsache, daß ihm in der Gesellschaft keine Möglichkeit gegeben wird, an jenem Arbeitsauftrag mitzuwirken, der von allen gemeinsam zum Wohle der Gesamtheit geleistet werden soll. Diese Gesellschaft kann nur durch die gemeinsame Anstrengung all derer erhalten werden, die Arbeit leisten im Rahmen eines Berufes. Darf man es hinnehmen, daß bestimmte Personen gegen ihren Willen von dieser Zusammenarbeit ausgeschlossen werden?...
Der Arbeitslose muß gezwungenermaßen andere für seinen Unterhalt arbeiten lassen. Außer im Falle offenkundiger Arbeitsunfähigkeit muß der Betroffene mit Recht dies als verletzend und moralisch beleidigend empfinden. Es handelt sich hier um einen Bereich, der für das Menschsein nicht nebensächlich ist. Selbstverwirklichung und Selbstentfaltung durch Arbeit und der Genuß der Arbeitsfreude gehören zu den primären Lebensbedingungen eines jeden Bürgers.«[4]
Auch völlig in den Arbeitsprozeß aufgenommen, ist der Mensch einer ganz besonderen und subtilen Form der Unterdrückung und der Manipulation ausgesetzt, und in der Zukunft wird dies noch schlimmer werden. »Die neuerliche und zunehmende Industrialisierung wird schwerwiegende Folgen für die kulturelle Entwicklung haben. Die Wirtschaft, die immer mehr durch wissenschaftliches und technologisches Denken und durch eine künstliche Bedarfsweckung gekennzeichnet ist, wird faktisch den Geist und das gesellschaftliche Leben jener Gegenden prägen. Unweigerlich wird die arbeitende Bevölkerung in die endlose ›Mittel-Zweck‹-Spirale des rationellen Arbeitslebens mit hineingezogen werden. Die einseitig-technologische Lebensauffassung wird sich über Publizität, Rapporte und Betriebsblätter weiter verbreiten; vor allem aber wird sie im Arbeitsprozeß selbst unbewußt erlebt und aufgenommen werden. In den sozialen Beziehungen werden Berechnung und Leistungswillen eine immer wichtigere Rolle spielen. Allmählich wird die Bevölkerung in diese einseitige Lebensauffassung hineinwachsen, welche sie in den meisten Fällen selbst nicht in Worte wird fassen können.«[5] Wer wird für diese Menschen diese Form subtiler Manipulation aufdecken und sie davon erlösen und befreien?
Und die Frau in unserer Gesellschaft und Kirche? Allmählich, durch

den Protest und die Aktionen der Frauen selbst, erkennt die Gesellschaft das immer noch herrschende Unrecht und die Unterdrückung. »Es steht fest, daß die Menschenrechte während des letzten Jahrhunderts und vor allem während der letzten Jahrzehnte ein wenig deutlicher zu den ›Rechten der Frau und des Mannes‹ geworden sind.«[6] Aber innerhalb der verschiedenen Kulturformen der Menschengesellschaft ist dieser Fortschritt nicht überall in gleicher Weise spürbar. Berechtigte Bedürfnisse, Wünsche und Ansprüche der Frauen als Frauen bleiben noch oft ohne Antwort.

Für die Kirche: Das Problem besteht nicht darin, zu wissen, ob die Kirche für oder gegen den Feminismus ist, sondern zu wissen, wie sie darauf antworten wird.[7] Wenn wir die Antworten, die bisher gegeben wurden, näher betrachten, bleibt die Frage, ob die Kirche hier immer auf dem richtigen Weg ist. Im Verhältnis Mann–Frau und im Frau-Sein an sich ist sehr vieles kulturgebunden, während die Kirche fortwährend über die Wesensart und die Natur der Frau spricht und diese in ihren Antworten meistens voraussetzt.

Dabei ist es eine unumstößliche Tatsache, daß unsere Kirche und auch unser Orden zu einseitig männlich ausgerichtet waren, vor allem in der Führung, in den Ämtern, bei offiziellen und verantwortungsvollen Aufgaben. Wir müssen allerdings sofort hinzufügen, daß die religiösen Gemeinschaften der einzige Ort in der Kirche sind, wo Frauen in wahrer Verantwortung leitende Funktionen ausüben. Auch in diesem Punkt können wir auf die Zukunft hin inspirierendes Vorbild für die ganze Kirche und die Bistümer sein.[8] Dies ist äußerst notwendig, denn Untersuchungen beweisen, daß, zumindest im Westen, die Frauen in besorgniserregender Weise der Kirche als offizieller Institution untreu werden.

Letzten Endes gehört jede Minderheit in unserer Gesellschaft zu dieser Kategorie der Unterdrückten und Entrechteten. Sie haben oft keine Stimme dort, wo Entscheidungen gefällt und Weichen für die Zukunft gestellt werden. Sollen wir in der Nachfolge Christi nicht die Stimme derer werden, die in ihren wesentlichen Lebensbedürfnissen noch immer ungenügend gehört werden?

3. Die Blinden

Mit dieser Kategorie meinen wir nicht zuerst die Menschen, die ihre toten Augen mit einer dunklen Brille bedecken und sich mit einem weißen Stock fortbewegen, soweit dies noch möglich ist. Denn sie brauchen für Gott überhaupt nicht blind zu sein. Und gerade um diese Blindheit für Gott, für das Religiöse, für die eigene moralische Verantwortung geht es. Gemeint sind all die Menschen, die in irgendeiner

Weise für den Sinn des Lebens, für ihre eigene Aufgabe bezüglich der Besserung der von Gesellschaft und Kirche, für Gott selbst und für die Zeichen Gottes blind geworden sind. Verschiedene Arten der Blindheit sind möglich.[9] Bei einigen von ihnen finden wir die Blindheit als Verleugnung. Man will nicht oder wagt nicht zu sehen, was los ist. Man schaut weg. Arme habe es immer gegeben und werde es immer geben, sagt man. Die Berichte über politische Häftlinge und über die Verletzung der Menschenrechte seien einseitig, ungenau und übertrieben und darum unglaubwürdig, sagt man. Beim Leerwerden der Kirchen weist man auf reale oder imaginäre Zeichen der religiösen Erneuerung hin. Die Kirche schrumpfe wieder zusammen zu ihrem ursprünglichen Maß der »kleinen Herde« oder zum »Sauerteig«, sagt man. Man weigert sich, diese Dinge moralisch zu beurteilen und zu erkennen, daß man gegenüber dieser weltweiten Not und Ungerechtigkeit neue Verantwortung und damit auch neue Verpflichtungen auf sich nehmen soll.

Dann gibt es noch die Blindheit als Entmutigung. Sie zeigt sich in einem Sich-Verkriechen in eine dunkle Ecke der falschen Ergebenheit oder des totalen Pessimismus. In Wirklichkeit sieht man die Situation nicht, wie sie ist. Man läßt nur sein eigenes Gefühl der Ohnmacht und Machtlosigkeit gelten. Dunkle Schicksalsgedanken bestimmen das Verhalten im Leben.

Da ist auch die Blindheit als Aufsässigkeit. Man erkennt die Situation, die Not, die Gefahr, die Bedrohung. Die Flucht ist unmöglich. Personen und Strukturen sind nicht länger heilig. Man ist blind für das Gute und Positive, das durch diese noch erhalten bleibt und gefördert wird. Man flüchtet sich in Aggression, blinden Terror und verzweifelten Widerstand.

Da ist die Blindheit durch den Überfluß. Gerade bei den Menschen, die im Überfluß leben, ist das Problem der letzten Bedeutung des Lebens besonders akut. Sie werden ja gerade durch ein Zuviel an Kenntnissen und Fertigkeiten überhäuft mit Gewissensfragen, mit Schwierigkeiten in ihrem Umgang mit den Mitmenschen, mit der Angst vor Sinnlosigkeit, Leere und Tod. Ihr Luxus gibt ihnen keine Antwort, ihr Luxus schenkt ihnen keine Befriedigung. Sobald es nicht mehr nur ums nackte Überleben geht, wird das Leben selber zum Problem.[10]

Da ist schließlich die Blindheit durch die technisch-positive Wissenschaft. Keiner von uns wird den enormen Fortschritt der Menschheit durch diese Wissenschaften leugnen. Allerdings ist die wissenschaftliche Betrachtungsweise der geschaffenen Wirklichkeit nicht der beste Weg, Gott zu finden. Dazu bedarf es anderer Kenntnisse, die mit dem Herzen, mit dem Einsatz der ganzen Person, mit Offenheit, Empfänglichkeit, Liebe und Hingabe zu tun haben. »Es gibt Erkenntnisweisen,

die ein intensives Einheitserlebnis auslösen können. Diese Erkenntnis durchbricht das gewöhnliche Schema, kritisch vernünftig und in der uns vertrauten Evidenz zu denken. Eben darum ist diese so brisant. Sie reißt uns aus dem alltäglichen Geschehen heraus und ist unempfindlich gegen den Vorwurf, daß man sich selbst nur etwas vormache.«[11]
Kurz gesagt, Blinde unserer Tage sind diejenigen, die mit ihren Augen Gott und damit die von ihm erschaffene Schönheit nicht mehr sehen und erkennen können. Oder all diejenigen, die mit ihrem Herzen Gott und auch die Mitmenschen nicht mehr erfahren können, weil es irgendwie versteinert ist. Und auch solche, die mit ihren Ohren Gottes Wort und Gottes Stimme nicht mehr hören, und schließlich auch die, die mit ihrer Stimme Gott weder loben noch zu ihm beten können.

Zusammenfassung

Diese Armen, Bedrängten und Blinden sind die Menschen, die in Nr. 61 der Konstitution gemeint sind. Es sind diejenigen, die wegen ihrer sozialen Situation oder wegen ihrer Rasse gleichsam aus der Gemeinschaft ausgeschlossen sind. An sie muß die pastorale Sorge unserer menschlichen und christlichen Besorgnis sich richten. Nach besten Kräften müssen wir selbst, egal wo wir uns gerade aufhalten, ihr Wohl und ihr Familienglück, ihre gesellschaftlichen Lebensumstände, ihre Kultur, ihren wirtschaftlichen Wohlstand, ihre Freiheit, ihre Gerechtigkeit und ihren Frieden fördern.
Wir wissen, daß unsere Aufzählung in diesem ersten Teil unvollständig und nicht erschöpfend ist. Es steht allen Mitschwestern und Mitbrüdern frei, diese Skizze zu ergänzen. Es war nur unsere Absicht:
– ausgehend von einem biblischen Sendungstext, zu erfahren, welchen Menschen unsere pastorale Sorge in den alten sowie in den neuen Formen des Apostolates vor allen anderen gelten soll.
Denn, so sagt Nr. 59 der Konstitutionen, in der Wahl der Formen des Apostolates sollen die Kanonien berücksichtigen, was für die Kirche und für die Welt von heute am vordringlichsten ist.
– die Begriffe: Arme, Bedrückte und Blinde von der Einseitigkeit, mit der sie oft auch innerhalb der Kirche betrachtet werden, zu befreien.
– dadurch der Gefahr zu begegnen, daß wir das Ideal der communio ad extra aus unserem konkreten Leben verdrängen.
– aufzuzeigen, daß nicht alles, was bisher in unserem Orden in pastoraler Hinsicht geschah, als unbrauchbar abgewiesen werden soll, sondern in vielen Fällen ohne weiteres beibehalten werden kann, wenn auch vielleicht mit etwas anderer Ausrichtung.
– Möglichkeiten zu schaffen für neue Formen des Apostolates.

II. Und wir

Zu all diesen Menschen werden wir gesandt mit der Botschaft unseres Wortes und unseres Lebens. Aber diese sind im Namen Gottes ebenso, wenn auch in anderer Weise, zu uns gesandt. Der Gegensatz ist nicht so groß, wie man zunächst meinen möchte. Die unterschiedenen Gruppen bilden ein Ganzes. Denn auch wir sind Arme, Bedrückte und Blinde, die nach menschlichem Glück verlangen, die um Befreiung bitten, die sich sehnen nach Licht in den Augen und Freude im Herzen. Vielleicht ist es nur so, daß bei uns die Situation des Elends, der Bedrückung und der Blindheit weniger kontinuierlich und auch anders geartet ist. Obwohl...

1. Wir sind nicht allein gesandt

a) Wir haben unsere Profeßgemeinschaft
Hier erleben wir unsere Lebenseinheit mit Christus, dem Vater und den Mitmenschen. Die Vitalität dieses Lebensbandes führt uns zu den Menschen innerhalb und außerhalb unserer Kirche. Aus dieser Kirche heraus werden wir gesandt, oft als Einzelpersonen, aber nie ohne unsere Profeßgemeinschaft und nie unabhängig von ihr. Dieses Band beruht auf Gegenseitigkeit, so jedenfalls sollte es sein. Dies ist einer der Aspekte, der das Prämonstratenser-Apostolat kennzeichnet.[12]
Mehr denn je zuvor sollen wir dies bedenken und das gegenseitige Band von beiden Seiten aufrechterhalten. Denn »wir« werden immer weniger, während »sie« von Tag zu Tag zahlreicher werden. Als Einzelperson sind wir der Vielfalt, der Aussichtslosigkeit und der Unzahl von Problemen und Schwierigkeiten, die auf uns zukommen, nicht mehr länger gewachsen. Der Apostel draußen braucht seine Gemeinschaft, und zwar nicht nur als Zufluchtsort für eine Ruhekur, sondern vor allem als Stimulans und als wirkliche Unterstützung.
Immer weniger darf es darum passieren, daß das Apostolat einer Abtei als das Apostolat eines bestimmten Mitbruders oder einer bestimmten Mitschwester faktisch entsteht oder zumindest als solches nach außen hin erscheint. Die Konstitutionen unserer Schwestern sind in dieser Hinsicht klarer und deutlicher als die des männlichen Zweiges unseres Ordens: »Unser Apostolat ist an erster Stelle eine geordnete, wirksame Ausstrahlung der ganzen örtlichen Gemeinschaft des Volkes Gottes, erst danach ist es die Aktivität einzelner Personen.«[13]
Dies bedeutet, daß wir als Einzelpersonen nicht einfach tun können, was wir wollen. Wenn eine Entscheidung getroffen werden soll, geschieht dies durch die Profeßgemeinschaft. Denn dieser Entscheidung

soll die Gemeinschaft zustimmen können oder sie soll ihr wenigstens nicht aufgedrängt werden, »denn jedes Apostolat, auch das der einzelnen Personen, bindet die ganze Gemeinschaft jener Kanonie-«[14]

b) Wir haben das Bistum und die Kirche
Wir sollen freudig und dankbar daran denken, daß dieses »wir« unsere eigene Kirche und sogar unseren Orden übersteigt. Daß dieses »wir« eigentlich die ganze Welt meint.
Eine Ortskirche soll nicht alles tun wollen und kann es auch nicht. Für sich allein kann keiner eine Antwort geben auf die Not, die weltweit ist, oder auf die Not, die geographisch außerhalb ihres Bereiches liegt und wofür sie noch keine Verantwortung übernommen hat.
Sie kann auch keine Antwort geben auf Probleme, mit denen die ganze Kirche und die ganze Gesellschaft sich noch auseinandersetzen. Von ihr wird nur eine eigene, bescheidene Teil-Antwort und eine eigene, bescheidene, aber wirksame Hilfe erwartet. Dies ist besser, als nur mündliche Solidaritätserklärungen z. B. mit allen Armen oder allen politischen Häftlingen der ganzen Welt. Die Vergangenheit hätte uns schon längst lehren müssen, daß ein Christentum nur mit Worten und Verkündigung, ohne daß eine Tat folgt, sich selbst entehrt und jede Kraft und Anziehung verliert. Dann lieber etwas weniger schöne Erklärungen und etwas mehr konkrete Sorge und tatkräftiger Einsatz für die unmittelbare Umgebung, wie beschränkt und gering dies vielleicht auch aussehen mag.
Eine Ortskirche braucht auch nicht alles allein zu tun. Das, wofür andere sich bereits einsetzen, sollen wir nicht noch einmal tun wollen und erst recht nicht allein und ohne oder sogar gegen die anderen. Hier kann unser Apostolat ein Apostolat der Zusammenarbeit oder der Ergänzung werden. Dies meint auch Nr. 58 der Konstitutionen mit der Einordnung unseres Apostolates in das des Bistums.
Wenn wir über das Apostolat der Zusammenarbeit sprechen, dann meinen wir hier aber nicht nur die Zusammenarbeit mit anderen religiösen Institutionen oder Bistümern, sondern auch mit Gruppen und Organisationen, die sich schon länger als wir um die wirklich Armen, Bedrückten und Blinden dieser Zeit kümmern und die hauptsächlich aus Laien bestehen.
Die Kirche in der dritten Welt hat hier eine besondere Aufgabe der Verkündigung und des Zeugnisses auch für die Kirche im Westen. Ein Zeugnis gerade dafür, wie das Apostolat die Integration der jeweiligen Kultur und das Eingehen auf die spezielle Not der jeweiligen Ortskirche voraussetzt und zugleich Entscheidungen notwendig macht, die in der dortigen Kirche angebracht sind, anderswo aber weniger aktuell sind. Es wird höchste Zeit, daß wir im Westen unser Überlegenheitsge-

fühl ablegen, mit dem wir den Kirchen Latein-Amerikas, Afrikas und Asiens immer noch begegnen. Sie sind vollwertige Schwesterkirchen geworden. Sie sind Zeichen einer Lebenskraft, die oft größer ist, einer Hoffnung, die oft fester ist, und eines Glaubens und eines Gebetes, die oft mehr Begeisterung ausstrahlen als dies bei uns der Fall ist. Sie sind echte Kirche geworden. Und insoweit dürfen wir sagen, daß das Apostolat bei ihnen erfolgreich war. Denn Apostolat heißt Gemeinde-Bilden, Gemeinde-Aufbauen, Gemeinde-Schaffen.

2. *Wir sind gesandt Kirche zu sein*

»Das Ziel des Apostolates ist Gemeinschaftsbildung« und »Kirchenbildung ist unsere Aufgabe«: Zwei Umschreibungen, die wir im »Vorläufigen Schema des Apostolates für das Generalkapitel 1968«[15] finden. Sie sind uns aus dem Herzen gesprochen. Auch wir haben sie als das erkannt, was das echte Prämonstratenser-Apostolat am besten kennzeichnet: »Suchen nach neuen Formen des Kirche-Seins oder bestehende Formen des Kirchen-Seins inspirieren und vitalisieren, das ist Prämonstratenser-Apostolat. Es ist eine Weiterentwicklung und eine Weitergabe all dessen, was der Prämonstratenser oder die Prämonstratenserin im eigenen Haus, im eigenen Lebenskreis als den Kern seines oder ihres Lebens erfahren hat: die persönliche Lebenseinheit zwischen Christus und dem Vater.«[16]

Es ist klar, daß unsere Kanonien selbst Vorbilder dieses Kirche-Seins sein sollen. Aber ebenso ist es selbstverständlich, daß nach anderen Formen des Kirche-Seins gesucht werden darf und sogar gesucht werden soll.

Allen diesen Formen müßte wohl gemeinsam sein, daß sie –
a) Kirche der Dienstbarkeit
b) Kirche der Gerechtigkeit
c) Kirche des Lichtes
sind.

a) Kirche der Dienstbarkeit – Apostolat der Gastfreundschaft

Die Armen sind Menschen, die sich einerseits ihrer Abhängigkeit von Gott und voneinander bewußt sind und die aus irgendeinem Grund ihr eigenes Mensch-Sein und ihr menschliches Glück noch nicht verwirklichen konnten. Andererseits sind sie dazu bereit, was sie sind und haben, zur Verfügung zu stellen mit den Worten: »Tue damit, was du willst. Es gehört alles dir.« Ihr Herz und ihr Haus öffnen sie jedem Mitmenschen in Not, sie laden ihn an ihrem eigenen Tisch ein und bedienen ihn.

Arme Menschen im Sinne des Evangeliums sind gleichsam dienende und gastfreundliche Menschen. Sie üben das Apostolat der Dienstbarkeit und der Gastfreundschaft. Sie betrachten jeden Mitmenschen als Hausgenossen Gottes.

Was beinhaltet diese dienende Gastfreundschaft? Dieses Apostolat wird sich all jenen zuwenden, die wir in unserem ersten Abschnitt aufgezählt haben, aber doch vor allem all jenen, die wir die Armen dieser Zeit nannten. Speziell ihrer Not wird diese Form des Apostolates ihre Aufmerksamkeit schenken. Nicht nur unsere Häuser werden für sie offenstehen müssen; vor allem werden wir selbst mit unserem Verständnis, unserer Sorge, unserer fürsorglichen Anteilnahme und unserer wirksamen Hilfe auf sie zugehen müssen.

Über dieses Apostolat der Gastfreundschaft zuerst drei Bemerkungen:
- Das Problem der materiellen Armut ist ein weltweites Problem, das jede Einzelperson und jede Ortskirche weit übersteigt. Es ist unsere erste Pflicht und die erste Aufgabe unseres Apostolates, uns selbst und andere immer wieder darauf hinzuweisen, wenn dies auch noch so unbequem für uns selbst sein mag und unsere Gefühle der Ohnmacht und der Ratlosigkeit dadurch nur schlimmer werden. »Es ist berechtigt, da wir eine Wohlstandsgesellschaft aufbauen wollen. Wir dürfen ein ›Land von Milch und Honig‹ anstreben.

Aber wir dürfen nicht behaupten, daß eine Gesellschaft mit so großen Unterschieden, mit so vielen Unterbemittelten und mit Millionen von Armen in der Welt in Wirklichkeit das ›Land der Bibel‹ ist. Das Evangelium mahnt uns: Betrachtet die Welt mit den Augen der Armen. Auf Grund unserer Verantwortung sollen wir persönlich und als Gruppe konstruktiv mitarbeiten an einer Welt, die für alle besser ist.«[17] Betrachtet die Welt mit den Augen der Armen, dies ist die erste Form des Apostolates der Gastfreundschaft. Denn eine solche Betrachtung wird auch unser Herz und unser Haus öffnen.

- Die zweite Bemerkung ist diese: das Problem der Armut ist ebensosehr das Problem des Überflusses.[18] Überfluß ist nun einmal eine Tatsache und es wird ihn immer geben, es sei denn, daß die Welt total vernichtet würde. Unsere Kirche wird dieser Tatsache Rechnung tragen müssen und bedenken müssen, daß der Protest der Armen gegen den Überfluß faktisch mehr oder weniger die Forderung enthält, ihrerseits von den Konsummöglichkeiten der reichen Länder profitieren zu können.

Das Apostolat der Gastfreundschaft muß sich deshalb darum bemühen, den materiell Armen zu helfen, wie sie mit einem großen Besitz irdischer Güter leben können. Es wird die Theologie der Armut in ihrer einseitigen Formulierung als höchstes Lebensideal revidieren und davor warnen, den Wert materiellen Besitzes zu verabsolutieren.

- Drittens wird das Apostolat der Gastfreundschaft aufgeschlossen sein müssen gegenüber der materiellen und der andersgearteten Not in der unmittelbar erreichbaren Umgebung. Denn da wir unsere Aufmerksamkeit zu ausschließlich und zu einseitig auf die materiell Armen richten, stellen wir uns oft diesem Problem nicht einmal. Mehr als weltweite Solidaritätserklärungen zeigt ein tatsächlicheres Eingehen auf die unmittelbare Not, welcher Art auch immer, die Besorgnis unseres christlichen Herzens.

Apostolat der Gastfreundschaft heißt dann:
- keinen Unterschied machen in der Sorge um die Aufnahme von Menschen im Hinblick auf die Not, in der sie leben. Nicht die Art der Not ist primär, sondern der Mensch, der leidet.
- einander helfen, mit unserer Ohnmacht fertig zu werden, alles materielle Elend aus der Welt fortschaffen zu können. Einander bei der Bewältigung unserer diesbezüglichen Schuldgefühle und Frustrationen behilflich sein.
- die Kranken besuchen im eigenen Haus, in ihren Wohnungen und in den kalten und oftmals unpersönlichen Krankenhäusern unserer Dörfer und Städte, wo unser Bruder oder unsere Schwester leicht das Gefühl bekommt, kein Mensch mehr zu sein, sondern ein Dossier.
- den alten Menschen in ihren eigenen, einsamen Häusern oder in den Wohnsilos, wo man sie untergebracht hat, das Gefühl geben, daß sie noch Menschen sind und immer noch zu uns gehören.
- den reichen Jüngling mit seinem Problem materiellen Reichtums und innerlicher Unzufriedenheit aufnehmen, ohne gleich davon zu reden, daß er alles verkaufen oder einfach verteilen soll. Vielleicht müssen wir mit ihm Geduld haben, bis er sich entscheiden kann.
- zeigen, daß ältere und jüngere Menschen, Vorgesetzte und Untergebene, Menschen mit verschiedenen Aufgaben, Fähigkeiten und Anschauungen sehr wohl in einem Haus zusammenleben und glücklich sein können.
- der Jugend helfen in ihrem mangelhaften Wissen, in ihrem Streben nach Erwachsensein, in ihrer Ungeduld und in ihrem Besserwissen, in ihrer Angriffslust gegen Kirche, Gesellschaft und Eltern, bei ihrer Suche nach dem Sinn des Lebens.
- Geschiedenen und Eheleuten gleich herzlich und mit gleicher Sorge begegnen. Den einen sagen, daß unser Gott ein gütiger und verständnisvoller Gott ist; den anderen wieder klarmachen, daß unser Gott ein Gott ist, der Liebe und Treue segnet und heiligt.
- den Schritt verlangsamen, wenn Mitchristen nicht mehr mitkommen. Auch für sie der gute Hirte sein wollen, der sie nicht zurückläßt auf dem Weg zur Oase, wo Christus am Wasser auf uns wartet.
- Dorfbewohner und Stadtbewohner mit gleicher Freude empfangen

und für die spezifische Not des einen wie des anderen Verständnis aufbringen.
– auf Straßen und Gassen gehen und überall verkünden, daß das Hochzeitsmahl bereitet ist und alle eingeladen sind zum Festmahl aller Zeiten. Und dann selbst den Tischdienst übernehmen.

b) Kirche der Gerechtigkeit – Apostolat des Friedens
Gewalt, Kriegsbedrohung und Ungerechtigkeit erdrücken die Welt; überall fordern sie Opfer.
Zurecht beten wir in einem der eucharistischen Hochgebete der niederländischen Kirchenprovinz:
»Mache Leben und Glück
doch stärker und größer
als Krieg und Tod;
laß uns Menschen sein,
die Häuser bauen
für deine Stadt des Friedens;
breche die Gewalt in uns
und führe uns heim zu dir.«   (Euch. Hochgebet VI)
Häuser bauen für deine Stadt des Friedens. Wir sollen nicht nur dafür beten, sondern auch etwas dafür tun. Unsere Kirchen können sich nur für Frieden und gegen Gewalt und Unterdrückung, egal ob von rechts oder von links, entscheiden. Wir können einer eindeutigen und ausdrücklichen Entscheidung nicht länger aus dem Weg gehen und uns neutral verhalten zwischen dem Eintreten für Gerechtigkeit einerseits und dem passiven und stillschweigenden Hinnehmen bestehender Ungerechtigkeit andererseits. Denn auch die sogenannte neutrale Haltung bedeutet in Wirklichkeit eine Entscheidung.
Das Apostolat des Friedens wird oft ein Apostolat der Anklage, des Widerstandes sein. Doch bleibt uns keine andere Wahl, denn unser Eintreten für Gerechtigkeit ist eine wesentliche Dimension der Verkündigung des Evangeliums und ein Weg, um die Güte Gottes sichtbar zu machen. Dieses Apostolat wird Unterstützung und Anschluß suchen bei all jenen, die auf der ganzen Welt für dieses Ziel arbeiten. »Wir müssen zusammen mit unseren Gemeinschaften und Kirchen auf das hören, was Pax Christi, A.I., Justitia et Pax sagen. Auch wenn das manchmal unbequem ist und uns deren Mitarbeiter nicht immer gefallen. Sehr viele in unseren Klöstern haben Angst vor ›Politik‹, die Entscheidung ist oft schwierig. Was sich in Latein-Amerika ereignet, erfahren wir oft nur aus einseitigen Berichten. Aber als Christ und als Ordensmann oder Ordensfrau soll man an der Wahrheit über die Gewalt und über die menschliche Unterdrückung interessiert sein. Wir sollen immer und überall unsere Stimme erheben, mit allen Ordensleuten in

der Welt, gegen Folterung, Armut, Machtmißbrauch. Diese sind unter keinen Umständen gutzuheißen. Die Kirche soll die Welt wachrütteln, die Ordensleute sollen die Kirche wachrütteln, diejenigen, die hören, sollen ihre Mitbrüder und Mitschwestern wachrütteln.«[19] So wird sich die Mystik der Lebenseinheit mit Christus und untereinander zu einer Politik weiterentwickeln, d. h. zu einem praktischen Handeln.»Sie sagt jeder Form der Ungleichheit, der Ungerechtigkeit, der Diskriminierung und allen Formen des Leidens den Kampf an. An erster Stelle innerhalb der Gemeinschaft selbst. Diese communio deckt die Unterschiede nicht zu. Sie wird vielmehr die Unterschiede aufdecken und das Leiden sichtbar machen, so daß dagegen etwas unternommen werden kann. Die Verkündigung in diesen Gemeinschaften wird ebenfalls auf Zeichen und Tatsachen vorhandener Einheit hinweisen, so daß die Hoffnung in den Herzen wieder auflebt. Sie wird Arbeitsweisen entwickeln und praktizieren, die auf dieser Einheit gegründet sind. Und wo Mitglieder dieser Kirchengemeinschaften den Erfordernissen nicht genügen und nicht dafür eintreten, wo die Einheit mit Christus in der Eucharistie bei der Kirchentür aufhört, wird man einander die Frage stellen müssen: ›Wollt auch ihr gehen?‹ Wo Mißstände existieren, wo Menschen allein und unversorgt zurückbleiben, wird man notfalls, wie in Jerusalem, neue Diakone und Diakonissen einsetzen müssen, die die Sorge für die Witwen auf sich nehmen.«[20]

Am Unrecht der erzwungenen Arbeitslosigkeit kann dieses Apostolat der Gerechtigkeit und des Friedens nicht vorübergehen. Bei dieser Form des Apostolates genügt es aber nicht, allein das Recht auf Arbeit zu betonen, wie notwendig dies auch sein möge; sondern es ist genauso notwendig, daß wir in unseren Kirchen eine breitere Auffassung über die Arbeit verkünden. Die Auffassung nämlich, welche die Arbeit nicht länger nur als Privatsache betrachet, sondern auch als Dienst an der Gemeinschaft. Viele betrachten ihre Berufsqualifikation und ihre Berufsaktivität noch zu sehr als rein persönliches Verdienst und als ihr persönliches Eigentum und vergessen dabei, daß sie in diesem Punkt der Gemeinschaft viel verdanken. Unsere Arbeit ist großenteils das Verdienst zahlloser Menschen, die direkt oder indirekt jene Ausbildung und Tätigkeit möglich machen.

Ebenso wird dieses Apostolat sich der einseitigen Auffassung widersetzen, daß die Arbeit nur dazu da ist, um zu produzieren und Geld zu verdienen. Sie kann genauso eine Möglichkeit zu wahrhaft menschlicher Freude sein: Solidaritätsgefühl bei der Zusammenarbeit, Kameradschaft und gegenseitige Hilfe, Befriedigung über die erbrachte Leistung zu erfahren, stolz über das erreichte Ergebnis zu sein und sich nützlicher Mitarbeit am Fortschritt der Familie und der Gemeinschaft bewußt zu werden.

Schließlich soll ein richtiges Gleichgewicht zwischen Berufsarbeit und den Aufgaben in Familie und Gesellschaft hergestellt werden. Wo dieses Gleichgewicht fehlt, ist die Entfaltung der Familie und des Familienlebens nicht länger gewährleistet und gibt es nicht mehr genügend Raum für soziales Engagement.[21]
Und das Unrecht und die Gewalt, die den Frauen angetan werden? Wir sollten dies nicht als übertrieben und als weibliche Überempfindlichkeit bewerten, aus einem männlichen Überlegenheitsgefühl und Vorurteil heraus. Doch es ist besser, wenn hier die Frauen selbst sprechen, in diesem Fall unsere Schwestern. Eines ist sicher, in unseren Kirchen muß einer möglichst großen Teilnahme der Frau am Leben und an den Aktivitäten der Kirche Raum geschaffen werden. »Unsere Kirchen brauchen dringend Frauen, die das Evangelium verkünden mit ihren Gaben der Sanftmut und der Zärtlichkeit, des Feingefühls und der Intuition, der Herzlichkeit und der Affektivität.«[22]
Man darf hierbei Diskussionen über die Frau im Priesteramt nicht aus dem Weg gehen, wenngleich dies, wohl auch bei vielen Frauen, sicher nicht die Hauptsache ist.
Vielleicht sollten und müßten wir die Frauen bitten, mit uns Männern Geduld zu haben und uns etwas Zeit zu lassen, damit wir uns allmählich daran gewöhnen, daß auch Frauen in der Kirche Verantwortung übernehmen.

c) Kirche des Lichtes – Apostolat des Gebetes und der Liturgie
Finsternis und Blindheit ringsum. Unfähigkeit, Gott zu entdecken und zu sehen.
Vor allem dieser Not sollen sich unsere Kirchen in Zukunft zuwenden. Mit Zeichen und Gebet soll der Teufel der Blindheit ausgetrieben werden.
Hier liegt noch immer eine unserer wichtigsten Aufgaben. Es ist auffallend, daß in unseren Konstitutionen über das gemeinsame und das persönliche Gebet, über die Sakramente und die Liturgie gerade in jenem Teil geschrieben wird, der das Apostolat unserer Kanonien behandelt. Das Gebet wird nicht nur als Quelle des Apostolates betont, sondern auch als Ziel der apostolischen Sorge und Aktivität. Apostolat heißt auch, einander glauben und beten lehren, anders ausgedrückt: einander lehren, Gott und seine Zeichen zu sehen.
Dieses Apostolat der Liturgie und der Gebetskultur umfaßt sicherlich folgende Aspekte:
– Unsere Liturgie soll gastfreundlich und zugänglich für andere sein.
 Und dies gilt nicht nur für unsere Abteikirchen, sondern überall, wo Mitbrüder oder Mitschwestern allein oder in Gemeinschaft Gebetsstunden leiten oder für das Beten verantwortlich sind. Es soll die

Menschen zum Mitbeten einladen, was bedeutet, daß die Form und der Inhalt für die Teilnehmer ansprechend sein sollen.
Wir fragen uns, ob die Nr. 51 der Konstitutionen, in der diese Zugänglichkeit und Offenheit ausdrücklich gefordert werden, in unseren Kirchen genügend Beachtung findet. Freilich sollten wir zunächst uns selbst in unserer Liturgie daheim fühlen; aber sind wir so verschieden von den anderen Blinden?
- Unsere Liturgie darf nicht weltfremd sein. Darum sollen die großen Probleme der Menschheit auch in unserem Herzen leben, und erst dann können wir sie in solcher Weise zum Ausdruck bringen, daß Gott und die Mitmenschen mit Interesse zuhören.
- Unsere Liturgie nimmt unsere ganze, persönliche und gemeinschaftliche Sorge und Kreativität in Anspruch. Ob wir hier nicht ständig uns selbst zu wenig zutrauen? Ob wir nicht hier den Rückzug angetreten haben? Vielleicht auch durch den Druck aus Rom? Aber ebenso sehr wegen unserer eigenen Bequemlichkeit? Es ist ungefährlicher und bequemer, auf gebahnten Wegen zu gehen als selbst einen Weg zu suchen.
- Und doch werden unsere Ortskirchen auf dem Gebiet des Gebetes und der Liturgie bahnbrechende Arbeit leisten und in der Suche nach einer neuen Gebetskultur und mehr zeitgenössischen Gebetsformen eine Vorreiterrolle übernehmen müssen, ohne die Vergangenheit dabei total aufzugeben und dadurch eine Anzahl von Menschen unzufrieden zurückzulassen.

Schlußfolgerung

Wir sind gesandt wie Er zu Menschen, die sind wie wir. Dort werden wir Ihm begegnen, unserem Christus:
im nackten und kranken,
im gefangenen und unterdrückten Menschen,
in denen, die hungern und dürsten
nach Brot und nach Licht.
Unterwegs mit diesen Menschen wird uns der Menschensohn am Ende entgegentreten mit den Worten: »Kommt, ihr Gesegneten meines Vaters, nehmt in Besitz das Reich, das euch bereitet ist seit Grundlegung der Welt.« (Mt 25,34)

[1] Bischof H. Ernst, Overwegingen over geloven en kerk-zijn. Persdienst Bisdom Breda, 1978, 24 S., S. 8–11.
[2] De christenen en de crisis. Suggesties voor een dialoog. Verklaringen van de bisschoppen van België. Nieuwe reeks nr. 7. Juni 1981. Licap. s.v., Brussel, 19 S., S. 15. Wir werden diesen Text in den folgenden Anmerkungen abkürzen: BB.
[3] Nachstehende Überlegungen wurden fast buchstäblich übernommen aus: Gabriel Marc, De institutionele kerk in de toekomst. Feiten en interpretaties, in Pro Mundi Vita Bulletin (82), Juli 1980; 28 S., S. 23–24.
[4] BB, a.a.O., S. 11–12.
[5] Paul Meyfroot, o.praem., Abijleven en – diensten morgen, in Pro Nostris, Jg. XLVI (1981), Nr. 3, S. 91–96, S. 92.
[6] Gabriel Marc, a.a.O., S. 22.
[7] ebd., S. 22.
[8] Ulric Geniets, Het canoniale leven nu en morgen; Vortrag anläßlich des Generalkapitels der Chorfrauen des Heiligen Grabes, Turnhout, vom 3. bis 11. August 1981, 16 S., unveröffentlicht, S. 6–7.
[9] BB, a.a.O., S. 8.
[10] Gabriel Marc, a.a.O., S. 25.
[11] H. Fortman, Oosterse Renaissance. Kritische reflecties op de cultuur van nu, Amboboeken/Bilthoven, 1970, 67 S., S. 53.
[12] P. M. Broeckx, Communio in gemeenschap en apostolaat, in Pro Nostris,
[13] Konstitutionen der Prämonstrantenserinnen, Nr. 29.
[14] Vorläufiges Schema für das Apostolat von 1968, Nr. 57. Darum wird man eine zu große Verschiedenheit des Apostolates vermeiden, steht auch in dieser Nummer. Wir zitieren hier eine der Nummern aus diesem vorläufigen Schema, die im endgültigen Schema vom Definitorium Ordinis abgewiesen wurden: siehe Materia Capituli Generalis Ordinis Praemonstratensis 1968, 4160 Aigen M. Austria, S. 116.
[15] ebd., Nr. 56 und 95.
[16] P. M. Broeckx, a.a.O., S. 58.
[17] BB, S. 9.
[18] Gabriel Marc, a.a.O., S. 24–25.
[19] Ulric Geniets, Omgaan met gezag. Gehoor geven aan de tekenen van de tijd, in Vinculum 12 (1981), Nr. 7–8, April-Mai, S. 48–60, S. 59–60.
[20] P. M. Broeckx, a.a.O., S. 58.
[21] BB, a.a.O., S. 11–14.
[22] Ulric Geniets, wie Anm. 8, S. 6–7.

Kirche der Gerechtigkeit – Apostolat des Friedens

Abt Arthur Baeten

In der Schrift von P. Broeckx »Gesandt wie Er«, zur Vorbereitung auf das Generalkapitel des Ordens 1982, wurde gefordert, daß wir Kirchen der Dienstbarkeit, »Apostolat der Gastfreundschaft«, der Gerechtigkeit (Apostolat des Friedens) und des Lichtes (Apostolat des Gebetes und der Liturgie) sein sollen.

Das Apostolat des Friedens wird in drei Bereichen konkretisiert: a) Anklage und Widerstand gegen herrschendes Unrecht, b) das Problem der Arbeitslosigkeit, c) die Frauenemanzipation.

Auf diesem Hintergrund hat die Kanonie von Berne beim Generalkapitel ein Papier eingebracht mit dem Titel »Christen für den Frieden – Gedanken zur Abrüstung«.

Die Folge war, daß das Friedensthema ganz auf Abrüstung zugespitzt wurde. Obwohl ich heute noch meine, daß das ins Kapitel eingebrachte Papier ein gutes Papier war, und geeignet war, das Denken über Abrüstung in Gang zu setzen, fiel es bei vielen Kapitelvätern nicht auf guten Boden. Es wurden viele Einwände politischer und militärischer Art dagegen eingebracht. Die Mentalität vieler Kapitelväter war noch nicht so weit gediehen, daß ein Denken über Abrüstung möglich war.

Im Laufe des Kapitels änderte sich die Stimmung über dieses Thema einigermaßen, so daß es am Ende des Kapitels möglich war, einen überwiegenden Konsens für die von der Kapitelredaktion zusammengestellte Erklärung zu erreichen. Im Bezug auf »Frieden« schloß sich das Kapitel an den offiziellen Standpunkt der Kirche zum Thema Abrüstung, wie es im Vaticanum II festgelegt ist, an. Das Kapitel unterstützte sogar den Standpunkt vom »Einfrieren« beim Entwickeln und Produzieren von Kernwaffen und stellte sich hinter die in Genf in Gang kommenden START-Gespräche. Das Kapitel hieß die Erklärung für den internen Gebrauch innerhalb der Ordensgemeinschaften für gut. Es blieb allerdings eine gewisse Scheu zurück, diesen Standpunkt zu veröffentlichen. Dennoch war es schon ein großer Schritt vorwärts, im Vergleich mit der anfänglichen Sichtweise dieser so schwierigen Materie.

Inzwischen ist in einem Jahr viel geschehen. Die Friedensbewegung in vielen Ländern hat stark zugenommen. Die Episkopate verschiedener

Länder haben ihren Standpunkt in Hirtenbriefen festgelegt, namentlich in den Vereinigten Staaten, in der Bundesrepublik und in Holland. Kernwaffen werden von ihnen im Prinzip abgewiesen, der Gebrauch ebenso, aber die Meinungen über den Besitz zur Abschreckung und zur Bewahrung des Gleichgewichtes gehen noch auseinander. Die Friedensbewegungen und alle, die sich große Sorgen machen über die Stationierung einer neuen Generation von Kernwaffen, wie Cruise missiles in Europa, fühlen sich durch den bischöflichen Standpunkt bestärkt. Obwohl die Bischöfe keine politische Aussage über einseitige Schritte zur Abrüstung machen, sprechen sie sich implizit klar aus, wie wünschenswert diese Schritte sind.

Wie steht der Seelsorger inmitten dieser Friedensbewegung? Er wird in seiner pastoralen Aufgabe damit konfrontiert. Im Anschluß an die Überlegungen während des Generalkapitels von 1982 haben die Organisatoren dieser Studientagung gemeint, daß es gut wäre, die Aufgabe des Seelsorgers in der Friedensproblematik auf die Tagesordnung zu setzen. Ich habe diese Aufgabe übernommen. Wie habe ich diese Aufgabe aufgefaßt? Ich will versuchen, vom wesentlichen Auftrag den jeder Selsorger hat, nämlich der »missio dei« zu entsprechen, auszugehen. Er wird gesandt wie Jesus. Wozu wird er gesandt? Den Armen die Frohbotschaft zu bringen, den Gefangenen ihre Freiheit zu künden, und den Blinden, daß sie sehend werden (Lk 4, 16–19).

Meine Ausführungen werden deshalb eher theologischer als politischer Art sein. Ich will versuchen, die wesentliche Aufgabe des Seelsorgers in Bezug auf die Verkündigung des Friedens darzustellen. Ich werde dies mit einigen Thesen tun, die deutlich zu machen versuchen, wo der Auftrag des Seelsorgers liegt und wie er diesen konkret gestalten muß, namentlich in einer Situation, die nicht immer eindeutig ist. In meiner Einführung spreche ich mich weder über Probleme der Abrüstung und dergleichen, noch über einseitige Abrüstung aus. Ich will nur versuchen, eine Mentalität zu erzeugen, die notwendig ist für den Seelsorger in unserer modernen Gesellschaft mit ihren verwickelten Problemen. Ich bin überzeugt, daß das Klima für diese Materie im vergangenen Jahr sich stark gebessert hat.

Ich werde meine Ausführungen mit einigen Thesen oder Fragen beenden. Sie sind vielleicht etwas herausfordernd formuliert, aber sie bieten deshalb eine größere Möglichkeit, ihre Diskussionsfreude zu wecken. Wir brauchen in dieser Versammlung keine Erklärungen abzugeben oder Aufrufe zu veröffentlichen. Wir müssen aber Selbstbesinnung vornehmen, ob wir als Seelsorger dem Werk des Friedens im Geiste des Evangeliums dienen.

Der Seelsorger und die Frage nach dem Frieden

1. Es ist ein wesentlicher Auftrag des Seelsorgers, seine Aktivitäten nicht auf innerkirchliche, geistliche Versorgung der Gläubigen in der Liturgie und der Spendung der Sakramente zu beschränken. Dies würde eine »*Seelsorge der Sicherheit*« sein, die sich langsam vom eigentlichen Auftrag der »missio Dei« löst, der wesentlich eine Sendung zur Befreiung beinhaltet. Missio bedingt deshalb auch eine »*Seelsorge der Befreiung*«. Eine derartige Seelsorge ist wesentlich missionarisch, sozial und grenzüberschreitend.
2. Der Missio-Begriff ist in der Vergangenheit eingeengt worden auf das, was wir »Glaubensverbreitung« nannten, am liebsten außerhalb der eigenen Landesgrenzen. *Missio ist aber wesentlich Dienst an der Welt und ihrer Probleme*, zu welchen auch das Ausbleiben von Gerechtigkeit und Frieden gehört. Vgl. dazu P. Broeckx O. Praem. in: »Gesandt wie Er«: »Das Apostolat des Friedens wird oft ein Apostolat der Anklage, des Widerstandes sein. Doch bleibt uns keine andere Wahl, denn unser Eintreten für Gerechtigkeit ist eine wesentliche Dimension der Verkündigung des Evangeliums und ein Weg, um die Güte Gottes sichtbar zu machen. Dieses Apostolat wird Unterstützung und Anschluß suchen bei all jenen, die auf der ganzen Welt für dieses Ziel arbeiten« (dt. Übers. S. 18).
3. Der Seelsorger wird deshalb entscheiden müssen, wie er seinen Auftrag als »missionarius/missus« oder »Gesandter« verstehen will. Er wird entweder *Diener einer Service-Kirche* sein, d. h. einer Kirche, die sich auf die geistliche Versorgung in Liturgie und Sakramente beschränkt (Seelsorge der Sicherheit), oder einer *missionarischen Kirche*, d. h. einer Kirche, die ihre Prioritäten nicht intern setzt, sondern ihre Aktivitäten von der sie umgebenden Wirklichkeit selbst sich vorschreiben läßt (Seelsorge der Befreiung).
4. Wenn in der Seelsorge die Service-Kirche das Wichtigste ist, dann wird auch der *Begriff »Friede«* in die Sphäre der Sicherheit und Geborgenheit einbezogen. Wenn die Seelsorge den Hauptakzent auf die missionarische Kirche legt, dann wird die gläubige Überzeugung vorherrschen, daß Gott dem Menschen im tiefsten Sinne Sicherheit bietet und daß Er ihn von dort aus auf den Weg schickt, die Sicherheit auch für andere zu erreichen, also mitzuwirken an Befreiung, d. h. an Gerechtigkeit und Frieden.
5. *Die Wahl zwischen Service-Kirche und missionarischer Kirche*, zwischen Seelsorge der Sicherheit und der Befreiung, wird für den Seelsorger *nicht immer eindeutig* sein, weil das Erwartungsschema nicht gleich ist. Meistens wird es für den Seelsorger notwendig sein, eine sogenannte *Doppelstrategie* zu führen, d. h. er muß sowohl eine Seel-

sorge der Einladung anstreben an alle, die Christen sein wollen, wie auch eine Seelsorge der Bildung, die auf Zukunft ausgerichtet ist, nämlich auf die Bildung eines Laienkaders. Die »Seelsorge der Einladung« geht mehr traditionelle Wege und wird Merkmale der Service-Kirche zeigen, die »Seelsorge der Bildung« geht neue Wege und wird Merkmale der missionarischen Kirche aufweisen. Die erste Form der Seelsorge ist mehr auf eine *Volkskirche* ausgerichtet, die zweite auf eine *»Freiwilligen-Kirche«*. In diesen beiden Zusammenhängen wird die Frage nach dem Frieden jeweils anders zur Sprache kommen.

6. In der *Volkskirche*, die mehr traditionelle Wege geht, muß auf jeden Fall die Frage nach dem Frieden wesentlich integriert werden als etwas, das zum Kern des Christseins gehört. Das letzte Ziel jeder Seelsorge ist doch der Friede: Menschen müssen Frieden finden mit sich selber, mit ihrem Gott und miteinander.

Einige Anmerkungen hierzu:

a) Der Seelsorger darf keine Scheinwelt kreieren, »Beruhigungspillen« verabreichen. Im Gegenteil: er muß ein neues, geistliches Klima schaffen, worin »Friede« eine zentrale Stellung hat; er darf nicht mitarbeiten an einer Rechtfertigung des bestehenden Systems.

b) Die Tatsache, daß fast keiner der Seelsorger Experte in Friedensangelegenheiten ist, bedeutet noch nicht, daß er damit in seiner spezifischen Fähigkeit als Seelsorger beeinträchtigt ist. Jeder Seelsorger ist ein »verwundeter Arzt«, d. h. weil er selber verwundet ist, kann er andere heilen, oder besser: er kann anderen nur deshalb helfen, weil er an menschlicher Unzulänglichkeit Teil hat. Er wird immer wieder den Scheinwerfer des Gottes-Wortes auf die echte Wirklichkeit richten müssen, in der wir leben. Deshalb muß er »Grenzgänger« sein: er muß an der Grenze zwischen Politischem und Christlich-religiösem arbeiten.

c) Der Seelsorger wird immer bedenken müssen, daß er die Liturgie nicht als »Instrument der Veränderung« verwenden darf. Sie ist primär Liebesmahl und im Wesen nicht gemeint, um Menschen zu politischen Stellungnahmen zu verändern. Auch innerhalb dieses Zusammenhanges wird er eine Doppelstrategie anwenden müssen: nämlich alles zu tun, um die Wirklichkeit des täglichen Lebens in die Liturgie einzubringen. Eucharistiefeier bleibt einerseits die »memoria passionis«, andererseits das »Unterpfand unserer Hoffnung«, d.h. Befreiung aus dem Tod und seinen Stukturen.

7. In der *»Freiwilligen-Kirche«*, die auf die Bildung von Laienkadern bei motivierten Christen ausgerichtet ist, wird der Seelsorger andere

Möglichkeiten haben, Friedens-Arbeit zu leisten. Seine Seelsorge wird in diesem Zusammenhang auch gesellschaftliche Konsequenzen zeigen.

Einige Bemerkungen hierzu:
a) Der Seelsorger wird sich bewußt sein müssen, daß seine Position im Bezug auf seinen Einsatz für den Frieden nicht die eines Zuschauers ist, sondern die eines Beteiligten an einer gesellschaftlichen Auseinandersetzung. Die Entwicklung des Katholizismus seit dem Vaticanum II hat unsere Aufmerksamkeit mehr auf sittliche Grundhaltungen und auf innerkirchliche Probleme und Machtverhältnisse gerichtet, als auf gesellschaftliche Prozesse und ihren Einfluß, bis in die Kirche hinein.
b) Die auch von der Kirche gewünschte Demokratisierung der Sicherheitspolitik und ebenso das effektive Zurückdrängen der Bewaffnungsspirale verlangen Machtbildung: die öffentliche Meinung als Macht, die Druck auf die Regierungen ausübt. Der Seelsorger wird immer, wenn er in er Öffentlichkeit spricht oder handelt, ein Machtfaktor sein.
c) Der Seelsorger muß den Aufbau der Kirche fördern, indem er einen Konsens im Bezug auf die auseinanderklaffenden Begriffe von »Frieden« erreicht. Innerhalb eines solchen Konsenses brauchen unvermeidliche Unterschiede der Ansichten über Methoden und Mittel zu diesem Frieden die Einheit im Glauben, Liturgie und Liebe nicht zu beeinträchtigen.
d) Dem Seelsorger stehen Hilfsmittel zur Verfügung, die er in der Aufhellung der Frage nach dem Frieden benützen kann, wie z. B. das immer wiederkehrende Gespräch, das Bilden von Arbeitsgruppen und das Zulassen von Aktionsgruppen. Er muß sich aber bewußt sein, daß nicht nur unvollständige Information, sondern auch mehrere Emotionen wie Angst, Entrüstung, Pro- und Contraargumente eine vernünftige Diskussion trüben können.

Thesen/Fragen

1. Es ist ein wesentlicher Auftrag der Seelsorge, nicht nur innerkirchlich, sondern auch gesellschaftlich engagiert zu sein.
2. Der Seelsorger muß die Art wählen, wie er seine Funktion erfüllen möchte, zwischen:
   a) Seelsorge der Sicherheit – Service-Kirche
   b) Seelsorge der Befreiung – missionarische Kirche
3. Der Seelsorger muß eine Doppelstrategie führen:

a) Seelsorge der Einladung – Volkskirche
b) Seelsorge der Bildung – »Freiwilligen-Kirche«
4. Die Position des Seelsorgers im Bezug auf die Friedensfrage ist nicht die eines Zuschauers, sondern die eines Beteiligten in der gesellschaftlichen Auseinandersetzung.
5. Trotz der »Öffnung zur Welt«, die durch Vaticanum II in Gang gesetzt wurde, sind die Seelsorger schlecht vorbereitet, um mit gesellschaftlichen Positionskämpfen umzugehen.
6. Die öffentliche Aktivität oder Meinungsäußerung eines Seelsorgers haben immer Einfluß auf die öffentliche Meinung und müssen deswegen unterlassen werden.

WORT DES GENERALABTES

Spiritualität der Prämonstratenser

Marcel van de Ven O. Praem.

1. Einleitung

Meine lieben Brüder und Schwestern, als Generalabt des Prämonstratenser-Ordens und als ehemaliger Abt von Berne möchte ich zu Beginn meiner Ausführungen der Abtei Windberg meine herzlichsten Glückwünsche zum 60jährigen Wiederbegründungsjubiläum aussprechen. Das Jahr 1923 ist für die Abtei Berne ein fruchtbares Jahr gewesen. In diesem Jahr wurde dieser Abtei sozusagen ein Zwilling geboren: in Indien hat man in diesem Jahr die Missionsarbeit angefangen, in Deutschland wurde die Abtei Windberg neu errichtet. Also, meine herzlichsten Glückwünsche an den Herrn Prior und an die Mitbrüder der Abtei Windberg. Auch will ich den Mitbrüdern vom Kloster Windberg gratulieren und zugleich danken, daß sie anläßlich dieses 60jährigen Jubiläums und auch als Vorbereitung auf das Norbertus-Jahr 1984 diese Studientagung organisiert haben.

2. Thema

Das Thema, das mir zugeteilt worden ist, lautet: »Ad omne opus bonum paratus – Der Prämonstratenser-Orden ist ein Seelsorge-Orden«. Dazu möchte ich folgendes bemerken. Dann und wann sagt man, daß der Spruch »Ad omne opus bonum paratus« der Wahlspruch unseres Ordens ist. Insoweit mir aber bekannt ist, kommt dieser Spruch von Edmund Boulbon, der im vorigen Jahrhundert nach der französischen Revolution Neugründer der Abtei Frigolet und des Prämonstratenser-Ordens in Frankreich war. Das heißt also, daß dieser Wahlspruch noch ziemlich jung in der Geschichte unseres Ordens ist. Dazu kommt noch, daß er als Arbeits-Prinzip kaum gelten kann, weil er zu viel umfaßt und zu unbestimmt ist. Vielleicht ist es gerade heutzutage eine Versuchung, daß wir alles oder jedenfalls zu viel tun wollen.

3. Spiritualität der Pramonstratenser-Seelsorge

Zusammenhängend mit dem allgemeinen Thema dieser Studientagung habe ich darum meinem Referat den Titel gegeben: Spiritualität der Prämonstratenser-Seelsorge. Wir haben uns in den letzten Jahren öfters auf unsere seelsorgliche Aufgabe besonnen, besonders beim letzten Generalkapitel mit dem Basisdokument: »Gesandt wie Er.« Und es bleibt unsere dauernde Aufgabe, uns auf unsere pastorale Tätigkeit in einer rasch wechselnden Gesellschaft zu besinnen.

Ich biete meine Gedanken über die Spiritualität der Prämonstratenser-Seelsorge mit der Stellungnahme an: die Spiritualität der Prämonstratenser-Seelsorge ist eine *kirchliche* Spiritualität. Ich denke, daß es gut ist, über die Frage einen Moment nachzudenken: Was ist Spiritualität?

Ich würde Spiritualität so beschreiben: Spiritualität ist eine christliche Lebensweise, eine Lebenshaltung und eine Lebensgestaltung, worin Werte, welche tief-evangelisch sind, im Vordergrund stehen. Spiritualität ist für mich die Art und Weise, worin wir im Gebet mit Gott umgehen, wie wir im alltäglichen Leben miteinander, mit der Natur und mit der Materie verfahren; es ist die Atmosphäre, welche im Haus und in der Gemeinschaft herrscht.

Ich bemerke dazu: durch die Säkularisation, welche an sich positiv zu deuten ist, sind Nebenerscheinungen in unsere Kirche hineingedrungen, welche korrekturbedürftig sind, z. B. Aktivismus, Individualismus, falsch verstandene Freiheit, Oberflächlichkeit. Es gibt Werte, welche in der Kirche, in der bürgerlichen Gesellschaft und auch im Ordensleben revitalisiert werden müssen, z. B. die Bedeutung von Stille und Gebet, Gemeinschaftsgeist, das rechte Verständnis zwischen Freiheit und Gehorsam.
Und jetzt komme ich zurück zur Spiritualität der Seelsorge. Seelsorge, so kann man sagen, hat zwei Aspekte, die zwar engstens zusammenhängen, aber doch zu unterscheiden sind: Seelsorge ist Sorge für den individuellen Menschen in seiner persönlichen Situation und Seelsorge ist auch Sorge und Aktivität für die Verbesserung der Gesellschaft und der Gemeinschaft. Seelsorge ist auch Tätigkeit und Aktivität in der Kirche gerade als Gemeinschaft; ist auch Sorge für die Welt, in der der Mensch lebt und arbeitet.
Innerhalb der Kirche ist es besonders die Aufgabe der Priester und Ordensleute, diese evangelischen Werte der Liebe, der Communio, der Stille und des Gebetes, der Hoffnung und des Vertrauens, aber auch die evangelische Freiheit, die Menschenwürde und den Frieden zu fördern. Die Kirche ist Sacramentum Mundi, d. h. die Kirche ist Zeichen und

Vermittler des Heiles; die Kirche soll das Heil an den individuellen Menschen bringen, in die Welt und in die Gesellschaft. Ich denke, daß wir dies alles »kirchliche Spiritualität« nennen sollten. Ich glaube, wir können dies auch Prämonstratenser-Spiritualität nennen. Das allgemeine Heil der Menschen fördern, das ist unsere Spiritualität.
In diesem Kontext (Nr. 23 Const.) ist die Gestalt des heiligen Norbert hervorzuheben. Der heilige Norbert war Wanderprediger, er war Neugestalter des christlichen Lebens, er war Erzbischof. Aber ich meine, daß wir sagen können, daß der heilige Norbert vor allem ein Mann der Kirche war. Er wollte bestimmt, daß unser Orden besonders durch eine evangelisch-kirchlich geprägte Spiritualität gekennzeichnet sei.
Wie diese Spiritualität in den Ortskirchen realisiert wird, ist von anderen Mitbrüdern schon vorgebracht worden.
Ich möchte in diesem Zusammenhang nur noch folgendes ergänzen: Es ist wichtig, die kirchliche, ekklesiologische Bedeutung des heiligen Norbert, unseres Ordensgründers, immer im Auge zu behalten. Das wird uns helfen, unsere seelsorgliche Tätigkeit »in medio Ecclesiae« – mitten in der Kirche – auszuüben. Es gibt heutzutage in der Kirche ja so viele Abschwenkungen nach links und nach rechts.

4. Gestaltung Prämonstratensischer Seelsorge heute

Nach diesen Gedanken über kirchliche Spiritualität der Prämonstratenser-Seelsorge möchte ich Ihnen gerne etwas über meine Erfahrungen hinsichtlich der heutigen Lage der Seelsorge im Prämonstratenser-Orden sagen. Natürlich kann dieses Bild nicht vollständig sein. Das werden Sie schon verstehen.
Seit ich Generalabt bin, bin ich viel in der Welt herumgereist; ich habe schon viele Gemeinschaften unseres Ordens besucht, in Europa, in Asien, in Australien und in Amerika. Ich habe mit vielen Menschen gesprochen, mit Ordensmitbrüdern und -Schwestern, und auch mit vielen Laien. In einigen Punkten möchte ich meine Erfahrungen zusammenfassen, gerade was die Gestaltung der Spiritualität der Prämonstratenser-Seelsorge betrifft.
a) Es ist mir sehr klar geworden, daß man sich in unseren Gemeinschaften immer mehr bewußt wird, daß in unserem Orden Seelsorge und Gemeinschaft sehr eng zusammenhängen. Die Seelsorge soll so viel wie möglich in und von der Gemeinschaft aus geschehen. Auch so viel wie möglich im Teamverband, in Zusammenarbeit miteinander. Dies ist nicht nur ein Ideal, sondern in vielfacher Weise auch Wirklichkeit, obwohl natürlich nicht immer und über-

all perfekt. Dieses Bestreben ist fast überall anzutreffen. Dies ist bestimmt im Geist der Spiritualität des Ordens.
b) In vielen Gemeinschaften wird die lebendige Überzeugung immer stärker, daß Gemeinschaftsleben, Seelsorge und Liturgie nicht nur drei Grundaspekte unserer Ordensspiritualität sind, sondern daß diese drei auch innerlich zusammenhängen. Irgendwo ist es mir ungefähr so gesagt worden: die beste Form von Apostolat ist noch immer ein gutes Gemeinschaftsleben und ein überzeugtes, lebendiges Zusammen-Beten. Es ist meine Erfahrung, daß diese Überzeugung immer stärker wird und ich habe in dieser Hinsicht erbauliche Beispiele erlebt, aber ich muß auch ehrlicherweise sagen, daß hier und da Verbesserungen möglich sind.
c) Die Apostolatsformen sind sehr verschieden. Ich nenne: Pfarrseelsorge, liturgisches Apostolat, Katechese, Jugendseelsorge, Sozialapostolat, Entwicklungshilfe, Unterricht und Erziehung, Krankenseelsorge, Familienseelsorge, individuelle und Gruppenseelsorge. Es ist klar, daß die Seelsorge nicht überall gleich sein kann und auch nicht gleich sein soll. Mit dieser Verschiedenheit habe ich kein Problem. Aber was ich mich wirklich frage, ist dieses: haben nicht viele Mitbrüder zu viel Arbeit? Hier und da soll man sich wirklich in der Arbeit beschränken. Beim letzten Generalkapitel ist öfters von einem »Arbeits-Alkoholismus« gesprochen worden und nach meinem vielen Herumreisen muß ich wirklich sagen, daß diese Gefahr lebhaft anwesend ist. Das geht auf die Dauer zum Schaden des eigenen körperlichen, spirituellen und physischen Wohlseins, zum Schaden des Gemeinschaftslebens und schließlich zum Schaden der Qualität der Seelsorgs-Arbeit.
d) Mehr und mehr nimmt die Zusammenarbeit mit Laien zu. Wir sind nicht nur Priester und Ordensleute zum Heil des Gottesvolkes, wir sind auch berufen, zusammen *mit* dem Gottesvolk das Heil füreinander zu vermitteln. Dieses Anliegen, die Zusammenarbeit mit den Laien, besonders in pastoralen und liturgischen Arbeitsgruppen, gehört unbedingt zur Aufgabe und zur Spiritualität der Prämonstratenser-Seelsorge. Es ist Kirchen-Aufbau in bester Form. Die Kirche der Zukunft wird zweifellos immer mehr durch eine gemeinsame Verantwortung des ganzen Gottesvolkes aufgebaut: Priester und Laien.

In der Vergangenheit wurden fast nur die Priester als Hirten der Kirche angesehen, jetzt und in der Zukunft sollen die Christgläubigen immer mehr Hirten für-einander sein. Die ganze Kirche hat als Gemeinschaft eine pastorale Aufgabe, welche nicht nur den Priestern und Ordensleuten überlassen werden darf. Jeder Christgläubige hat eine pastorale Aufgabe. Diese gemeinsame Verantwortung in der Kirche zu fördern, gehört auch besonders zur Spiritualität der Prämonstratenser-Seelsorge.

5. Prioritäten

Die seelsorglichen Aufgaben sind in unserer Zeit in der Tat groß und sie werden in der Zukunft bestimmt noch größer werden. Wir sind vielleicht schon zu jedem guten Werk bereit, aber wir sind nicht zu allen guten Werken imstande. Darum müssen wir in unserer Seelsorge Prioritäten setzen. Die folgenden Prioritäten sehe ich als sehr wichtig an:

a) Jugendseelsorge in verschiedenen Formen. In einem Bericht über den Katholikentag in Berlin (1980) las ich neulich: »Vor uns steht die große Aufgabe, Wege in die Zukunft zu suchen und den Menschen unserer Generation Hoffnung zu geben. Vor allem stellt am drängendsten und am unruhigsten die Jugend Fragen nach der eigenen Zukunft (Freiburger Erzbischof Dr. Oskar Saier).« Wer eine Kirche der Zukunft aufbauen will, soll sich besonders um die Jugend kümmern und soll auch der Jugend Möglichkeiten geben.

b) Liturgisches Apostolat, gemeinsames Gebet und Meditation, soviel wie möglich mit Laien zusammen, soll eine hohe Priorität haben in unserem Leben als Prämonstratenser und in unserer Seelsorge.

c) In der Pfarrseelsorge soll besonders die Gründung und die Ausbildung der pastoralen, liturgischen und katechetischen Arbeitsgruppen gefördert werden.

d) In den Prämonstratenser-Gemeinschaften soll die wahre Gastfreundschaft einen wichtigen Platz einnehmen. Dies ist immer eine wertvolle Tradition in unserem Orden gewesen.

e) Schließlich soll besonders in den Entwicklungsländern das Sozialapostolat, die Hilfe und die Unterstützung der armen und leidenden Menschen eine hohe Priorität haben. Es ist aber auch klar, daß wir dies nicht nur den Mitbrüdern in den Entwicklungsländern überlassen dürfen. Dies ist eine gemeinsame Verantwortung der ganzen Kirche und des ganzen Ordens. Ich weiß, daß diese Solidarität von vielen Gemeinschaften unseres Ordens und von vielen Mitbrüdern und Schwestern sehr ernst genommen wird. Das ist auch ein Zeugnis, wie die Spiritualität der Prämonstratenser-Seelsorge Gestalt annehmen kann.

6. Zum Schluß

Eine Prämonstratenser-Gemeinschaft soll vor allem eine Gemeinschaft sein, in der Menschen, Christen, Ordensmänner und Ordensfrauen wohnen, zusammenleben und so klare evangelische Werte zum Ausdruck bringen. Es ist unsere gemeinsame Aufgabe, Gemeinschaften aufzubauen, wo der Kern der Frohbotschaft Christi gelebt, verkündigt und hinausgetragen wird. Wir sollen Gemeinschaften bilden, wo Gebet und Meditation, wo die Feier der Liturgie und der Eucharistie eine Ausstrahlung haben für uns selbst und für das Gottesvolk. Unsere Gemeinschaften mögen Orte sein, wo man bereit ist, und wo man imstande ist, Glaube, Mut und Hoffnung zu schenken an alle, die zu uns kommen.

Mögen unsere Gemeinschaften aber auch offen stehen für das Gute und das Wertvolle, das andere uns zu bieten haben, das »draußen« zu finden ist, damit wir uns nicht zu sehr in uns selbst kehren, damit unsere Gemeinschaft lebendig bleibe.

Mögen unsere Klostergemeinschaften Orte sein, wo Glaube, Hoffnung und Liebe nicht nur schöne Worte sind, sondern eine lebendige Wirklichkeit darstellen.

Die Spiritualität des Gemeinschaftslebens und die Spiritualität der Seelsorge bilden zwei Seiten ein und derselben Prämonstratenser-Medaille.

Autoren

Baeten, Arthur A.   Abt, Pater-Abbas von Windberg
Abdij van Berne, Abdijstraat 49, N-5473 AD Heeswijk-Dinther

van Bavel, T. J. OSA   Professor
Augustijnen, Pakenlaan, B-3030 Heverlee

Broeckx, Petrus M   Propst von Oosterhout
Priorij St. Catharinadal, Kloosterhof 3, N-4901 PH Oosterhout

Bruyninckx, Amandus A   Prior, Dekan
Priorij De Essenburgh, Zuiderzeestraatweg 199, N-3849 AE Hierden

Felhofer, Martin   Prior, Magister
Stift Schlägl, A-4160 Aigen im Mühlkreis

Geniets, Ulrich E.   Supprior, Magister, Dozent
Norbertijnenabdij Averbode, Abdijstraat 1, B-3281 Scherpenheuvel-Zichem

Halder, Klemens,   Prior, Magister
Stift Wilten, Klostergasse 7, A-6020 Innsbruck

Handgrätinger, Thomas   Prior de regimine, Jugendbildungsreferent
Abtei St. Marien, Pfarrplatz 22, D-8447 Windberg

Kraus, Gilbert   Referent für religiöse Bildung
Abtei St. Marien, Pfarrplatz 22, D-8447 Windberg

Leinsle, DDr. Ulrich G   Philosophieprofessor in Linz
Stift Schlägl – Lissagasse 4, A-4020 Linz

Manders, Edmund W.   Leiter des Pfarrzentrums de Heikant, Tilburg
Abtei Berne – R. K. Pastorie, De Schans 122, N-5011 EN Tilburg

Stöger, Alois L.   Abt, Ordensdefinitor
Stift Wilten, Klostergasse 7, A-6020 Innsbruck

Strauch, Gereon   Abt-Sekretär, Kaplan
Stift Schlägl, A-4160 Aigen im Mühlkreis

van de Ven, Dr. Marcel   Generalabt
Generalat, 27 Viale Giotto, 00153 Roma, Italien

van de Ven, Silvester
Abdij van Berne, Abdijstraat 49, N-5473 AD Heeswijk-Dinther

Van Dijk, Dr. Leo C.
Abdij Tongerlo, Abdijstraat 40, B-3180 Westerlo

Vos, Wolfgang   Magister
Abtei St. Marien, Pfarrplatz 22, D-8447 Windberg

Wucherer-Huldenfeld,
Dr. Augustinus K.   Philosophieprofessor in Wien
Stift Geras – Kreuzherrengasse 1, A-1040 Wien

Anschriften der Prämonstratenserklöster

in Österreich:
Stift Geras
A-2093 Geras, Niederösterreich
Stift Schlägl
A-4160 Aigen im Mühlkreis
Stift Wilten
A-6020 Innsbruck, Tirol

in Deutschland:
Abtei St. Johann Hamborn
An der Abtei 4
D-4100 Duisburg 11
Norbertusgemeinschaft Hamburg
An der Falkenbek 10
D-2104 Hamburg 92 (Neugraben)
Abtei Speinshart
D-8481 Speinshart (Oberpfalz)
Stift Tepl in Villingen
Hochstraße 34a
D-7730 Villingen (Schwarzwald)

Abtei Windberg
Pfarrplatz 22
8447 Windberg (Bayerischer Wald)

Kloster Roggenburg
Katholisches Pfarramt
D-7911 Roggenburg 10

Dritter Orden vom hl. Norbert

Norbertusschwestern
A-3492 Etsdorf

Prämonstratenserinnen
Kloster Berg Sion
CH-8731 Uetliburg SG

Norbertusschwestern
Jugendhaus St. Norbert
D-7956 Rot an der Rot